JN346335

Amy Poehler

당신에게 『예스 플리즈』를 권하는 글

나의 인생 드라마인 <팍스 앤 레크리에이션>에서 레즐리 노프라는 캐릭터는 세상 모든 것을 긍정적으로 보았고, 이는 나의 가치관 형성에도 많은 영향을 주었다. 그녀의 연기가 나에게 인상 깊게 남은 이유는 그녀의 삶 속에 있었다. 에이미 폴러를 보면 드라마 속 캐릭터 레즐리 노프나 <SNL>이 먼저 떠오르는 사람에게 꼭 권유하고 싶다. 이 책을 보면 독보적인 캐릭터 안에 숨어 있던 에이미 폴러라는 사람이 얼마나 멋진 사람인지를 알 수 있을 것이다.

— 이지현

책 속 에이미의 표현을 조립해서 나 자신을 묘사한다면, 아침으로 케이크를 먹고 한 시간 뒤에 왜 울기 시작하는지 나 자신도 이상히 여기는 매우 혼란스러운 인간이다. 사람들을 웃게 만드는 건 날것의 표현을 찾아 그것으로 정확히 방심하고 있던 그 부분을 마구 긁어주는 것과 같지 않을까.
때론 가렵지 않다고 생각했던 곳인데도, 긁어주니 시원하고 기분이 좋아지는 것이다.

— 박수현

'에이미 폴러라면 어떻게 할까?'

이 책을 읽은 후 수시로 던지게 된 질문이다. 두렵지만 새로운 일에 뛰어들고 싶을 때, 남들이 뭐라건 내가 옳다고 믿는 방향으로 나아가고 싶을 때, 나를 갉아먹는 경쟁을 거부하고 함께 성장하기를 택하고 싶을 때, 이 모든 상황에서 내 마음속 에이미 폴러는 큰 소리로 한 마디만을 외친다. YES. YES. YES. 매일같이 쏟아지는 '멘토'의 충고에 질렸다고? 당신을 위한 완벽한 책이다. 에이미 폴러는 존경을 바라는 게 아니다. 다정한 '언니'로서 사랑받고자 하는 것도 아니다. 사실, 그는 당신이 어떻게 생각하든 상관하지 않는다. 아무도 보지 않는 것처럼 춤추는 데 도가 튼 사람이니까. 그는 그저 당신도 함께하자고 초대할 뿐. 선택은 각자의 몫이지만 먼저 읽어본 사람으로서 "Yes, please"라고 답하기를 권해 본다. 후회하지 않을 것이다. 배우는 게 없어도 적어도 실컷 웃기라도 할 테니까. 둘 중 하나라도 제대로 해내는 책이 결코 흔하지 않다는 건 우리 모두 알고 있다.

— 와조

"No!"라고 호기롭게 질러놓고 '아, 왜 그랬을까?' 하고 자책과 후회로 잠 못 이루는 날이 줄어들 것 같습니다. 조금 더 솔직하고 유연하게 생각을 전하는 법을 에이미 폴러를 통해 다시금 배웠으니까요.
"Yes, please!"

— 임소연

"예스 플리즈"

YES PLEASE

Copyright©2014 by Amy Poehler
Published by arrangement with William Morris Endeavor Entertainment, LLC.
All rights reserved.

Korean Translation Copyright © 2017 by BookDuck
Korean edition is published by arrangement with William Morris Endeavor
Entertainment, LLC.
through Imprima Korea Agency

이 책의 한국어판 저작권은 Imprima Korea Agency를 통해
William Morris Endeavor Entertainment, LLC.와의 독점 계약으로 책덕에 있습니다.
저작권법에 의해 한국 내에서 보호를 받는 저작물이므로 무단전재와 무단복제를 금합니다.

NO!보다 강한 말
"예스 플리즈"

에이미 폴러 지음 김민희 옮김

책덕

일러두기

1. 책 속에서 저자가 언급한 관련 동영상이나 글을 바로 확인할 수 있도록 QR 코드를 삽입하였습니다.

2. 옮긴이가 쓴 각주 중 인물 정보는 위키백과, 네이버 지식백과 등을 참고하여 작성했습니다.

용감하고 아름다운 나의 소년들에게

차례

글쓰기는 어렵다	9
이 책 사용법	19

제1부 무엇이든 내가 하고 싶은 말을 하자

즉흥연기와 사랑에 빠지는 과정 - 보스턴	25
평범한 소녀 vs 악마	41
웃겨서 울다가 웃다가	55
내가 태어나던 날	83
미안, 미안, 미안	88
이혼에 관한 책을 쓴다면	106
아흔 살 나에게 말걸기	113

제2부 무엇이든 내가 좋아하는 것을 하자

즉흥연기와 사랑에 빠지는 과정 - 시카고	123
러시아인들이 온다	137
저스틴 팀버레이크와 붕가붕가	153
엄마에게도 아내가 필요하다	166
세상에서 가장 유명한 나의 섹스 조언	171
그 푸딩 내놔	175
불면의 밤	189

제3부 있는 그대로의 내가 되자

즉흥연기와 사랑에 빠지는 과정 - 뉴욕	203
부모님은 그냥 다 아신다	221
팁을 깜빡하지 말자	226
경력 관리는 나쁜 남자친구를 다루듯이	235
나의 코미디 와이프	245
정말 자랑스러워	249
공원을 만듭시다	261
<팍앤레>에서 만난 친구들	278
그들이 말하지 않는 업계 이야기	288
시간여행	293
의무적인 마약 이야기 혹은 내가 마약으로부터 배운 교훈	302
나의 아이들	315
로봇이 우리를 다 죽일 거야 - 결론	333
감사의 글	352
옮긴이의 글	354

MEADOWBROOK SCHOOL
BURLINGTON, MA

NAME _Amy Poehler_   TEACHER _Cynthia Systrom_
GRADE _Kdg._   DATE _June, 1977_

ACADEMIC READINESS:	ALWAYS	USUALLY	SELDOM
Completes work		✓	
Knows letters	✓		
Knows beginning sounds	✓		
Knows numbers	✓		
Counts by rote	✓		
Listens carefully	✓		
Retains information	✓		
Contributes to group	✓		

COMMENTS: _Amy is an excellent student._

SOCIAL DEVELOPMENT:	ALWAYS	USUALLY	SELDOM
Relates well to children	✓		
Relates well to adults	✓		
Shares willingly	✓		
Enjoys large group activities	✓		
Enjoys small group activities	✓		
Participates enthusiastically	✓		

COMMENTS:

글쓰기는 어렵다

나는 어려운 일을 좋아하며, 완벽한 척하는 것은 좋아하지 않는다. 살면서 깨우친 내 성격이다. 추가로 나는 글쓰기를 전혀 두려워하지 않는다. 언제나 글을 써왔으니까. 이야기, 연극, 스케치[1], 대본, 시, 농담…. 대부분 생생하고 유연한 글이다. 그런 글들은 살아 숨 쉬는 생물체같이 손길이 닿을 때마다 점점 더 나아진다. 하지만 이 책을 쓰는 것은 정말 죽을 맛이다. 왜냐고? 보다시피 책에는 표지가 있다. 책의 겉옷이라고 부르기도 한다. 이 겉옷은 안쪽에 적힌 똘똘한 생각을 세상 모든 사람들이 언제까지고 반복해서 읽을 수 있도록 영원히 따뜻하게 보존한다. 한번 출판된 후에는 절대 내용을 바꿀 수 없다는 사실은, 순간적으로 폭발하는 매력에 의존하는 나 같은 즉흥 글쟁이에게는 매우 큰 스트레스이다. 나는 종종 '직접 말해 보니 더 낫다'거나 '실물이 훨씬 예쁘다'는 말을 듣는다. 둘 다 책을 쓸 때 별로 도움이 되는 말은 아니다. 지금은 그저 오디오북을 만들 때 내 어두

---

[1] (옮긴이) 스케치는 1분에서 10분 사이의 장면으로 구성된 대본을 가리킨다. 스케치는 즉흥 연기를 하는 과정에서 탄생하기도 하며 이 스케치를 가지고 만든 쇼를 스케치 코미디라고 한다. <SNL>을 구성하는 짤막한 쇼들이 모두 스케치 코미디라고 할 수 있다. 한국에서 '콩트'라고 부르는 것과 유사하다고 할 수 있다.

웠던 시절에 대해 캐서린 터너Kathleen Turner1와 함께 연기할 수 있었으면 하는 바람으로 책을 쓰고 있다. 꿈꾸는 건 자유니까, 뭐.

내가 책을 쓰자는 제안을 받아 들일 리가 없다는 것은 뻔한 사실이었다. 하루에 열두 시간씩 촬영이 있었고 여섯 살도 안 된 아이가 둘이나 있었고 이혼 중인 데다가 여러 가지 프로젝트를 맡고 있었고 사랑에 빠져 있기도 했고 머리 마사지 예약도 해야 했으니까. 이 모든 일들은 똑같이 멋지면서 동시에 끔찍하고 내 일상의 균형을 잃게 하면서 나를 너무나 바쁘게 만든다. 이 와중에 글을 쓴다는 건 매우 어리석은 생각이다. 게다가 나는 마흔두 살이다. 이제 인생의 중반을 시작한 셈이다. 아직 삶을 뒤돌아볼 정도로 오래 살지 않았고, 그렇다고 톡톡 튀면서 귀여운 글을 쓰기에는 너무 오래 살았다. 이제는 내가 아는 게 하나도 없다는 걸 알 정도로는 나이를 먹었다. 나는 다른 사람들처럼 매일 일에 끌려다닌다. 하지만 어쨌거나, 이렇게 되었다. 내가 책을 썼다. 여러분 손에 있는 바로 이 책을.

다들 글쓰기에 대해 거짓말을 한다. 글쓰기가 얼마나 쉬운지 혹은 얼마나 어려운지. 사람들은 글쓰기에 대한 환상을 만들어낸다. '가죽 표지로 된 소설과 차이 티가 있는 멋들어진 방에서 겪는 아름다운 경험'이라는 로맨틱한 이미지를 새기고 싶어 한다. '아침 의식'에 대해 이야기하고 '글쓰기를 위한 옷차림'에 대해, 그리고 '혼자가 되기 위해' 찾는 빅서 지역의 오두막에 대해 이야기한다. 어쩌고저쩌고…. 아무도 글쓰기에 대한 진실을 말하지 않는다. 작가들은 자신이 쓴

---

1 (옮긴이) 1981년 영화 <보디 히트>에서 팜므 파탈 연기로 강렬한 인상을 남겼던 배우. 독특한 목소리를 지닌 배우로 미드 <프렌즈>에서 챈들러 빙의 트랜스젠더 아버지 찰스 빙 역을 맡았었다.

이야기가 반짝이며 완벽하게 쓰이기를 기다리고 있었다는 듯이 말한다. 진실을 말해볼까? 글쓰기는, 어렵고 지겹고 아주 가끔은 완벽하지만 대부분 그렇지 않다. 나조차도 글쓰기에 대해 거짓말을 한 적이 있을 정도다. 사람들에게 이 책을 쓰는 일이 화석에서 먼지를 털어내는 일과 비슷하다고 말을 하곤 했다. 얼마나 거지 같은 뻥인지. 차라리 십자드라이버로 냉장고를 조각내는 쪽에 더 가까운데.

책을 쓰는 시간은 주로 아이들을 재운 후, 지하철 또는 비행기에서 이동할 때, 촬영을 하다가 잠깐 쉬는 시간이 주어졌을 때였다. 아이폰의 노트 앱에 휘갈겼던 생각들이나 잠자기 전에 머릿속에서 혼자 중얼거렸던 대화들이 내 책의 주재료다. 아주 조각조각 정신없이 썼다는 뜻이다.

최대한 너무 극적인 척하지 않으려고 애썼다. 내가 열세 살 때 사회 수업에서 썼던 이 시처럼.

Amy Poehler
May 21, 1985
Social Studies
1:10

When life attacks you from everyside.
It hurts—
too much
And the most
painless
easiest way out is—
death
　　　　to survive.

삶이 사방에서 당신을 공격할 때
아프다―
너무 많이
이 길에서 빠져나오는
가장 고통스럽지 않고도
가장 쉬운 방법은―
죽음

살아남기 위하여.

지금 나는 큰아이 아치가 옆에 잠들어 있는 어두운 방안에서 이 서문을 쓰고 있다. 아치는 꿈을 꾸는지 잠꼬대를 하고 나는 글쓰기가 얼마나 어려운지를 쓰면서 TV 화면의 명도를 낮춘다. 책을 쓰는 일은 끔찍하다. 아치가 바로 내 옆에 있고 담당 편집자들이 잔소리를 한다 해도 외로운 일이다. 책을 쓰는 와중에 담당 편집장에게 "어떻게 당신이 감히!"나 "이 책은 절대 안될 것 같아요."나 "왜 나를 죽이려고 안달이 났어요?" 같은 제목의 이메일을 쓴 적이 있다. 많은 작가들이 글쓰기의 고통을 곰과 싸우는 장면처럼 위대하고 남성적이라고 묘사한다. 글쓰기는 전혀 그렇지 않다. 차라리 결승선까지 아주, 아주 조금씩 천천히 느리게 기어가는 장면에 가깝지.

솔직히 고백하자면, 어떨 때는 누가 이 책을 읽든지 말든지 상관없으니 그저 빨리 끝내기만 했으면 좋겠다고 생각한 적이 있다.

여러분이 이 책을 읽고 있다면 내가 '끝냈다'는 뜻이다. 아니, 담당 편집자가 더 이상 내가 책을 주무르고 있을 수 없다고 말한 경우에 가까울지도 모르겠다. 아무튼 여러분, 이 책을 사주고 읽어주고 결국에는 케이트 윈슬렛/케이티 페리/케이티 쿠릭이 주연으로 분한 영화로 만들어 주어서 고맙다.

아무 말이나 내뱉는 이 서문에 대해서 변명을 좀 해야겠다. 내가 무슨 짓을 하는지 나도 안다. 갖은 변명을 미리 해대면서 이 책에 대한 기대감을 낮춰서 삶과 일에 대한 나의 영리한 통찰력에 여러분이 감명 받게 하려고 한다. 나는 나이를 먹을 만큼 먹은 여성이다. 당연히 사는 동안 나름대로 삶의 지혜가 쌓였다. 예를 들어, 일이 잘 안될 때 한탄하면서도 전혀 신경 쓰지 않는 척하면서, 내 작품이 몇 달이고 몇 년이고 노력해서 만든 게 아니라 굉장히 자연스럽게 내 능력의 일부분에서 뿜어져 나온 척한다. 글을 쓰면서 나 자신에 대해 알게 된 사실 한 가지는 내가 정말로 자신을 잘 안다는 사실이다. 나는 이미 폴러를 빠삭하게 이해한다고 말할 수 있다. 한 가지 더 알게 된 사실, 반라로 글을 쓰면 긴장이 풀린다. 이상도 하지. 삶이란 수수께끼투성이다.

이 책을 쓰는 동안에 많은 실수를 저질렀다. 웃기고 진실해지는 방법을 되새기기 위해 노라 에프런Nora Ephron의 『Heartburn』을 옆에 두었더니 글 쓰는 건 제쳐두고 『Heartburn』만 다시 읽었다. 패티 스미스Patti Smith의 『저스트 키즈Just Kids』도 옆에 두었는데 끔찍한 생각이었다. 패티 스미스의 글은 너무나 아름답고 시적이었기 때문이다. 그 외에도 멋진 여성들이 쓴 멋진 책들을 읽거나 다시 읽었다. 레이첼 드래치Rachel Dratch의 『Girl Walks into a Bar』 사라 실버먼Sara Silverman의 『The Bedwetter』 민디 캘링Mindy Kaling의 『Is Everyone Hanging Out Without Me?』 레나 던햄Lena Dunham의 『Not That Kind of Girl』 케이틀린 모란Caitlin Moran의 『진짜 여자가 되는 법How to be a woman』 티나 페이Tina Fey의 『Bossypants』까지. 모두 끝내주면서 짜증난다. 나의 절친한 친구이자 <팍스 앤 레크리에이션Parks and Recreation>(이하 <팍앤레>)의 출연자 닉 오퍼먼Nick Offerman이 뻔뻔하게도 『Paddle Your Own Canoe』라는 책을, 내가 이 서문을 쓴 시간보다 짧은 시간 안에 쓰고 출판한 적이 있다. 그 책을 선물 받았을 때가 생각난다. 축하를 해준 다음 곧바로 쓰레기통에 던져 버렸지.

또 다른 실수도 저질렀다. 이미 책을 완성해본 사람에게 조언을 구한 것이다. 네 살짜리 아이가 엄마에게 출산에 관해 묻는 것과 똑같은 행동이다. 책쓰기 감각은 무뎌지고 고통은 잊어버린 사람들에게 물어봤자지. 이미 완성된 책이 책장에 꽂힌 후에 하는 말은 '네 생각대로 밀고 나가라' '편집자들에게 끌려가면 안 된다' '제목이 중요하다' 같은 말밖에 없다. 내 생각대로 밀고 나가라고? 지금 번뜩이거나 흥미롭거나 새로운 내용을 못 써서 편집자들에게 죄책감을 느끼는 중인데! 제목이 중요하다고? 글쎄, 난 망했어. 『시크릿 2』와 『모기들이 날 사랑해: 여자들을 위한 기분을 끌어올리는 방법』 사이에서 흔들리고 있거든. 내가 기댈 수 있는 책은 페마 초드론Pema Chödrön1 뿐이다. 삶이란 엉망진창이며 모든 것은 꿈일 뿐이라고 알려주는 책이니까. 그리고 스티븐 킹Stephen King과 앤 라모트Ann Lamott도 있다. 글쓰기에 관한 책을 쓴 작가 중에서 가장 좋아하는 두 사람이다. 하지만 지금 와서 생각해보니 둘 다 나보다 재미있다. 에이, 그들이 쓴 예순여덟 권의 책을 발목에 묶고 호수에나 뛰어들라지.

많은 사람들이 나에게 시간을 더 쏟아서 글쓰기에 매진하라고 했다. 하지만 그 조언은 우리 집에 살고 있는 어린아이들을 간과하고 있다. 여섯 살 이하의 아이를 키우는 사람들이 쓴 책은 모두 '수면 부족'이라는 스티커를 붙여야 한다. '뮤즈를 기다리는 법'에 대해서는 온라인에서 수도 없이 많이 찾아볼 수 있지만 아이와 티볼 게임을 하면서 글을 쓰는 법에 대해서는 찾아볼 수 없다. 나는 어린아이를 키우면서 글을 썼던 사람들에게서 솔직한 대답을 듣고 싶다. 시간이 없다고 생각하는 사람들 말이다. 한번은 조앤 롤링J.K. Rowling에 대

---

1 (옮긴이) 초등학교 교사와 주부로 평범하게 살다 프랑스에서 티베트 불교를 접하고, 출가 후 티베트 불교계의 대표적인 여성 승려이자 금강승 수행을 완성한 최초의 미국인으로 주목받았다. 지은 책으로 『지금 있는 곳에서 시작하라』 『잠시, 멈춤』 등이 있다.

해서 읽은 적이 있다. 그녀가 싱글맘으로 겨우 먹고 살면서도 어떻게 『해리 포터』를 썼는지에 관한 글이었다. 그런 이야기가 더 많이 필요하다. 물론 조앤 롤링은 자서전을 쓴 게 아니고 웃겨야 한다는 부담감도 없었고 메이크업을 한 채 카메라 앞에 있어야 했던 것도 아니고, 내 기억이 맞다면 아이도 하나밖에 없었다. (이 부분은 틀릴 수도 있다. – 편집자님 사실 관계 확인 부탁합니다. 그리고 마케팅팀에게 이 책이 제2의 『해리 포터』가 되는 것에 무척 관심이 많다고 좀 전해주세요.)

자포자기한 나머지, 같은 기간에 책을 쓰고 있는 작가들을 찾아서 자신의 책에서 잠시 휴식을 취하는 의미에서 내 책 몇 페이지를 써줄 순 없는지 물었다. 힐러리 클린턴에게도 물어볼까 했는데 자기 책을 쓰고 마무리하고 출판하기도 너무 바쁘겠다는 생각에 그만두었다. 시간만 좀 있었어도 내가 그녀의 책에 기고하고 그녀가 나의 책에 기고할 수 있었을 텐데. 하지만 어쩔 수 없지. '미국의 영웅, 주디 판사님2에게'라는 제목의 내 에세이는 아마 <하퍼스 Harper's> 잡지에서 읽히게 될 것 같다.

이 책을 쓰는 것은 너무 어려워서 <팍앤레>의 대본을 3일 만에 써 버렸다. 내가 아닌 다른 사람의 목소리로 글을 쓰는 것은 굉장히 재밌다. 게다가 영화 대본도 두 개나 썼다. (이건 사실이 아니지만 아무려나. 자면서도 영화 대본은 쓸 수 있다고. 젠장!)

그러면 어떻게 해야 할까? 대체 어떻게? 지치고 두려울 때 어떻게 앞으로 나아가야 할까? 머릿속의 목소리가 자꾸만 '절대 완성하지

---

2 (옮긴이) CBS 방송국의 리얼리티쇼 <Judge Judy>에 나오는 주디 판사를 말한다. 1996년부터 시작해 지금까지 방영 중인 장수 프로그램으로 생활 속 사소한 분쟁 사례의 당사자들이 나와서 재판을 받는 형식이다. 주디 판사 역의 주디 셰인들린은 실제 판사로 일하다가 그만둔 후, 이 프로그램을 만들어 큰 인기를 끌었다.

못할 거야!'라고 소리친다면 어떻게 해야 할까? 우리의 뇌가 '넌너무멍청하고절대로완성못해게다가아무도네글에는신경안쓰니까이제그만집어치워!'라고 말할 때 이 절망감을 어떻게 헤쳐 나가야 할까?

음, 첫 번째로는 우리의 뇌를 꺼내서 서랍 속에 넣어 버려야 한다. 어딘가에 처박아 놓고 제풀에 나가떨어질 때까지 성질을 부리게 내버려 둔다. 여전히 뇌가 지껄이는 온갖 개소리가 들릴지라도 결국에는 잦아들 것이다. 단지 내 머릿속에 그게 없다는 사실만으로도 상황이 훨씬 깔끔해진다. 그때 할 일을 한다. 그저 파고들어서 쓴다. 몸을 써야 한다. 컴퓨터 앞에서 몸을 기울이고 손을 뻗어서 유지한다. 글을 쓰고 요리를 하고 다시 글을 좀 더 쓴다. 손을 심장 위에 올리고 뛰는 것을 느낀 다음 내가 쓴 것이 진짜로 느껴지는지 판단한다. 직접 몸을 움직여야 한다. 그게 바로 진짜니까. 말하고 걱정하고 생각하는 건 진짜가 아니다. 내가 아는 건 이게 전부다. 책을 쓰는 일은 책을 쓰는 일이다.

그래서 여기까지 쓰고 여러분과 마주 보게 되었다. 아니면 우리가 선택할 수 있는 다른 길이 있을까? '안 해'라고 말하기? 안전지대를 조금이라도 벗어날 수 있는 기회가 왔을 때 '안 한다'고 말한다고? 완벽하지 않을까봐 겁먹고 목소리 낮추기? 나는 위대한 사람들은 준비가 되기 전에 먼저 하는 사람들이라고 믿는다. 여기는 미국이고 나는 건강한 자부심을 가질 자유가 있다. 이 책은 혈기 왕성하고 기미가 콕콕 박혀있는 내 손가락이 직접 썼다. 그건 전쟁이었다. 피가 흘렀고, 웃기고 싶은 마음과 방어적인 뇌가 전쟁을 벌였고, 질척질척한 감정과 연약한 마음이 싸움을 벌였다. 나는 눈치 게임이 사람들을 멀리하게 한다는 걸 깨달았다. 그리고 이제 속임수, 가식, 왜곡, 은폐 따위에는 진절머리가 난다. 깨끗하고 채광 좋은 장소가 좋다. 그러니 커튼을 살짝 걷고 사람들을 불러서 우리를 좋아하게 하자. 나는 위험을 감수하고 대담하게 살며 이를 다 내보이며 웃는 열린 사람이 좋다. 그런 사람들이 바로 내가 함께 어울리고 싶은 사람들이다. 이것이 내가 살고 싶고, 사랑하고 싶고, 쓰고 싶은 정직한 방법이다.

물론 연예인들이 맨얼굴로 등장하는 것은 조금 곤란하다. TV에서는 연예인들이 아름답게 보였으면 한다. 그들이 주유하는 모습을 볼 일은 없으니까.

되도록 진실을 말하고, 웃음을 담으려 노력했다. 여기서 뭘 더 바래? 이 짐승!

사랑을 담아서.

웃기지 않다면 웃지 않아도 된다

IF IT'S NOT FUNNY,
YOU DON'T HAVE TO LAUGH

이 책 사용법

이 책은 인생 중반에서 보내는 편지이다. 지금까지 나로 살면서 얻을 수 있었던 시선으로 썼다. 젊으면서 동시에 나이를 먹는 기분을 표현하려고 노력했다. 나는 나 자신이 중산층 가정에서 태어나 연기와 코미디를 업으로 하며, 아이를 키우고 있는 미국 국적의 백인 여성이라는 사실을 바꿀 수 없다. 만약 여러분이 이 중에 싫어하는 요소가 있다면 지금 이 책을 덮는 게 낫다.

이 책에는 과거에 대한 이야기가 있으며 가볍게 감정을 공유하는 대목도 있다. 그게 '자서전' 부분이 될 것이다. '조언' 부분도 있는데 심각성의 정도에 따라 다양하다. 마지막으로 그냥 '에세이'도 있다. 대개 시작과 끝이 있는 이야기지만 아무것도 정해진 건 없다. 가끔은 이 세 가지가 스튜처럼 섞여 있기도 하다. 여러 가지 풍미가 느껴지는 음식처럼 여러분을 만족시키고 싶지만 나에게 성분표를 요구하지는 말기를.

이 책을 시작할 때 분위기를 깔아줄 만한 인용구를 선택하는 데 애를 먹었다. 엘리너 루스벨트의 '여성은 티백과 같다. 뜨거운 물에 넣기까지는 얼마나 센지 아무도 모르기 때문이다'를 쏠까도 생각해봤다. 소녀들의 소녀, 코코 샤넬의 '향수를 뿌리지 않는 여자는 미래가 없다'도 꽤 재치 있지 않을까 생각했다. 안젤리나 졸리의 '난 항상 내가 데이트하고 싶은 여성을 연기한다'에도 살짝 끌렸다.

그러던 와중에 워즈워스의 이 말이 확 들어왔다. '마음에서 강한 감정이 즉흥적으로 흘러넘치면 시가 나온다. 시를 쓰려면 평온한 상태에서 그 원천으로 거슬러 올라가 다시 감정을 수집해야 한다.' 이 책은 혼란의 한복판에서 흘러넘친 감정의 결과물이다. 그러니 이건 시poem가 아니고 반쪽 시half poem다. 'po'라고 할까? 에이미 폴러Amy Poehler의 포po다. 워즈워스는 또한, 한 사람의 삶에서 가장 좋은 부분은 "작고 이름 없고 기억되지 않는 애정과 사랑의 행동"이라고도 말했다. 언젠가 누군가의 책을 읽으며 내 책을 인용한 부분을 만났으면 한다. 아무래도 실패할 것 같지만. 어쨌든 나는 지금 워즈워스 효과를 보고 있고 이걸로 인해 여러분이 『예스 플리즈』를 읽는 동안 문학적 신뢰를 얻게 되었으면 좋겠다.

책 제목 『예스 플리즈』는 몇 가지 이유에서 나왔다. 나는 개인적으로든 일적으로든 많은 질문에 "예스 플리즈"라고 대답하는 걸 즐긴다. "예스"는 나의 즉흥연기1를 배울 때의 젊음, 그때 나에게 주어졌던 기회에서 나오고 "플리즈"는 어떤 일을 하든 혼자 할 수 없다는 사실을 얻은 지혜로부터 나왔다.

"예스 플리즈"라고 부르는 이유는 그것이 끊임없이 애를 써야 나오는 말이며, 종종 옳은 대답이기 때문이다. 원하는 것을 알아낸 다음 그것을 획득한 다음에는 그것에 대해서 더 이상 말하지 않아도 될까요? 예스 플리즈. 상처 받기 쉬울 때야말로 가장 힘이 많이 응축된 상

---

1 (옮긴이) 즉흥극은 미국에서는 매우 대중적인 문화 예술로, 스탠드업 코미디와 함께 매우 활성화되어 있는 코미디 장르이다. <SNL>을 비롯해 코미디 프로그램뿐만 아니라 정극 배우들도 즉흥연기 경력을 쌓은 경우가 많다. 즉흥연기는 관객으로부터 제시어를 하나 받아서 극을 시작하며 아무런 소품 없이 의자만 있는 무대에서 마음으로 연기를 한다. 즉흥극의 가장 기본적인 규칙은 "예스, 앤드"이다. 상대 배우가 설정한 상황을 그대로 받아들이고("예스") 새로운 것을 덧붙여야("앤드") 한다. 이야기를 함께 창작하기 위해, 그리고 서로 신뢰의 기반을 쌓기 위해 꼭 필요한 즉흥극의 핵심 정신이기도 하다.

태인가요? 예스 플리즈. 이쪽 자리에 앉아도 될까요? 예스 플리즈. 혼자 있고 싶나요? 예스 플리즈.

나는 "예스"라고 말하는 것도 좋아하고 "플리즈"라고 말하는 것도 좋아한다. "예스"라고 말한다고 해서 "노"라고 말할 줄 모른다는 뜻이 아니다. "플리즈"라고 말한다고 해서 허락을 기다린다는 뜻도 아니다. "예스 플리즈"는 강력하고 단호한 말이다. 응답인 동시에 요청이다. 절대 '착한 소녀'의 언어가 아니다. 오히려 진짜 여성의 언어. 내 아이들에게도 당당히 이야기해줄 수 있는 제목이다. 나는 아이들이 "예스 플리즈"라고 말할 때가 좋다. 무례한 사람이 바글바글한 이 세상에서 좋은 예절은 우주를 여는 비밀 열쇠이기 때문이다.

참, 남성분들은 주목! 체념하지 말도록! 여러분을 위한 내용도 수두룩하게 준비되어 있다. 삶의 대부분을 남자로 가득찬 방에서 지내오다 보니 여러분에 대해 꽤 잘 알게 된 느낌이다. 나는 여러분을 좋아한다. 정말 미치도록 좋아한다. 아마 남성들은 이 책을 여러 가지 방식으로 읽을 수 있을 것이다. 여러분을 위한 이벤트가 하나 있다. 각 장마다 비밀 코드가 숨겨져 있는데 그걸 찾아내면 다음 레벨로 올라가서 더 좋은 무기를 획득하게 되고 그걸로 페가수스 다리에서 좀비 쿼터백과 맞서 싸울 수 있을 것이다. 잘 살펴보도록, 이 과업지향형 원숭이 뇌들아!

아프가니스탄에서 섹시한 종군기자로 일하면서 찍은 신랄한 사진이 담긴 기록물을 나의 첫 책으로 내고자 했던 소망은 여전하지만…. 아직 시간은 있으니까, 뭐.

시작해볼까?

제1부
무엇이든 내가 하고 싶은 말을 하자

SAY
WHATEVER YOU WANT

"...KING OF THE FOREST..." - Steve (right) delivers his lines as the ...rdly Lion, while Dorothy (Amy Poehler), ...n Man (Monica Stamm) and the Scarecrow (Brian Doherty) look on during the Wildwood School presentation of "The W... Oz."
(Rick Karw...)

24　"예스 플리즈"

즉흥연기와 사랑에 빠지는 과정
보스턴

초등학교 4학년이었던 나는 문제에 봉착했다. 매사추세츠에 위치한 와일드우드 초등학교 학생들은 불편한 철제 의자에 앉아, 내가 다음 대사를 내뱉기를 기다리고 있었다. 내 품에는 강아지 한 마리가 있었고 뮤지컬 전체가 내 어깨에 걸려 있었다. 당시 나는 <오즈의 마법사>의 도로시 역을 맡아 무대 위에서 다음 대사를 칠 준비를 하고 있었다. 도로시는 소녀들의 햄릿이다. <애니>의 애니와 <그리스>의 샌디 다음으로 열 살짜리 소녀들이 갈망하는 꿈의 역할이었다.

<애니>는 고아원은 신나는 곳이며 부자가 되는 것이 가장 중요하다는 교훈을 주었다. <그리스>는 무리 속에 있으면 매일매일 즐겁고, 남자를 꾀려면 더 섹시한 드레스를 입어야 한다는 교훈을 주었다. 하지만 <오즈의 마법사>야말로 최고였다. 우정, 두려움, 죽음, 무지개 그리고 반짝이는 빨간 구두까지 모든 게 담겨있었기 때문이다.

이때까지 내가 무대에 선 경험은 단 두 번뿐이었다. 첫 번째는 2학년 때 했던 겨울 야외극이었다. 눈송이 옷을 입고 시를 낭송해야 했

는데, 마이크가 너무 높아서 까치발을 하고 마이크 위치를 조정해야 했다. 다음 해에는 교내 연극에서 노래하는 사자 역을 맡았다. 사자 갈기(머리에 썼던 염색한 대걸레)가 자꾸 미끄러져 내려와서 노래하면서 몰래 몰래 손을 봐야 했다.

한참 시간이 흐른 후 부모님이 말씀하시길, 그 두 무대를 보면서 내가 커서 연기자가 될 것이라는 생각이 들었다고 한다. 솔직히 말하자면, 그 어린 나이에 연기에 대해 그렇게 뜨거운 욕망이 있었는지는 잘 모르겠다. 당시에는 연기자라는 직업이 있는지도 몰랐으니까. 아는 거라곤, 내가 '집 앞에서 롤러스케이트 타기'와 '사람들을 앞에 앉히고 나를 보게 만들기'를 좋아한다는 사실뿐이었다. '지하실에서 직접 심판이 되어 춤 경연대회 열기'도 좋아했다. 관심 받는 것이 좋았다. 관심과 통제권. 관심, 통제, 그리고 그것은 결국 웃음이 되었다.

<오즈의 마법사>에서 도로시는 연기하기에 재미있는 주인공은 아

니었다. 대체로 다른 캐릭터가 자신에 대해 설명하면 그 얘기를 들어주는 역할이었다. 오히려 매력적인 다른 역할들과 비교하면 조연 같은 느낌이었다. <위키드>[1]는 좀 더 역동적이다. <위키드>에 나오는 허수아비가 우여곡절이 더 심하고, 롤리팝 길드가 부르는 노래조차 더 좋다. 도로시는 그저 질문만 엄청나게 많이 해대고 항상 진실을 마지막에 알게 되는 캐릭터다. 하지만 상관없었다. 그때의 나는 초등학교 4학년일 뿐이었고 소녀로 지내기에 적당한 시기였다. 예쁘게 보이는 방법과 앞으로의 가능성에 대한 상상이 전부였다. 아직 생리를 시작하기 전이었고 남자아이와 키스해본 적도 없었다. 사랑하는 할아버지가 독립기념일에 우리 집 앞 베란다에서 심장마비로 돌아가시기 전이었다. 나는 우주 비행사나 과학자나 수의사가 되고 싶었고 모든 징조가 그중에 하나 혹은 모든 것이 일어나리라고 가리키고 있었다. 이 상황에서 내가 가장 두려워하는 것은 몸속을 기어 다니는 이나(있었다) 척추 측만증이나(없었다) 핵전쟁의 위협이었다(불길한 그림자가 떠오르고 있었다). 내 세대는 척추 측만증에 대한 공포가 심했다. 주디 블룸[2]의 소설 때문이었다. 적어도 한 달에 한 번씩, 체육관에 줄을 서서 윗옷을 걷어 올리고 허리를 숙이고 있으면 소름끼치게 생긴 늙은 의사가 손가락으로 등뼈를 위아래로 만지곤 했다. 핵전쟁은 6시 뉴스나 정치인의 연설에 자주 등장하는, 이해하긴 어렵지만 무서운 위협이었다. 이, 등뼈, 핵전쟁. 가장 무서운 세 가지였다.

---

1 (옮긴이) 그레고리 맥과이어의 소설 『위키드』를 원작으로 한 뮤지컬로, <오즈의 마법사>의 프리퀄에 해당하는 내용이다.
2 (옮긴이) 아이들의 고민이나 비밀을 있는 그대로 묘사하고 어른들의 모순도 솔직하게 담아내는 어린이책 전문 작가로 수많은 어린이 도서 상을 받았다. 국내에는 『퍼지는 돈이 좋아』 『주근깨 주스』 등의 작품이 번역서로 출판되었다.

에이즈도 곧 추가될 예정이었지만 아직은 아니었다. 내가 아는 에이즈라곤 엄마가 부엌 찬장에 두곤 했던, (안타깝게도 이름을 잘못 지은) 에이즈Ayds라는 캐러멜 다이어트 사탕이었다. 불안감에 휩싸인 80년대는 호르몬이 날뛰던 나의 십대 시절에 딱이었다. 1980년 초등학교 4학년 시절, 나는 내가 영원히 살 것이라고 생각했다.

파란색 체크무늬 드레스를 입고 무대 위에 서서 토토를 품 안에 안은 채, 객석에 있는 부모님, 선생님, 학생 들을 바라보았다. 숨을 들이마시는 순간 커다란 깨달음이 찾아왔다. 바로 지금이, 다음 행동을 어떻게 할지 내가 결정할 수 있는 순간이다. 새로운 무언가를 시도해볼 수 있다. 대본에서 벗어나서 나만의 무언가를 해볼 수도 있다. 어떤 말이든 내가 원하는 말을 내뱉을 수 있다.

이 '도로시의 순간' 덕분에 몇 년 후에 고등학교 뮤지컬에 도전할 용기를 낼 수 있었다. 벌링턴 고등학교는 나 같은 아웃사이더가 지내기에 매우 좋은 학교였다. 나는 여러 가지 활동이나 동아리를 들어갔다 나갔다 했고 때로는 숨기도 했다. 우리 학교는 졸업반에만 학생 수가 400명일 정도로 큰 학교였다. 나는 농구도 하고 축구도 잠시 해보면서 운동 쪽으로 나가야 하나 생각하기도 했다. 아빠는 대학교 때 준프로 농구 선수였고 나는 아빠에게서 손과 눈을 연결하는 조정력을 물려받았다. 나는 꽤 괜찮은 포인트 가드였고 후위 공격수였다. 소프트볼은 잡담할 시간이 많아서 재밌었다. 하지만 팀 스포츠에 대한 나의 열정은 내가 절대로 뛰어난 선수가 될 수 없다는 사실을 깨닫는 순간 사라졌다. (유격수에서 2루로 옮기는 순간 다른 생각이 들기 시작한다.) 치어리더를 해본 적도 있고 학생 자치 위원회를 한 적도 있다. 점점 인기 있는 아이들과 어울리기 시작했지만 가장 예쁘거나 가장 재미있는 아이로 불린 적은 없었다. 나는 그 속에 섞이려고 했다. 고등학교 졸업 앨범 투표에서 '가장 무심한 친구'에서 3등을 했다. 옷을 입을 때 그렇다는 것인지 전체적인 태도가 그렇다는 것인지 아직도 알 수가 없다. 어쨌거나 나는 어느 분야에서나 1등을 한 적이 없었다. 아마 내 위 있던 두 명은 아래로 내려가길 바랐겠지만.

매년 학교에서는 뮤지컬 공연을 했고 3학년 때 나는 <공주님과 완두콩Once Upon a Mattress> 오디션을 봤다. '연극하는 아이들'의 이름을 하나도 알지 못했고, 뮤지컬에 대한 경험도 짧았다. 2학년 때 반에서 뉴욕으로 여행을 갔을 때 본 브로드웨이 쇼가 전부였다. <판타스틱스>와 <코러스 라인>을 정말 좋아했다. <코러스 라인>에서 다이애나 모랄레스Diana Morales가 나에게 말을 걸었다. 그녀의 작은 몸집과 파란색 스타일링이 마음에 들었다. 까칠하고 깐깐한 연기 선생에게 대드는 모습도 좋았다. 그리고 작품 속 나쁜 인간이 죽었던 장면에서 우는 모습도 좋았다. 아무렇지 않다는 걸 표현하는 장면이었으니까. 얼마나 멋있던지!

그때 엠파이어스테이트 빌딩에도 가고 월드 트레이드 센터에도 갔다. 30 록펠러 센터와 <SNL> 스튜디오 투어도 포함해서. 유리벽에 코를 박고 <SNL> 출연자들이 리허설 하는 모습을 봤다. 1985년이었으니 안소니 마이클 홀Antony Michael Hall과 로버트 다우니 주니어Robert Downey Jr.가 주요 출연진일 때였다. 내가 20년 후에 만나게 되는 사람들이었다. 나중에 영화 <아직은 사랑을 몰라요Sixteen Candles>를 VH1

채널에서 재연할 때 안소니의 연기를 봐줬었지. 할리우드 커피숍에서 만난 로버트 다우니 주니어에게 아주 작은 인디 영화인 <아이언맨>에 출연하라고 추천한 적도 있고.

나는 <공주님과 완두콩>에서 위니프레드 공주 역할을 맡았다. 단독 장면이 많았고 큰 목소리로 불러야 하는 노래도 많았다. 이때부터 긴 대사를 쏟아내는 나의 미친 입이 활동을 시작했다.

이 역할을 브로드웨이에서 최초로 연기한 인물은 캐롤 버넷Carol Burnett1이었는데, 난 <캐롤 버넷 쇼>도 너무너무너무 좋아했다. 캐롤 버넷은 나의 우상이었다. 웃기고 다재다능하고 무엇이든 잘했다. 무엇보다도 주변 스태프들이 모두 그녀를 좋아한다는 사실을 알 수 있었다. 그녀는 인자한 리더였고 작품에 굉장한 정성을 쏟았다. 그 쇼는, 좋은 코미디는 사람들을 비하하지 않고도 웃길 수 있으며 정상에 설 수 있다는 사실을 증명했다. 길다 래드너Gilda Radner, 안드리아 마틴Andrea Martin, 캐서린 오하라Catherine O'Hara를 보면서도 같은 생각을 했

---

1 (옮긴이) 1933년생 배우로 뮤지컬 <공주님과 완두콩>으로 데뷔하여 토니상 여우주연상 후보에 오르며 유명해지기 시작했다. 노래 실력뿐만 아니라 입담도 뛰어나서 1967년부터 CBS에서 자신의 이름을 건 <캐롤 버넷 쇼>를 진행했다. 이 쇼를 진행하면서 세 번에 걸쳐 에미상을 수상하는 등 전설적인 엔터테이너로 자리매김했다. 본문의 QR코드는 <캐롤 버넷 쇼>이며 각주 왼쪽 QR 코드는 캐롤 버넷과 오랜 우정을 자랑하는 영국 배우 줄리 앤드루스와의 스케치이다.

다. 다른 출연자들이 그들을 존경한다는 걸 알 수 있었다. 빌 머레이Bill Murray가 길다를 바라보는 애정 어린 눈빛에서 그런 진심을 엿볼 수 있다.

정말 운이 좋게도 <TV 가이드>를 통해 캐롤 버넷을 인터뷰할 수 있는 기회가 있었다. 나는 그녀의 쇼를 얼마나 좋아했는지, 쇼를 보면서 엄마와 얼마나 많은 시간을 보냈었는지 말했다. 그리고 코미디를 좋아하고 그 길로 향하는 어린 여성으로서 나를 각성하는 계기가 되었다는 것도 말했다. 쇼 막바지에 그녀가 메이크업을 지우고 질문에 답할 때 우리와 다르지 않은 모습이라 얼마나 친근하게 느낄 수 있었는지 이야기했더니, 그녀는 이렇게 말했다. "에이미, 저에게 새로운 베스트 프렌드가 생겼네요!" 정말이다. 잡지에 그렇게 인쇄되었다. 정말이라고!

많은 사람들이 내게 처음부터 <SNL>에 출연할 줄 알았냐고 묻는다. 간단하게 답하자면, 예스! 거만하게 들리라고 하는 소리가 아니다. 나는 나에게 재능이 있는지조차 몰랐다. 그저 아주 작고 작은 목소리가 내 안에서 속삭이는 것을 들었을 뿐이다. 그 목소리가 언젠가 캐롤 버넷을 만날 거라고 말했고, 사랑을 찾을 거라고 말했고, 모든 것이 괜찮을 거라고 말했다. 우리는 모두 자기 안에 작게 속삭이는 목소리가 있다. 하지만 나쁜 목소리들이 보통 더 크게, 더 명확하게 들리곤 한다. 착한 목소리가 어디에서 나오는지는 모르겠다. 부모님의 사랑과 운 그리고 나 자신의 복합체에서 나오겠지. 어쨌든 나는 아주 어릴 때부터 내가 있고 싶은 곳을 보았고 결국에는 그 유리벽 너머에 있게 될 것이라고 믿었다. 미래에 언젠가는 <SNL>의 무대에서 리허설을 할 것이고 내가 어릴 때 서있던 저쪽에서는 2학년 여학생 무리가 나를 보며 손을 흔들 것이라고 믿었다. 그 아이들은 나와 내 친구들이 입었던 옷보다 세련된 옷을 입고 있겠지만.

내가 속했던 고등학교 뮤지컬에서는 <하이 스쿨 뮤지컬>의 웃통 벗은 잭 에프론을 볼 수는 없었지만 여러 가지 깨달음을 얻을 기회는 있었다. 내가 극장을 좋아하며 리허설 하는 과정, 세트를 만드는 일도 좋아한다는 깨달음이다. 감독의 이야기를 들으며 리허설 안무에 대해 투덜대는 시간도 좋았다. 바깥의 눈부신 햇살을 포기하고 텅 빈 극장의 어둠 속으로 걸어 들어가기로 했을 때 진정한 존재의 의미를 지닌 아티스트가 되는 기분이 들었다. 시간이 지나고 세상은 변해갔지만 중요한 것은 사람들과 함께 만들어가는 세상에 속했다는 사실이었다. 극단 파티에 가기 시작했고 담배도 피워 보았다. 나는 나에게 맞는 물에서 헤엄치게 되었다. 드디어!

내가 참여했던 뮤지컬들도 꽤 괜찮았다. 넘쳐나던 아드레날린과 의상을 갈아입던 순간이 섞여 기억이 흐릿하다. 나는 새롭게 접한 엄청난 스트레스와 마지막 순간까지 마음을 졸이다가 결국 해내고야 마는 쾌감에 열중했다. (이 책을 끝내고야 말도록 하는 재능이었다면 좋았겠지만…. 신이시여, 대체 이 책을 언제 끝낼 수 있을까요?) 공연을 본 후 부모님은 요란스럽게 칭찬을 했다. 엄마는 "정말 잘하는구나, 에이미!"라고 말했고 아빠는 "네가 원한다면 대학에 가지 않아도 돼!"라고 말했다. 엄마가 미쳤냐면서 아빠를 때리기는 했지만. 부모님이 보내 준 현실적인 응원의 원투 펀치는 수년 동안 나에게 닥칠 수많은 거절을 잘 다룰 수 있는 밑거름이 되었다. 당시에는 여배우가 된다는 것이 나에게 맞을지 머릿속으로만 생각했다.

다시 4학년 때로 돌아가서 <오즈의 마법사>의 도로시가 되어보자. 나는 부드러운 양털 신발을 신고 무대 위에 서있었다. 엄마가 마트에서 사온 신발에 은색 스프레이 페인트를 칠하고 빨간 반짝이를 뿌린 것이었다. 나는 머리를 땋고 원래 내 옷인 청색 멜빵 원피스와 파란색 체크 블라우스를 입고 있었다. 회오리바람이 부는 장면에서 내가 말할 차례였다. 다른 연기자들은 빙글빙글 돌면서 바람에 휩쓸리고 있어야 했다. 선생님은 손에 쥔 마이크에 휘파람을 불며 바람 소리를 만들어내고 공작용 판지로 휘날리는 잡초를 만들어냈다. 내 품에 안긴 토토는 진짜 강아지였다. 어떤 모지리가 자기네 푸들 강아지가 토토 역할을 하도록 허락했을까? 지나고 보니 의문이다. 대체 그 미치광이는 무슨 생각으로 그 조그마한 강아지를 열 몇 살짜리 아이들에게 맡긴 걸까?

우리는 맹렬한 기세로 이틀 연속 공연을 하고 두 번째 밤을 맞이한 참이었다. 첫날에 회오리바람 장면에서 "토토, 토토! 너 어디 있니?"라는 대사를 했는데, 문제는 여전히 내 품에 빌어먹을 강아지가 안겨있었다는 점이다. 관객이 강아지를 보고 웃음을 터뜨렸다. 머릿속에 번개가 쳤다. 세 가지 중요한 점을 발견했다. 나는 사람들이 웃음을 터뜨리는 것이 좋았다. 한 번 더 터뜨리고 싶었다. 하지만 이번엔 다른 방법으로, 내가 원하는 대로 행동해서 웃기고 싶었다. 그 두 번째 밤, 나는 새로운 것을 시도했다.

새로운 것을 시도하는 것, 고등학교를 졸업할 때 내가 원했던 단 한 가지였다. 보스턴 대학교에 가게 되어 무척 흥분해서 모자와 가운을 쓰고 자리에 앉아 꼼지락대던 순간을 뚜렷하게 기억한다. 나는 정말! 정말! 가고 싶었다. 보스턴 대학교에 들어가는 것은 마치 새로운 나라에 가는 것처럼 느껴졌다. 그때는 아이들 대부분이 나보다 부유하다는 사실을 미처 깨닫지 못했다. 태피스트리로 방 꾸미는 방법을 아는 사립학교 출신 아이를 만났다. 나는 집에서 멀리 떨어져 사는 데 익숙한 운동하는 친구들과 사귀게 되었다. 그리고 자기 명의로 된 신용 카드를 가지고 다니는 외국인 학생들과 공부했다. 신입생이 된 후 첫 룸메이트가 될 친구에게서 메일을 받았는데 일리노이 주에서 온다고 하기에 농장에서 사는 줄 알았다. 잘못된 추측이었다. 그 친구와 전화를 하는데 뒤에서 클래식 음악이 흘러나와서 물어보니 그게 자기네 현관문 벨소리라고 했다. 에린이라는 이름의 그 친구는 매우 착하고 재밌는 아이였다. 우리는 에린의 아버지가 기숙사 창문에 붙이라고 보내준 네온사인 밑에서 <레 미제라블> 사운드 트랙을 부르곤 했다.

나의 부풀린 머리 스타일과 뉴잉글랜드 억양을 생각하니 분명 보스턴 대학교를 다니며 보스턴이라는 곳을 굉장히 즐겼구나 싶다. 대학 입학 후, 머리색과 게으른 r 발음을 조금 낮춰보기로 결심했다. 억양을 조절하기란 정말 어렵다. 우리 가족과 어린 시절이 떠오르게 하는 억양이지만 다른 동네에 가면 최악의 사투리로 취급받기 때문이다. 보스턴을 사랑하지만 보스턴 억양은 바보 같다.[1] 내내 입을 다물 줄 모르고 마치 커다랗고 게으른 아기처럼 말한다. 이렇게 말하면 욕을 먹을지도 모르겠지만 진정한 보스턴 사람으로서 내가 하고

---

[1] (옮긴이) 보스턴 사투리의 특징은 r을 굴려서 발음하지 않고 생략하거나 'o'를 'a'에 가깝게 발음한다. 가끔 TV에서 재미로 흉내 내거나 보스턴 출신 연예인이 나오면 시켜보곤 한다.

싶은 말은 이것뿐이다. 엿 먹어! 멍청이들아, 내 말투에 문제 있으면 강가에서 맞짱 떠!2

신입생이 된 첫 주에 열리는 오리엔테이션 중에 BC 카페테리아와 종합 사회 센터에 있는 이글스 네스트에서 열리는 공연을 보러 갔다. 그곳에서 공연하는 앙상블 코미디를 보고 완전히 넋을 잃고 말았다. 즉흥극 형식이었는데 재빠른 농담으로 관객의 심리를 가지고 노는 모습에 혼이 나갔다. 다들 연기에 몰입해서 쉴 새 없이 웃기면서 감독하면서 편집하면서 쓰는 일을 동시에 하고 있었다. 공연 동아리의 이름은 '마이 마더스 플리백My Mother's Fleabag'이었는데 학교에서 가장 오래된 즉흥연기 동아리였다. 들어가고 싶다! 나는 실력 있는 행위 예술가인 카라 맥나마라를 만났다. 나중에 나의 룸메이트가 되었고 경험이 없어서 망설이는 나를 부추겨서 오디션을 볼 수 있게 해주었다. 처음에 했던 것은 대부분 숏폼 즉흥연기 게임3이었다. 정말 황홀한 순간이었다. 기숙사로 돌아온 후 합격 소식을 기다렸다.

한밤중에 잠에서 깬 우리는 술을 마실 수 있는 비밀 장소로 끌려가서 동아리에 합격했다는 소식을 들었다. 하루 동안의 신고식이었는데 정확히 내가 견뎌낼 수 있을 만큼의 괴롭힘을 받았다. 리허설은 주기적으로 열렸다. 하나의 농담을 가지고 몇 시간씩 논쟁을 벌이곤 했다. 관계가 점점 견고해졌고 신뢰가 쌓였다. '마이 마더스 플리

2　(옮긴이) 원서에서는 보스턴 사투리식으로 적었다. "FUCK YOU, AHHSOLE, IF YOU GOT A PRAWBLEM WIT ME THEN LET'S MEET BY THE RIVAH!" 발음을 그대로 쓰자면 "뻑큐, 애솔, 이퓨 갓 어 프라블럼 윗 미 덴 렛츠 밋 바이 더 리바!"이다.

3　(옮긴이) 숏폼 즉흥극은 5~10분 내외의 게임 형식이 많은데 종류는 무궁무진하다. 예를 들어, 돌아가면서 차례대로 앞사람이 말한 단어에서 연상되는 단어를 이어가는 게임이 있고, 둘씩 짝지어 상대방의 몸짓을 따라하는 '거울', 두세 명이 각자 자유롭게 무대 위에서 포즈를 취하면 다음 사람이 그 그림을 보고 제목과 작가의 이름을 지어내는 '전시회' 등이 있다.

백'은 해마다 두세 번씩 공연을 했다. 커버 밴드는 스퀴즈의 <Pulling Mussels (from the Shell)>를 불렀고 우리는 야구 유니폼을 벗어던졌다. 숏폼 즉흥극과 스케치를 공연하고, 보스턴 대학교에서만 통하는 유머로 만든 노래를 불렀다. 아주 웃기면서도 너무 쿨하지 않아서 나는 관객 앞에 나설 용기가 났다. 매일 가도 되는 극단이라는 장소가 있었고 항상 나를 필요로 하는 사람들이 있었다. 천국이 따로 없었다.

카라와 나는 기숙사를 떠나서 남학생, 여학생과 함께 살기 시작했고 나의 대학 생활은 행복의 연속이었다. 우리는 술 파티를 벌이곤 했다. '80년대여 안녕!'이라는 이름으로 파티를 열고 다들 분장을 했다. 나는 벽에서 구출되어 유명해진 베이비 제시카[1] 분장을 했다. (참, 그녀는 안전하게 구조되었다. 가장 중요한 사실!) 파자마를 입고 머리를 땋은 다음 얼굴에 검댕을 묻혔다. 섹시하게 보이는 것도 놓칠 수 없었다. 살던 거리의 이름이 '스트래스모어Strathmore'여서 우리의 모토는 "리브 모어, 러브 모어, 스트래스모어!"였다. 나는 찰스 버쉬[2]와 케이트 부시[3]에 대해 알게 되었다. 나는 예수회 수사와 함께 앉아서 에드나 세인트 빈센트 밀레이[4]에 대해 이야기했다. '미디어는 메시지다'나 '남성의 시선' 같은 수업을 들었다. 나는 경쟁이 치열한 캠퍼스 밖 수업을 듣기 위해 애를 썼다. 낮에는 연극 <트루 웨스트True West>에 나오는 장면을 감독하고 밤에는 구내식당의 맛없는 음식들에 대한 스케치를 썼다. 셰익스피어를 공부하고 내 목소리를 조절하는 방법을 익혔으며 밤에는 얼간이 무리와 모여서 의도적으로 멍청이가 되는

---

[1] (옮긴이) 1987년 텍사스에서 18개월 된 아기가 벽에 끼어서 60시간이 지난 후 구조되었다. 미국 전역에 구조 장면이 방송되어 '베이비 제시카'라는 별명으로 유명해졌다.

[2] (옮긴이) 1954년생 배우이자 각본가. 여장 배우로 매우 유명하다. 대표작으로 <레이디 인 퀘스천 이즈 찰스 버쉬> <싸이코 비치 파티> 등이 있다.

[3] (옮긴이) 영국의 가수. 쨍한 목소리와 특유의 퍼포먼스로 문화 아이콘으로 자리매김했던 아티스트.

[4] (옮긴이) 미국 시인 겸 극작가. 기존 가치관을 무시하고 자유연애를 신봉한 시인이었다.

연습을 했다.

그때는 어떤 연기자가 되고 싶은지 제대로 알지 못했다. 현실적인 계획도 없었고 따를 수 있는 멘토도 없었다. 하고 싶지 않은 것만은 잘 알고 있었다. 어딘가에 얽매이거나 처박히기는 싫었다. 누구와 결혼할지, 어디에서 살지 결정하고 싶지 않았다. 나는 사촌 린 고슬린의 친구인 크레이그 핀과 함께 대중 연설 강의를 들었다. 크레이그는 밴드 홀드 스테디의 리드 싱어로 활동하고 있는 뛰어난 뮤지션이다. 우리 둘은 서로 같은 비밀을 품고 있다는 직감이 들었다. 그것은 앞으로 10년 동안 돈도 없고 안정성도 없고 아이도 가질 수 없을지라도, 무슨 일이 있어도 공연을 계속 하겠다는 마음속 결심이었다. 개인적으로, 이십대들에게 '뭘 하고 싶은지' 묻지 말고 '뭘 하기 싫은지' 물어야 한다고 생각한다. 학생들에게 '잘하는 걸 찾으라'고 하지 말고 '피하고 싶은 것들의 목록을 만들라'고 해야 한다. 그게 더 말이 된다.

학교에서 돌아와 스트래스모어에 있는 집 부엌에 들어갔더니 카라가 졸업 후 시카고로 간다고 말했다. 카라는 나보다 1년 먼저 학교를 다니고 있었는데, 코미디의 메카인 세컨드 시티5라는 곳에서 수업을 들을 수 있다는 말을 듣고 온 것이었다. 더 조사해보니 임프라브

---

5 (옮긴이) 1959년 설립된 시카고의 즉흥극 극단으로, '코미디계의 하버드'라고 불리울 정도로 오랜 명성을 자랑하는 극단이다. 공연장에서는 매일 다양한 형태의 즉흥극이 공연되며 거의 매진인 경우가 많다. 공연장뿐만 아니라 즉흥연기를 배울 수 있는 트레이닝 센터와 기업 등에 컨설팅을 제공하는 세컨드 시티 웍스도 있다. 쉽게 설명하자면, 코미디계의 대형 엔터테인먼트 회사라고 할 수 있다. 빌 머레이, 티나 페이, 크리스 팔리, 스티브 카렐 등 많은 배우가 세컨드 시티를 거쳐왔다.

올림픽ImprovOlympic1이라는 곳에서도 즉흥연기 수업을 하고 있었다. 그때 결정했다. 카라가 시카고로 가서 아파트를 구하면 나도 1년 뒤에 시카고로 가는 거야. "서빙 아르바이트는 어디에서나 할 수 있으니까요!" 이렇게 말하자 남동생과 나를 대학에 보내기 위해 조그마한 집을 두 번이나 담보 대출 했던 부모님은 경악했지만.

나는 나 자신을 믿기 시작했다. 내가 원하는 게 무엇이든 말할 수 있음을 깨달았다.

<오즈의 마법사> 두 번째이자 마지막 공연, 나는 회오리바람 장면에서 내 마음대로 밀고 나가기로 했다. 잠시 멈춘 후 빌어먹을 강아지를 무대에 내려놓고 몇 걸음 떨어졌다. "토토, 토토! 어디 있니?" 나는 휘몰아치는 태풍 속에서 잃어버린 강아지를 찾는 척했다. 강아지는 얼어붙은 채로 완벽하게 제 역할을 해냈다. 나는 더 큰 웃음을 끌어냈고 박수소리도 조금씩 들려왔다. 나의 즉흥연기가 제대로 먹혔다. 누군가는 강아지 덕분 아니냐고 반문할 수도 있을 것이다. 물론 훈련된 강아지는 사람들을 웃길 때 잘 먹히긴 한다.

아무렴 어때. 그때부터 나는 그 짜릿함을 쫓아왔다.

---

1 (옮긴이) 지금은 iO로 불리는 임프라브올림픽은 세컨드 시티와 함께 시카고의 내표적인 즉흥극 극단이다. 전설적인 즉흥연기자 델 클로즈와 샤르나 할펀이 문을 연 극단으로, 젊고 실험적인 분위기의 극단이다. 티나 페이, 레이첼 드래치, 세스 마이어스, 스티븐 연, 존 파브로, 케이트 플래너리(<오피스>의 메러디스), 잭 맥브레이어(<30 락>의 케네스) 등 많은 배우가 iO에서 즉흥연기를 배우고 공연했다.

나를 좋아하는 사람을 좋아하자

LIKE WHO LIKES YOU

평범한 소녀 vs 악마

난 너무 못생겼어. 우리가 계속해서 끝없이 반복하는 주문이다. 아주 작은 목소리로 속삭이기도 하고 거울 앞에서 소리치기도 한다. 난 내 생김새가 싫어! 얼굴도 싫고 몸도 싫어. 너무 뚱뚱해, 너무 말랐어, 너무 키가 커, 너무 넓적해, 다리가 너무 못생겼어, 너무 헤프게 생겼어, 치아는 바보 같아, 코는 심각해, 위는 완전 구려…. 그러다가도 이런 식으로 생각이 흐른다. '난 너무 불평이 많아. 팔다리 멀쩡하고 걸을 수 있고 손톱도 건강하고 이렇게 살아있는데 맨날 불평만 해. 게다가 너무 이기적이고 『죽음의 수용소에서』도 다시 읽어야 해. 엄마, 아빠한테 전화도 해야 하고 자원봉사도 더 해야 하고 탄소 발자국도 줄여야 하는데. 난 왜 이렇게 자의식 강하고 못생긴 똥멍청이일까? 이러니 내 모습이 좋을 리가 있어? 내 존재 자체가 싫어!'

세상에는 이 주제에 관해 쓴 책이 4천만 권 정도 있고 관련된 단어도 수억 개나 있으니 내가 말하려고 하는 게 무슨 얘기인지 설명하지 않아도 다들 알겠지.

그 나쁜 목소리는 바로 악마의 목소리다. 이 끈질기고 고집 센 악마는 어느 날 홀연히 여러분의 방에 나타나 떠날 생각을 않는다. 끔찍하고 심술궂은 목소리로 거울을 바라보던 여섯 살 내지 열다섯 살 먹은 아이를 깜짝 놀래킨다. "너는 뚱뚱하고 못생기고 사랑받을 자격이 없어!" 결정적으로 끔찍한 점은 이 악마가 바로 자기 자신의 목소리라는 사실이다. 평소의 내 목소리 같지 않고, 마음을 현혹하는 목소리로 들린다. 다스 베이더나 화가 난 로렌 바콜Lauren Bacall1을 떠올리자. 좋은 소식은 더 이상 말하지 못하도록 하는 방법이 있다는 것이고, 나쁜 소식은 절대 영원히 사라지지는 않는다는 것이다. 운이 좋으면 오래된 하키 장비가 처박혀 있는 옷장 안쪽 구석에 좌천될 수도 있다. 며칠이나 몇 년 동안은 악마가 사라졌다고 생각할 수도 있다. 하지만 아니다. 악마는 숨죽이고 앉은 채 기다리고 있다. 이 후레자식은 인내심이 강하거든.

악마는 "네 멋대로 살아봐."라고 말한다.

악마는 "사랑에 빠지고 운동도 하고 너를 아름답다고 생각하는 사람들에게 둘러싸여봐."라고 말한다.

악마는 "걱정 마, 난 기다리면 되지."라고 말한다.

그러다가 어느 날, 이별을 겪었을 때, 아이를 낳으면서 붙은 살이 안 빠질 때, 밥을 뜨던 숟가락에 비친 내 얼굴을 보았을 때, 끈적끈적한 악마의 햄버거가 출시되었을 때가 오면, 그 못된 입이 내 귓가에 대고 너는 뚱뚱하고 못생기고 사랑받을 자격이 없다고 되새긴다.

이 악마는 스티븐 킹 소설에 나오는 하수구 괴물만큼이나 더러운

---

1 (옮긴이) 허스키한 목소리가 트레이드 마크이며 세련되고 독립적인 여성을 연기했던 배우. 1994년 <소유와 무소유>로 데뷔하여 꾸준히 활동했다. 2010년 제작된 애니메이션 <어네스트와 셀레스틴>에서 그레이 원 목소리를 연기했다. 2014년 별세했다.

자식이다.

　나는 어린 시절에 운이 좋았다. 내 방에는 다행히 악마가 살지 않았고 주변을 서성거리기만 했다. 우리 엄마는 자연스러운 모습이 예쁜 사람이었고 소박한 사람이었다. 나에게 화장을 하라거나 다른 옷을 입어보라고 말한 적이 한 번도 없다. 엄마는 내 친구들과 시시덕거리거나 꽉 끼는 청바지를 입는 사람도 아니었다.

　중학교 때 나는 몸집이 작고 가슴이 납작했는데 정말 다행이었다. 내 외모는 주목의 대상에서 빠져나가기에 적절했다. 키가 작다고 놀림받긴 했지만 대부분 나보다 작은 남자아이들에게 놀림을 받았다. 나는 머리를 거의 빗지 않는 깡마른 여자아이였다. 톰보이 스타일의 경계에 있었지만 완전히 그렇게 낙인찍히지는 않았다. 내가 나 자신의 몸으로 있으면서 공격받지 않을 수 있는, 짧지만 멋진 시간이었다. 만약 천국을 보고 싶다면 어린 여자애들이 노는 것을 보면 된다. 그 발랄한 표정과 까진 무릎, 활기와 천진난만한 얼굴. 악마는 내 학창 시절 사진을 보고서는 "이 눈썹에 무슨 수를 써야겠는데?"라고 제안했다. 하지만 대부분의 시간에는 나를 내버려 두었다. 그때 나는 안전하다고 느꼈다. 자기 얼굴에 불만이 없고 전혀 주목을 끌지 않는 소녀였을 때.

　그러다가 어느 날부터 남자아이들이 신경 쓰이기 시작했고 악마가 내 앞길을 막아섰다.

　80년대는 십대 패션에 이상한 바람이 불던 시기였다. 실크 블라우스에 어깨 패드, 네온 귀걸이, 승마바지까지. 상상해보면, 특히 바지는 정말 이상했다. 게다가 고리 바지, 몸뻬 바지, 벨벳 속바지까지 입었다. 정말 바지의 실험을 하던 시기였다. 머리를 파마하고 스프레이를 뿌려서 사박사박 소리가 날 정도로 뽕을 높이 넣었다. 화려한 색상을 쓰는 과한 화장을 했다. 몇몇 타고난 예쁜 아이들은 이런 유행을 적절히 흡수했지만 나머지는 정말 우스꽝스러웠다.

중학교에서 데이트하기란 쇼핑몰을 돌아다니거나 '우리 노래'를 고르며 전화통을 붙잡고 시간을 보내는 것이었다. 스킨십도 가볍게 손을 잡거나 뺨에 뽀뽀하는 정도가 다였고 정말 순수했다. 나도 한 남자아이와 '데이트'를 했고 '우리 노래'는 가수 저니의 <Faithfully>였다. 그 노래를 들을 때마다 전기에 감전된 듯 몸이 찌릿했다. 그리고 창문 밖을 바라보며 아직 해보지 못한 경험에 대해 상상에 빠지곤 했다. 혹시 어린 나이에 수천 번 살아본 척하는 애어른을 표현하는 단어가 있나? 독일어에 그런 단어가 있나? 왠지 있을 것 같은데. Schaufenfrieglasploit 정도가 좋겠다.

고등학교에서의 데이트는 완전히 다르다. 남자아이들의 손이 갑자기 윗도리 쪽으로 올라온다. 여자아이들은 오랄 섹스를 할 생각과 섹시해져야 한다는 생각에 집착한다. 섹시하되 천박해서는 안 된다. 섹스에 해박해야 하지만 실제로 해서는 안 되고 남자친구가 원할 때 해야 한다. 만약 섹스를 했다면 비밀로 간직해야 하고 잘해야 하지만 너무 잘하면 또 안 된다. 첫경험이란 그래야 하니까. <달링 니키>[1]는 잡지를 보면서 자위했지만 마돈나는 여전히 처녀여야 한다. 무척 헷갈린다. 고등학교 생활이 시작되면 평범한 여자와 예쁜 여자 사이의 '진짜' 차이점을 보게 된다. 남자아이들은 나를 향해 지적할 거리들을 찾아내는 시합을 시작했지만 나는 뒤늦게야 알아차렸다. 어떤 아이는 내가 개구리를 닮았다고 말했다. 어떤 아이들은 손장갑 인형 머펫처럼 생겼다고 말했다. 한 상급생은 '크고 이상하게 생긴 눈'으로 자기를 쳐다보지 말라고 말하기도 했다. 나는 거울 속에 비친 납작한 가슴과 주근깨를 바라보며 어떤 목소리를 듣는다. 바로 짐을 싸들고 나타난 악마였다. 이번에는 내 방 윗목에 자리를 잡으려 돌아온 것이었다.

더 이야기하기 전에, 몇 가지 일러둘 것이 있다. 보통 내 겉모습에 대해 이야기하는 것은 무지막지하게 지루하다. 상대방이 하품을 하는 것은 시간 문제다. 하지만 내 겉모습과 사랑에 빠진 척은 할 수가 없다. 악마는 여전히 종종 나를 찾아온다. 텔레비전에 나오거나 멋진 잡지 사진을 찍으면 그 모든 생각들이 사라진다고 말할 수 있었으면 좋겠지만 그렇지 않다. 난 내가 키가 컸으면 좋겠고 손이 고왔으면

---

[1] (옮긴이) 가수 프린스의 노래로 가사가 남성 화자가 성인 잡지를 보며 자위하는 내용이다.

좋겠고 웃는 모습이 덜 미친 것처럼 보였으면 좋겠다. 특히 내 다리는 정말 마음에 안 든다. 한때는 배가 납작했었는데 커다란 아이 두 명이 그곳을 단기 거주하다가 나간 후에는 옛 모습이 사라졌다. 코는 멋지다. 가슴은 지금 최고다. 커다란 눈도 나는 좋아하지만 가끔씩 미친 느낌이 들기는 한다. 엉덩이는 꽤 괜찮다. 머리카락은 내 취향보다는 너무 얇다. 아일랜드인과 영국인 핏줄에 햇볕에도 많이 노출된 탓에 내 피부는 주름 도시를 향한 고속도로를 탔다.

아직 안 지루해? 멈출 수가 없네.

고등학교와 대학교를 졸업을 한 후에는 여러 유형의 사람들과 데이트를 했다. 그 사람들을 줄 세우면 아마 공통적으로 겹치는 외모적 특징을 하나도 찾을 수 없을 것이다. 대부분 백인이었다. 전부는 아니고. 몇몇은 키가 작고 털이 많았다. 몇몇은 이상했고 몇몇은 예쁘고 다정하고 몸이 좋았다. 내가 데이트했던 남자들 대부분이 다혈질이었다고 할 수는 있겠다. 하지만 웃긴 사람들 대부분이 그렇다. 나는 정말 웃긴 사람들과 데이트를 많이 했다. 중간 정도로 웃긴 사람도 있었다. 가장 잘생긴 남자는 중간 정도 웃겼다. 둘 다 가지기는 어려우니까. 한번은 시카고에서 '남자 모델'과 데이트한 적이 있다. 그렇게 '잘생긴' 사람과는 처음 데이트를 해봤는데, 내가 듣던 즉흥연기 수업에서 만난 그다지 웃기지 않는 남자였다. 덕분에 나는 묘한 우월감을 느꼈다.

그때 나는 그 남자의 일기를 훔쳐보는 실수를 저질렀다. 중간 정도 지루한 섹스를 마친 후 남자가 샤워를 하는 동안 그의 소지품을 뒤져보았다. 나는 물건 뒤지기에 꽤 솜씨가 있다. 어릴 때 부모님 방에 있는 온갖 서랍과 주머니를 뒤지곤 했다. 다행히, 특별히 이상한 것은 없었고 기껏해야 너덜너덜해진 <플레이보이> 잡지뿐이었다. 요즘 내가 온라인 마트에서 샐러드 집게를 주문할 때마다 팝업창으로 뜨는 엉덩이에 주먹을 집어넣는 초근접 사진에 비하면 굉장히 긍정적인 방향으로 매력적인 사진들이었다. 베이비시터 아르바이트를 하면서 뒤지기 기술은 더욱 발전했다. 속옷 서랍 속에서 여성용 고무 피임기구, 설사약, 돈다발을 발견하는 경험을 했다. 나는 내가 들어갈 수 있는 집이라면 어디든지 뒤집어놓았다. 지금은 나의 엿보기 기질도 수그러들었지만 여전히 사람들의 뒷모습을 털어보고 싶은 욕구와 싸우는 중이다. 절대 자랑스럽지 않다. 게다가 여기에서 이 사실을 인정함으로써 앞으로 숙박객으로 환영받기는 글렀다.

어쨌든 뒤지기의 안 좋은 점은 찾고 싶지 않은 것까지 찾아버린다는 데에 있다. 이메일, 문자, 일기는 정말 재앙이다. 일기에 누가 사람들에 대해 좋은 얘기를 쓸까. 좋은 얘기는 말로 한다. 일기는 나쁜 얘기를 위한 것이다. 그의 일기에는 나 같은 사람을 만나서 자랑스럽다는 얘기가 있었다. '웃기지만 그렇게 예쁘지는 않다. 그래서 더 괜찮은 것도 같다. 뭔 소린지 알지? 음…. 완전히 사랑에 빠진 건 아니지만 사귀어볼 만한 것 같다.'라고도 적혀 있었다. 난 이렇게 생각했다. '아, 뭐, 난 괜찮아. 하하! 다 알고 있던 사실이지롱, 멍청아. 방금 한 섹스 엄청 지루했거든? 내가 이겼지! 난 널 성격으로 꼬셨으니까! 나는 진심도 아니었어!'

그러고 나서 집으로 돌아가서 울었고 그 후에도 헤어지기까지 오랜 시간이 걸렸다.

하지만 결국에는 괜찮아졌다. 당신도 괜찮아질 것이다. 왜냐고? 애초에 나는 매력이 철철 넘치는 성격의 평범한 외모의 여자가 되기로 결심했고, 그렇게 인정하고 나자 모든 것이 훨씬 쉬워졌다. 살다가 운이 좋으면, 사람들이 당신의 평판이 어디에 집중될 것이라고 눈치를 주는 순간이 있다. 나는 일찍이 그것이 내 외모는 아니라고 판단했다. 그리고 평생을 그것을 실현하기 위해 보냈고 이제 15~20% 정도는 이루었다고 말할 수 있을 것 같다. 꽤 고무적인 진전이다. 물론 나는 미국 국적의 금발 백인 여성으로서 얻을 수 있는 이점을 평가 절하하지 않는다.

거짓말이 아니라, 금발은 꽤 먹히는 외모적 특징이다. 특히 나이 든 남자에게 더욱 효과가 좋다. 얼굴에서 시선을 분산시키기 때문이다. 토니 베넷Tony Bennet과 존 맥케인John McCain을 만났을 당시에 우리 모두 각자 행복한 결혼 생활을 하고 있지 않았더라면 아마 그들과 섹스하는 데 성공했을 것이다.

자신이 절대 될 수 없는 것은 놓아주자. 이것을 실천하는 사람들이 그렇게 하지 못하는 사람들보다 더 행복하고 더 섹시하다.

아름답다는 평가를 받는 사람으로 사는 것은 꽤 힘들다. 어떻게 아냐고? 내가 할리우드에서 일하고 있기 때문이다. 판에 박힌 듯이 아름답게 생긴 사람들이 가득한 곳이다. 아름다운 사람들은 대상화되고 평가 절하된다. 아름다운 유전자를 얻기 위해 아무것도 노력하지 않아도 되기 때문에 오히려 자신이 아름다운 외모 그 이상이라는 것을 증명하기 위해 애를 써야 한다. 사람들은 그들이 행복하고 침대에서 잘할 것이라고 짐작하지만 대부분 그렇지 않다. 게다가 몇몇은 아름답다는 소리에 중독된 나머지 나이를 먹거나 자신에 대한 관심이 줄어들거나 배우자가 '평범한' 사람과 바람이 나는 상황에 굉장히 고통스러워한다.

　나는 즉흥연기와 스케치 코미디를 하면서 나의 가치를 찾을 수 있었다. 밋밋한 얼굴은 다른 사람으로 변신하기에 완벽한 캔버스였다. 분장을 위해 옷장을 뒤지고 고르는 일은 내가 가장 좋아하는 일이다. <SNL> 헤어스타일리스트는 내 얼굴이 가발을 쓰기에 최적화된 얼굴이라고 말해주었다. 가발 쓰기에 안성맞춤인 얼굴이라니! 이런 칭찬이 있나. ('가발 쓰기에 안성맞춤인 얼굴'은 내 두 번째 책의 제목이 될 것이다.) 바보같이 보이는 것은 아주 강력한 힘이 될 수 있다. 고등학교 댄스파티에서 아이들은 왕과 여왕이 되기 위해 애를 쓰고 위험을 무릅쓴다. 사람들은 웃고 울고 춤추고 놀고 진실을 말하고 즐거운 방식으로 무언가를 좇을 때 가장 아름답다.

　즉흥연기와 스케치 코미디를 하면서 나는 내가 원하는 것을 선택하게 되었다. 섹시한 여자 역을 위해 오디션을 보지 않고 그냥 그 사람을 연기했다. 나는 나 자신을 캐스팅했다. 섹시한 여자, 나이 든 남자, 록스타, 백만장자 변태, 로데오 광대로서 나를 캐스팅했다. 나는 늑대인간, 이탈리아 창녀, 싸가지 없는 치어리더를 연기했다. 너무 과하거나 혹은 너무 부족한 적이 없었다. 매주 <SNL>에서 나는 내가 원하는 것은 무엇이든 쓸 수 있는 기회를 얻었다. 그리고 내가 원하는 대로 읽었다! 그러면 사람들은 들어야 했다! 그리고 아주 드물게 한 번쯤은 그게 TV에 나왔다! 그중에 다섯 번 정도는 정말 괜찮았다. 글쓰기는 나에게 엄청난 힘을 주었고 나의 가치는 내가 쓰고 말하고 행동한 것처럼 되었다.

만약 자신을 위한 장면을 쓴다면 지문으로 이렇게 쓸 수 있다. '세상에서 가장 아름다운 여성이 바에 들어서자 그곳에 있던 모든 사람들이 고개를 돌렸다.' 그리고 다음에는 이렇게 쓴다. '지금까지 본 남자 중에 가장 섹시한 남자, 세르지오가 그녀에게 키스한다.' 이 장면을 감독할 수 있을 정도로 운이 좋다면 캐스팅 회의에 가서 각양각색의 매력적인 남성 중에 당신에게 키스할 사람을 고를 수 있다. '자스민이 보트에서 세르지오와 섹스한다.' 그러면 아무도 배신하지 않고 가짜 섹스를 할 수 있다. 남자들은 항상 이렇게 한다. 연기자가 그렇게 나쁜 직업은 아니지?

바라건대, 나이가 들면 악마와 어떻게 살아가야 하는지 배우기 시작한다. 처음엔 힘들다. 어떤 사람들은 악마에게 너무 많은 공간을 내주어서 사랑을 위한 자리가 남아있지 않기도 하다. 악마에게 먹이를 주면 점점 힘이 세지고 모욕적인 관계에 머물게 하거나 아름다운 몸을 흉측하게 만들기도 한다. 하지만 나이를 먹으면 악마가 지겨워질 때가 오기도 한다. 좋은 치료를 받거나 친구들을 통해서 혹은 자기 자신을 사랑하면서 악마를 버릇없고 짜증나는 사촌으로 취급할 수 있다. 고급스러운 행사에 가기 위해 옷을 차려 입었는데 '넌 정말 못생겼어'라는 목소리가 들릴 때도 이렇게 대답할 날이 온다. '알아, 알아, 귀걸이 좀 찾자.' 가끔은 이렇게도 말한다. '악마야, 내가 못생겼다는 소리는 나중에 들어주기로 약속할게. 지금은 뜨거운 섹스를 즐기느라 바쁘니까 나중에 보자~'

더 직접적으로 접근할 때도 있다. 악마가 귀신같이 내 앞길에 기어

나와서 나에 대해 안 좋은 말을 하기 시작하면 자기 자신의 친구가 된 것처럼 이렇게 말한다. '야, 조용히 해. 에이미는 내 친구야. 내 친구를 그런 식으로 말하지 마.' 친구를 지켜줄 때처럼 자기 자신을 옹호해주는 방법은 어려울지 몰라도 우리를 납득시켜 준다. 실제로 잘 먹히기도 하고.

악마도 잠은 자야 하지 않겠어?

성형수술의 시

입술을 부풀리네
입술에서 나오는 말이
괴상하네

누가 봐도 보톡스인데
채식 다이어트 덕분이라고?
웃기시네, 마가렛

페이스 리프팅 하면 못해
딸들을 편안하게 만들지 못해
보호자 노릇을 못해

가슴 수술 해도 좋아
작게 만든다면 좋아
가짜 가슴은 이상하잖아

비대칭 얼굴이 멋있네
볼에 넣은 보형물
대칭이지만 재미는 없네

성형수술
친구들에게 하는
많고 많은 거짓말

솔직히 말할까?
꼭 뮤지컬 〈캣츠〉에 나오는
여자 같네요

알 수가 없네
화난 건지 슬픈 건지
필러를 맞으면 알 수가 없네

저기,
주사기를 찌른다고
50대가 되는 걸 막아주진 않네

웃겨서 울다가 웃다가

임신한 몸으로 생방송 코미디를 한다는 것은 솜브레로 모자1를 쓰는 것과 비슷하다. 심각한 척 연기할 순 있겠지만 커다란 모자 때문에 그렇게 보이지가 않는다. 나는 임신한 채로 너무 많은 시간을 카메라 앞에서 보냈다. 어떨 때는 실제로, 어떨 때는 가짜로 임신했다. <베이비 마마>라는 영화를 찍을 때는 가짜 배를 만들었다. 피부와 같은 색의 벨크로 찍찍이로 수박을 반으로 자른 듯한 모형을 몸에 달았다. 옷 속으로 살짝 내려다보면 웃음이 나왔다. 밥을 먹을 때는 가짜 배를 떼어놓고 먹었는데 내 몸에서 떨어져 나온 벨크로 찍찍이를 보는 순간 임신이 끝났다는 실감이 났다. 나는 자주 단단한 배를 쓰다듬으며 진짜로 임신하면 얼마나 기분이 좋을까 생각하곤 했다.

진짜 임신은 달랐다.

나는 항상 아이를 원했다. 아이들을 좋아하고 아이들도 나를 좋아

---

1 (옮긴이) 멕시코, 페루 등에서 쓰는 밀짚모자로, 챙이 넓고 꼭대기가 높고 뾰족하며 알록달록한 무늬가 있는 것도 있다.

한다. 나는 지금 엄마가 되었고 꽤 잘해내는 것 같다. 나는 괜찮은 사람이고 아이들의 말을 잘 들어주며 웃긴 표정 짓는 데는 일가견이 있다. 엄마가 되는 데 꼭 필요한 덕목이다. 내가 스물여섯 살 때 일본인 치유사가 내 복부를 만지더니 내가 아주 축복 받은 자궁을 가졌다고 하면서 아이 셋을 낳을 거라고 했다. 그 사람은 물풀 냄새가 나는 먼지 많은 사무실에서 일을 했었다. 내가 그곳에 갔던 진짜 이유는 불안 증세 때문이었는데, 그는 허브 한 보따리를 주면서 불안감을 다스릴 수 있을 거라고 했다. 집에 와서 끓여봤더니 끔찍한 냄새가 났다. 그걸 삼킬 생각을 하니 불안감이 더 심해져서 그냥 쓰레기통에 버리고 말았다. 유쾌한 자궁과 더불어, 나는 할머니로부터 이른바 '아일랜드인의 위'를 물려 받았다. 나이가 들면 버터 바른 짭짤한 크래커나 핫도그만 먹게 될 것이라는 뜻이었다. 나에게 핫도그는 아주 어릴 때나 아주 늙었을 때 먹는 음식이라는 생각이 있었다. 진이 빠질 정도로 힘들었던 어머니의 날 특집 <SNL> 리허설을 마치고(둘째 아이를 임신한 지 6개월째였다) 지칠 줄 모르는 베티 화이트[1]에게 집에 가면 뭘 할 계획이냐고 물었다. 그녀는 '얼음 넣은 보드카와 차가운 핫도그'로 한 상을 차려 먹을 예정이라고 했다. 그 한마디 말은 핫도그에 대한 내 생각을 입증해 주었으며 미래가 기다려지게 만들었다.

 삼십대가 된 후 아이가 없이 결혼한 상태로 가장 많은 시간을 보냈다. 일에 집중할 수 있는 시기이기 때문에 많은 사람들에게 잠시 동안은 이런 상태가 필요하다고 권한다. 아이 없는 결혼생활은 또 다

---

[1] (옮긴이) 미국의 원로 배우(1992년생). 2010년에는 <SNL>의 진행을 맡았으며 드라마 <핫 인 클리브랜드>로 에미상 코미디부문 게스트 여배우상을 수상하기도 했다. 데뷔 이후 현재까지 거의 쉬지 않고 활동하고 있는 전설적인 배우. 93세에 했던 인터뷰에서 성생활에 대한 질문에 "저는 언제나처럼 여전히 달아올라요"라고 답했다

른 아이 없는 커플과 휴가를 갈 수 있다는 뜻이다. 아무 음식점에 아무 때나 갈 수 있고 흥미로운 주제에 관해 대화를 할 수도 있다. 서핑을 배우겠다고 결심할 수도 있고 로스앤젤레스에서 페도라를 사기 좋은 장소에 관해 얇은 책을 쓸 수도 있다. 배우자가 그 결정을 응원해줄 것이고 베이비시터를 퇴근시키기 위해 급히 집에 가야 할 일도 없으니까. 한때는 이런 생활 방식을 바꿀 필요성을 거의 느끼지 못했다. 어느 날 아침 일어나보니 내 나이가 서른일곱이었고 서둘러야겠다는 생각이 들 때까지는.

임신은 굉장히 섬세하고 주관적인 경험이다. 임신하기 위해 노력하는 시기에는 살면서 가장 연약한 상태에 놓인다. 준비가 되었는지 터놓고 결심해야 하고 뒤집힌 커피 테이블처럼 다리를 들어 올리고 정자를 질 속으로 집어넣어야 한다. 우스꽝스럽고 굉장히 공상과학 소설스럽다. 모든 사람의 여정이 다 다르기 때문에 언제, 어떻게 엄마가 되는 것이 좋은지는 말해줄 수 없다. 내가 속한 세대의 유산이 있다면 '가족'이 된다는 것의 의미를 진정으로 넓혀 놨다는 것이다. 대리모, 게이 입양, 체외 수정, 국내외 입양, 위탁 양육, 아이가 없는 삶이 나란히 걸어가고 있으며 서로에 대해 조용히 판단을 내리고 있다. 우리는 모두 내가 선택한 방법이 최선이었고 나머지는 미친 짓이라고 생각하며 살 수 있다. 나는 운이 좋았다. 얼마간의 시도로 임신을 한 것이다. 내 나이 서른일곱이었다.

처음에는 아무에게도 얘기하지 않았다. 보통 이런 일은 비밀로 진행되곤 하니까. 초반 몇 주 동안은 정말 마법 같은 시간이었다. 평생 아무에게도 말하지 않아도 되었으면 하고 바랄 정도였다. 배가 점점 커지는 것만 보인 후, 아기를 낳은 다음 1년이 지나서 사람들에게 작은 기적을 구경시켜줄 수 있으니까. 그때는 <SNL>의 일곱 번째 시즌 중반이었는데 아무도 나의 입덧이나 극심한 피로에 대해 이상한 낌새를 알아차리지 못했다. 밥 먹듯이 밤을 새고 차가운 모짜렐라 스틱이나 먹는 직장에서는 특별한 증상이 아니었기 때문이다.

담당 산부인과 의사는 멋지게 나이 든 이탈리아인이었는데, 이제부터 닥터G라고 부르겠다. 닥터G는 소피아 로렌[1]의 아이를 받았다고 했다. 그 병원의 접수원부터 다른 의사들까지 하도 이걸 강조하는 바람에 알게 된 사실이다. 어쨌든 닥터G가 아름답고 유명한 보지를 다루는 데 안정적인 솜씨가 있다고 하니 다행이었다. 나 자신을 아름답거나 유명하다고 생각하진 않지만 내 보지는 확실히 그렇지. 다들 알잖아.

내 보지는 안젤리나 졸리급이다. (자, 편집자님들, 여기에 이 인용구를 넣어주세요.)

"내 보지는 안젤리나 졸리급이다"

이렇게 매혹적인 보지가 있다 해도 출산이 걱정되는 건 마찬가지였다. 자연분만을 한 친구들에게 정말 박수를 쳐주고 싶다. 내 주변에는 둘라Doula[2]에게 도움을 받아서 공 분만을 한 친구도 있고 욕조와 택시에서 아기를 낳은 친구도 있다. 집에서 두 아이를 낳은 친구

---

[1] (옮긴이) 이탈리아 배우. 관능미 넘치는 외모와 뛰어난 연기력으로 유명하다. 영화 <두 여인>으로 1961년 칸 영화제, 1962년 아카데미상 여우주연상을 받으며 세계적인 아이콘이 되었다.

[2] (옮긴이) 둘라의 사전적 의미는 '임산부에게 조언을 해주는 출산 경험이 있는 여자'이다. 일반적으로 자연주의 출산을 할 때 임신과 출산 전반적인 영역에 도움을 주는 도우미를 말한다.

도 있다. 자기 침대에서! 그녀의 이름은 마야 루돌프다. 그녀는 빌어먹을 아기 챔피언이다. 프레리 양식3으로 지어진 작은 집에서 귀염둥이를 낳았다. 좋겠네.

그녀에게는 좋았어도 나에게는 아니다.

이것이 바로 여성들이 주기적으로 계속해서 되뇌어야 하는 표어다. '남에게는 좋아도 나에게는 아니다.' 나는 예전부터 157센티미터짜리 내 몸통으로 머리 큰 아이를 낳기는 참 힘들겠다고 생각했다. 고통이 걱정되어서 나에게 맞는 방식이 필요하다고도 생각했다. 나는 취한 상태가 아니면 영화를 보러 가지 않는데, 하물며 출산 수술실에 들어가는 건 엄두도 못 낼 것이라고 생각했다. 치과에 예약하러 갔을 때도 들어가자마자 아산화질소로 마취해달라는 말부터 했다. 어떤 수술이든 상관없다. 물어볼 것도 없다. 이게 바로 어른의 행동이지. 하지만 의사들은 각자의 핑계를 대며 약을 거부한다. 다행히 닥터G를 만난 덕분에 나는 무엇이든 내 뜻대로 제어할 수 있다고 마음먹을 수 있었다.

닥터G는 유럽인이었고 모든 면에서 예전 방식을 따랐다. 닥터G는 이탈리아 여성들은 그런 것 따위는 걱정하지 않는다는 말로 양수천자를 받을 필요가 없음을 확신시켜줬다. 나는 소피아 로렌이 에스프레소를 홀짝이며 임신한 배에 바늘을 꽂아 넣는 모습을 상상해봤다. 닥터G는 멋진 양복을 입고 낮은 톤으로 휘파람을 불며 차가운 젤을 내 배에 부드럽게 짰다. 병원에는 3D 기계가 없었다. 그저 실용적인 흑백 촬영기뿐이었는데, 그 화면에 머리 큰 개구리같이 생긴 이미

---

3 (옮긴이) 평평하게 펼쳐진 대지에 주변 풍경과 조화를 이룰 수 있도록 간결하게 만드는 주택 양식. 높고 뾰족한 지붕 대신 평평하고 길고 낮은 지붕을 올린다.

지가 흐릿하게 보였다. "아기가 매우 똑똑하네요" 닥터G가 우리에게 말했다. "모든 게 다 잘 진행되고 있어요. 매일 밤 와인을 한 두 잔 정도 마시세요."

　닥터G를 만나서 얼마나 운이 좋았는지. 임신 내내 전전긍긍하거나 스트레스를 받지도 않았다. 성공이 눈앞에 있었다. 내가 먹고 싶은 걸 먹으면서도 엄청나게 섹시해진 기분이었다. 내 기분이 호르몬 때문에 방방 뛰고 있다는 것을 명료하게 알 수 있었고 최후의 순간이 다가오고 있었지만 전혀 신경 쓰이지 않았다. 임신한 상태가 좋았다. 내 속에서 놀라운 일이 벌어지는 동안에도 일을 할 수 있으며 여전히 필요한 사람이며 바쁜 사람일 수 있다는 게 좋았다. 혼자라고 느낄 새가 없었다. 항상 누군가와 함께 있었다. 나는 내가 차지하고 있던 모든 새로운 공간을 한껏 즐겼다. 몸통이 커지면 주변에 있는 것들을 쓰러뜨리게 되고 사람들은 내가 가는 길에서 물러선다. 나는 전혀 새로운 방법으로 '큰 사람'이 되었고 나 자신의 강력함과 여성스러움을 동시에 느꼈다.

닥터G는 내 첫 출산을 집행하기에 완벽한 사람이었다. 안타깝게도 성사되지 못했지만. 진통이 시작되기 하루 전날, 닥터G가 죽었다.
그렇다.
일단 그 얘기를 하기 전에…….

첫 아들 아치가 태어나기 일주일 전 <SNL>은 매우 흥미진진했다. 2008년 대통령 선거가 호각을 다투던 때였고 풍자적인 스케치 코미디 쇼를 하기에 환상적인 시기였다. 모든 것이 열광적이었다. 방청객은 정치적 이야기의 모든 맥락을 이해하고 있었고 대부분이 <SNL>에서 다루는 것들이었다. 그때는 모든 사람이 그 이슈에 집중하고 있었고 쇼도 그 어느 때보다 화제였다.

매일 일어나는 이슈를 겨우 따라잡으며 9월과 10월 사이 황금 시간대 <위켄드 업데이트 써스데이Weekend Update Thursday> 스페셜을 4편이나 제작했다. 당시 임신 8개월이었던 나는 13주 동안 생방송으로 열다섯 개의 쇼를 했다. 모든 사람이 출연했다. 데니스 쿠시니치Dennis Kucinich[1]로 분장했을 때는 대통령 후보였던 버락 오바마를 만났다. 마야가 당시 버락 오바마로 분장을 했었는데 아마 처음 인트로 부분이 그녀에게는 조금 더 창피하게 느껴졌을지 모르겠다. 우리는 쿠치니치의 부인이 얼마나 섹시한지에 대한 스케치를 쓰고 있었다. 그게 미국이 가장 관심 있어 하는 주제였다! 티나는 사라 페일린을 연기했는데 대박이 터졌다.

페일린을 연기하는 티나를 보는 사람들의 반응을 지켜보는 것은

---

1 (옮긴이) 미국의 정치인으로 소속 정당은 민주당이다. 버니 샌더스와 함께 미국 민주당 내 가장 진보적인 인물로 유명하다.

굉장히 재미있었는데, 티나가 <그레이의 50가지 그림자>에 잘 설명해놓았다. 티나는 사람들을 완벽하게 사로잡았고 그 옆에 서서 그 모습을 바라보는 내 기분도 죽여줬다. 그날 밤에는 힐러리 클린턴과, 부통령이 될 가능성이 있었던 사라 페일린을 다뤘다. 그날의 주제는 권력과 자격이었다. 사회가 여성들에게 자신을 정의하고 서로 맞서 싸우라고 강요하는 현상에 대한 쇼였다. '마돈나 vs 창녀' 그리고 '걸레 vs 센 여자'라는 오래된 공식에 딴지를 거는 일이었다. 하지만 가장 중요한 것은, 그 쇼가 정말 웃긴다는 것이었다. 그 스케치는 세스 마이어스가 썼다. 거기에 티나와 내가 농담을 보탰다. <SNL>과 현재 <레이트 쇼 위드 세스 마이어스>의 프로듀서인 마이크 슈메이커는 전설적인 대사인 "우리 집에서 러시아가 보여요."를 썼다.[1]

관객 앞에 섰을 때 모든 것이 완벽하게 하나로 일치하는 몇 안 되는 경험을 했던 기억이 난다. 관객들이 박수를 칠 때마다 아치가 내 배 속에서 가볍게 움직였다. 언젠가 히트곡을 쓰면 이런 기분이지 않을까 하고 상상했던 그런 기분이었다. 슈메이커와 세스가 우리와 함께 리허설하는 장면이다. 두 사람이 어찌나 우리의 연기에 빠져있는지 보라.

[1] (옮긴이) 사라 페일린이 부통령 후보일 때 한 인터뷰에서 "러시아는 우리의 이웃이며 알래스카에서도 러시아가 보인답니다."라고 한 말을 풍자한 대사로, <SNL>에 나온 후 굉장한 유행어가 되었다.

내 배는 점점 커졌고 선거도 가까워졌다. 사라 페일린 주지사가 쇼에 나오기까지 몇 주 남지 않았다. 그녀를 만나본 적은 없었지만, 오래전에 존 맥케인 상원의원을 만난 적은 있었다. <SNL> 호스트로 출연했을 때였는데 만나자마자 나는 그가 마음에 들었다. 함께 샤워하는 장면을 찍었는데 그는 굉장히 적절하게 행동했고 덕분에 촬영이 매우 즐거웠다. 아주 활기차고 솔직한 사람이었다. 내가 담배를 피운다는 것을 알아차리고는 세상에 종말이 온다면 가장 먼저 하고 싶은 일이 담배를 다시 피우는 것이라고 너스레를 떨었다. 초대를 받아 애리조나에 있는 그의 집에 간 적도 있었다. 우리는 죽이 잘 맞았다.

티나가 사라 페일린 연기로 오프닝에서 히트를 칠 것이라고 짐작하고 있었기 때문에 세스와 나는 <위켄드 업데이트> 데스크에서 사라 페일린과 어떤 것을 할 수 있을지 고민에 빠졌다. 그녀에게 하드코어 랩 같은 것을 시키면 어떨까 하는 아이디어를 냈다가 내가 그녀 앞에서 열심히 랩을 하는 모습을 떠올리고는 웃음이 터졌다. 내 부풀은 몸을 생각하면 더욱. 세스도 웃음을 터뜨렸다. 뛰어나게 독창적인 아이디어는 아니었지만, <SNL>이 항상 그렇듯이, 시간의 압박 때문에 깊게 생각할 여유가 없었다. 임신을 하면 여러 가지 개똥 같은 일을 교묘히 모면할 수 있다. 여성은 이 시기에 가장 위험한 상태에 있다. 호르몬은 내가 강하고 섹시하다고 외치고 있고, 모든 사람들이 나를 두려워한다. 그리고 배 속에는 아무 때고 튀어나올 준비가 된 붙박이 들러리가 들어있다. 이제는 임신한 슈퍼히어로가 주인공인 영화가 나올 때가 됐다니까. 할리우드에 당장 전화하자. 뭐야? 할리우드! 이상한 아이디어인 데다가 여성 슈퍼히어로가 나오는 영화는 별로 관심 없다고? 알았어.

나는 분장실로 가서 랩을 썼다. 세스가 도와줬다. 앤디 샘버그[1]도 도와줬다. 그리고 사전에 페일린의 분장실로 가서 가사를 보여주었는데, 그쪽에서 수정을 원하는 것이 없다고 해서 놀랐다. 페일린쪽에서는 남편을 바람둥이로 묘사하는 농담만 고쳐주기를 원했다. 페일린의 딸 브리스톨이 임신 중이어서 우리는 아기에 대해 잠깐 이야기를 나누었다. 나는 랩을 해보았고 정말 재밌었다. 내 배는 남산만 해서 가짜 배 같았다. 정말 우스꽝스러웠다. 너무 피곤한 나머지 스케치와 스케치 사이, 비는 시간에는 분장실 바닥에 곰같이 누워서 깊게 잠이 들었다.

드디어 2008년 10월 24일 금요일이 되었다. 진통이 시작되는 날이었다. 내 담당 산부의과 의사가 죽은 다음 날이기도 했다. 그 주의 뮤지컬 게스트는 콜드플레이였다. 그리고 존 햄Jon Hamm[2]이 처음으로 호스트로 출연하는 날이었다. 그날까지 계속 일을 한 상태였고 기분이 꽤 괜찮았다. 엄청나게 피곤했지만 활력이 있었다. 그리고 솔직히 말해서 임신 끝 무렵이 되면 어떤 여성이든지 속에서 터져 나오려는 생명체를 잊을 수 있도록 뭐라도 집중할 일이 있으면 좋겠다고 말할 것이다.

그렇게 해서 나는 토요일에 랩을 하고 일요일에는 행복한 기분으

---

[1] (옮긴이) <SNL> 크루였으며 시트콤 <브룩클린 나인-나인>의 제이콥 페랄타 역을 맡아 골든글로브에서 TV뮤지컬코미디부문 남우주연상을 수상했다. 고퀄리티 노래에 엉뚱한 가사를 붙여 음악을 만드는 론리 아일랜드의 멤버이기도 하다. SNL의 디지털 쇼트 영상용으로 노래를 만들다가 유명해졌다. 국내에서는 일명 '육지좆까'로 통용되는 <I'm on a boat>의 뮤직비디오가 인터넷에 널리 퍼진 적이 있다.

[2] (옮긴이) 미드 <매드맨>의 돈 드래이퍼 역으로 유명하다. 훤칠한 키에 잘생긴 외모와 중저음 목소리로, <매드맨>에서 여러 여성을 홀리고 다니는 캐릭터를 연기해 인기를 끌었다.

로 하루 종일 잠을 잤다. 윌과 나는 병원에 갈 짐을 싸고 이름을 골랐다. 우린 둘 다 정말 행복했고 완전히 사랑에 빠져 있었다. 곧 등장할 아기만큼 연인을 행복하게 하는 건 없을 것이다. 우리는 전혀 새롭고도 깊은 방식으로 서로를 끔찍하게 필요로 했다. 매일 병원에 가서 내 상태를 확인했다. 다들 알다시피 의사가 확인할 때는 눈에 띄는 증상이 없어지곤 한다. 그 목요일 아침까지 나는 여전히 담담하고 생기가 넘쳤다.

닥터G는 첫 출산이니만큼 예정일보다 며칠 늦어질 것 같다고 안심시켜 주었다. 나는 닥터G에게 토요일에 촬영이 있다고 여러 번 말을 했는데, 우습게도 출산이나 삶과 죽음 같은 스케줄을 통제할 수 있다고 생각했던 것 같다.

금요일에 <매드맨>3 패러디를 리허설 하던 중에 3시 예약을 확인하려고 전화를 걸었다. 접수원이 울면서 전화를 받았다. 닥터G가 간밤에 심장마비로 죽었다는 것이었다. 나는 목 놓아 울음을 터뜨렸다. 마치 <캐시> 카툰처럼 눈에서 눈물이 터져 나오는 듯했다. 전화를 끊고 존과 분장팀에게 담당 의사가 막 죽었다고 말했다. 내 예정일이 바로 내일인데 친애하고 존경하는 이탈리안 할아버지가 더 이상 날 도와줄 수 없다니. 너무나 끔찍한 나머지 내 머릿속에는 그저 '나는 어쩌라고오오오오!'뿐이었다. 나는 <매드맨> 드레스를 입은 채로 울고 또 울었다. 존 햄의 어깨에 기대어 있는데 그가 나를 바라보더니 이렇게 말했다. "정말 슬픈 일인 건 알겠지만 이번 출연이 저한테

---

3 (옮긴이) 1960년대 미국 배경의 시대극이며 뉴욕 시 매디슨 거리에 위치한 가상의 광고회사인 '스털링 쿠퍼'에서 일어나는 이야기다. 치밀한 고증, 뛰어난 각본, 배우들의 연기력 덕분에 에미상 최우수 드라마 부분에서 4년 연속 수상을 했다.

는 굉장히 중요하단 말이죠. 빌어먹을 정신머리 좀 챙기시죠?" 이 말을 듣는 순간 웃음이 터져서 오줌까지 싼 줄 알았다. 그렇게 심각하게 울다가 급작스럽게 웃게 되는 상황은 인생에서 많아봐야 다섯 번 정도일 텐데 그 극적인 전환이야말로 우리가 살아가는 이유라고 생각한다. 그리고 나는 그런 순간이 우리의 삶을 꽤 많이 연장해준다고 믿는다.

나는 사람들에게 이 소식을 알렸다. 다들 경악하고 말았다. 오후 3시가 되었다. 닥터G의 병원으로 갔더니 몇 십 년 동안 닥터G와 함께 일해 온 동료들이 모두 슬퍼하고 있었다. 그중에 한 명, 사랑스러운 닥터B가 나를 검사해주었고 걱정할 것이 하나도 없다고 말해주었다. 아무 일도 일어나지 않았고 며칠 늦게 출산하게 될 거라고 말했다. 그는 이미 닥터G의 다른 환자들을 상담하고 있었고 앞으로 24시간 동안 다섯 명의 아이를 받을 참이었다. 매우 친절하고 직업정신이 투철한 의사였지만 기분이 이상했다. 나에게는 완전히 낯선 사람이었기 때문이다. <SNL>로 돌아간 나는 새벽 2시까지 머물렀다. 마야와 프레드 아미센은 로봇 연기를 연습했다. 리허설을 하며 수만 번 웃고 웃던 나는, 내가 얼마나 운이 좋은지 깨달았다. 경비원 에디가 나를 차까지 데려다주었고 괜찮은지 내게 묻기에 "피곤하네요."라고 대답했다. 집에 도착해서 침대에 누웠다. 새벽 3시, 나는 좋아하는 드라마인 <로앤오더Law&Order>1를 틀어놓고 잠을 청하려고 했다. 드라마가 시작할 때 나오는 효과음인 '밤밤' 소리를 듣는데 양수가 터졌다.

양수가 터질 때 가장 좋은 자세는 일어선 자세라는 걸 알고 있는

---

1 (옮긴이) 1990년 9월 13일부터 2010년 5월 24일까지 NBC에서 방영된 범죄, 법률 드라마. 2010년 20시즌을 방영하고 종료하였다. 스핀오프 드라마로 <로앤오더 성범죄 전담반>이 있다.

지? 아기가 매개 같은 역할을 하기 때문이다. 완전 이상하지 않아? 이런 괴상한 의문과 온갖 잡생각이 내 머리를 채우는 동안 윌과 함께 조심조심 병원에 갈 채비를 했다. 내 인생이 완전히 바뀌게 될 것이라는 생각과 내 몸이 마치 종이로 만들어진 것 같다는 생각에 아주 긴장되기 시작했다. 윌이 바쁘게 뛰어다니는 동안 나는 이를 닦았다. 차고에 도착하자 도어맨이 딸을 얻게 될 거라고 예언했다. 차에 앉은 나는 마구 지껄여대기 시작했다. 나는 윌이 화를 낼까봐 걱정이 되어서 그랬던 건데, 윌은 나를 차에 앉히며 그저 웃을 뿐이었다. 그를 바라보며 생각했다. '이제 곧 난 짐승으로 변할 테니, 지금이 당신이 오늘 밤 볼 수 있는 가장 괜찮은 내 모습이야.'

나는 약을 맞고 힘을 주었다. 고되고 긴 시간이었다. 슈메이커와 세스에게 곧 일하러 가겠다고 문자를 보냈다. 내가 작은 햄버거를 내보내는 동안 <SNL>은 내 역할을 메꾸느라 정신이 없었다. 엘리자베스 모스Elisabeth Moss가 직접 자신의 역할을 연기했고 거기에서 그녀는 프레드 아미센을 만났다. 둘은 1년 후에 부부가 된다. 아치의 첫 번째 생일날, 난 그들의 결혼식에 가게 된다. 세스 마이어스는 처음으로 <위켄드 업데이트>를 홀로 준비하게 되었다. 그날 이후로 몇 년 동안 성공적으로 홀로 해내게 된다. 물론 나랑 할 때보다 덜 재밌다고는 생각하지만. 나의 머리 큰 기적은 잘 나오질 못했고 불안한 나머지 이상한 생각들이 떠오르기 시작했다. 만약 의사들이 빼내지 못하는 딱 하나의 아기가 내 아기라면 어떡하지? "죄송합니다. 최선을 다했지만 어쩔 수 없었습니다."라고 말하며 내 옷을 돌려주고 집에 보내버리면 어쩌지? 나는 내 자궁의 경비원이 된 느낌이었다. 불을 다 켜고 아기를 밖으로 차 내버릴 준비가 되어 있었다. "이제 그만 나갈 시간이야. 어디로 갈지는 내가 상관할 바가 아니지. 얼른 여기서 나가!"

나는 결국 제왕절개 수술을 받았다. 내가 수술실로 들어가자 간호사 중 한 명이 이렇게 외쳤다. "어머, 힐러리 클린턴이잖아!" 나는 그녀에게 토하는 것으로 대답을 대신했다. 아주 넉넉하게.

아치는 10월 25일 토요일 오후 6시 9분에 태어났다.

아치는 완벽하게 태어났고 지금도 완벽하다. 나의 세계가 깨지고 새로운 세계가 열렸고 감사하게도, 그 후로는 전혀 그 전과 같지 않다. 그날 밤, 약에 취해 몽롱한 상태로 <SNL>을 봤다. 내가 몇 시간 동안 리허설 했던 장면을 보았다. 마야와 케난이 내게 노래를 불러주는 장면을 보았다. 세스는 <위켄드 업데이트> 데스크의 내 자리를 비워놓고 나를 사랑한다고 말해주었다. 나는 울고 또 울었고, 그런 후에는 웃고 또 웃었다. 내 삶이 또 얼마간 연장되었다. 아름다운 풍선 모양으로 생긴 아치의 넓은 이마에 키스했다. 이제 우리 둘은 똑같은 크기의 솜브레로 모자를 쓴다. 아치는 지금 여섯 살이다.

안녕하세요, 여러분. 제 이름은 세스 마이어스입니다. 지금부터는 에이미가 잠시 쉴 수 있도록 제가 써보려고 합니다. 책을 쓰는 건 무척 힘들죠. 직접 책을 써본 적은 없지만 잘 알고 있답니다. 지난 해 내내 만날 때마다 에이미는 "안녕, 책 쓰는 건 너무 어려워!"라고 인사했거든요. 그래서 제가 한 꼭지를 써주겠다고 했더니 에이미는 곧장 "예스 플리즈."라고 했고요. 이 부탁을 들어주고 나면 그녀에게 진 빚이 천 개 정도 남겠네요. 에이미에게 갚을 빚이 많은 사람은 저뿐만이 아니에요. 에이미의 친구라면 대부분 에이미에게 신세를 진 적이 많을 거예요. 하지만 에이미는 생색을 낸 적이 없어요. 그런 사람이 아니거든요.

에이미가 첫째 아들 아치를 낳았던 밤에 대해 써볼까 해요.

그 얘기를 하기 전에 먼저 배경 설명이 조금 필요하겠군요. 제가 에

무엇이든 내가 하고 싶은 말을 하자   69

이미 폴러의 연기를 처음 본 것은 90년대 중반, 시카고에 있는 임프라브올림픽이라고 불리는 즉흥극 극장에서였어요. 올림픽측에서 고소하겠다고 하는 바람에 지금은 'iO'라고 불리고 있죠. 국제 올림픽 위원회는 클라크가와 에디슨가 사이 구석에 있는 백 석짜리 소극장에 들어온 사람들이 왜 아무도 뜀박질이나 장애물 넘기를 안 하고 있는지 어리둥절해 할까봐 걱정이 되었나 봐요.

제가 처음 에이미를 봤던 밤, 에이미는 다른 공연자와 함께 <The Dream>이라는 즉흥연기 게임을 하고 있었어요. 에이미가 무대에 올라와서 오늘 자신에게 있었던 일을 말해줄 사람 없냐고 물었어요. 제가 손을 들었고 에이미가 저를 골랐죠. 에이미와의 첫 대화는 이렇게 관객 앞에서 이루어졌어요. 저는 의자에 앉아 있었고 에이미는 제 옆에 서 있었죠. 그녀의 매력적이고 웃기고 다정하고 예리한 모습을 보면서 '이 사람과 친구가 되고 싶다'고 생각하게 되었죠.

그다음에 에이미의 공연을 본 것은 같은 극장에서 티나 페이와 함께 선 무대였어요. 둘은 <위민 오브 컬러Women of Color> 워크숍을 하고 있었어요. 나중에 알고 보니 그 공연은 딱 한 번뿐인 공연이었더라구요. 에이미는 곧 뉴욕으로 떠날 예정이었고 티나도 뒤따라 갈 예정이었죠. 그날 밤엔 관객석에 사람이 많지 않아서 이런 생각을 했어요. 에이미와 티나가 뉴욕에 가서 유명해지기 전에 여기 시카고에서 두 사람의 공연을 봤다는 것이야말로 저에게 일어난 일 중에 가장 짜릿한 일이라고요. 제게는 마치 함부르크 시절의 비틀즈를 봤던 거나 마찬가지거든요. 함부르크에서 비틀즈를 일찍부터 알아본 사람처럼 친구들에게 하도 많이 자랑을 했더니 친구들이 "Genug(그만해)."라고 말할 정도였어요.

그 당시 저와 에이미의 관계는 다른 사람들과 마찬가지였어요. 저 혼자 에이미를 좋아하는 팬이었죠.

2001년에 <SNL> 오디션을 봤어요. 매니저가 전화로 합격 소식을 전하면서 다른 출연진들을 쭉 읊어주었는데, 그중에 에이미가 있었어요. 전화를 끊자마자 든 생각은 '맙소사, 내가 <SNL>에 붙었어!'가 아니라 '맙소사, 어쩌면 에이미 폴러와 친구가 될 수 있을지도 몰라!'였어요.

우리가 만나자마자 친구가 되었다는 것을 밝힐 수 있어서 정말 행복하군요.

오랜 세월 동안 쌓인 우리 둘 사이의 우정과 합작에 대해 자세히 말하는 건 여러분에게 좀 지루하겠죠. 어차피 에이미가 이 책에 그런 이야기를 아주 많이 적었을 테니까요. 사실 제 사진이 책 표지를 장식하더라도 놀라지 않을 거예요. 더 이상 길게 이야기하는 건 불필요하겠죠?

대신에 시간을 훌쩍 건너뛰어서 에이미가 엄마가 되었던 토요일과 그 일주일 전 토요일에 대해 써볼게요. 조쉬 브롤린^{Josh Brolin}이 그 주의 호스트였지만 사라 페일린이 카메오로 출연하기로 하면서 뒷전이 되고 말았죠.

2008년 코미디언들의 끈질긴 사주 덕분에 존 맥케인 상원의원이 사라 페일린 알래스카 주지사를 러닝 메이트로 선택했고, <SNL>에서 티나 페이가 한 성대모사가 엄청난 인기를 끌었죠. 하지만 페일린 주지사가 쇼에 직접 출연한다는 사실이 절대적으로 반가운 소식은 아니었어요.

그녀의 출연 결정이 흥분되지 않은 건 아니었어요. 그저 페일린이 실제로 오면 어떤 소재로 쇼를 만들지 몰랐던 거죠. 내가 흉내 내는 사람이 옆에 없을 때와 있을 때는 상황이 많이 다르거든요. 티나와 주지사가 함께 할 수 있는 스케치를 써야 했고, 그렇게 했죠. 알렉 볼드윈Alec Baldwin, 론Lorne, 마크 월버그Mark Wahlberg가 카메오로 나왔고 농담 따먹기도 몇 가지 하고요. 그날 쇼는 꽤 성공적이었어요.

관객들이 뭔가 좀 더 원하는 것 같다는 생각에 금요일 밤 론은 페일린 주지사를 <위켄드 업데이트>에서 한 번 더 출연시키자고 제안했어요. 우리는 둘러앉아서 이런 저런 아이디어들을 던져 보았지만 마음이 확 끌리는 것은 없었어요. 그때 누군가 주지사에게 랩을 시키면 어떨까 제안했어요. 이렇게 시작하는 식이었죠. "나는 사라 페일린. 하고 싶은 말이 있어 여기 나왔지." 누군가 주지사가 겁을 먹을 수도 있으니 에이미가 대신 랩을 하면 어떻겠냐고 했어요. 이 아이디어가 진지한 제안이었는지는 기억이 나지 않지만 에이미는 신이 나서 눈을 반짝이더니 노트를 들고 방을 나갔어요. 나중에 보니 에이미가 의상팀과 통화를 하면서 우주선을 귀환시키는 임무통제반처럼 소리를 지르고 있더라고요. "프레드랑 앤디에게 입힐 에스키모 옷! 제이슨에게 입힐 설상차 제복이 필요해! 그리고 바비에게 입힐 무스 인형 옷도!"

잠시만요. 여기서 잠깐 멈추고, 에이미가 랩을 했던 장면을 다시 한 번 보고 오자구요. 사라 페일린이 얼마나 그럴듯하게 랩을 안 하겠다고 변명했는지 잊어버렸을 수도 있고, 에이미가 데스크에서 일어났을 때 얼마나 배가 불러 있었는지도 정확히 기억이 안 날 수도 있으니까요. 아마 에이미가 참 잘했다는 건 기억할지 몰라도, 정확히 얼마나 잘했는지는 잊어버렸을지도 몰라요. 그건 꼼수가 없는 공연이었어요. 랩을 흉내 낸 게 아니라 진짜 랩을 했죠. 저는 아직도 에이미가 "나는 짐승, 너보다 큰 짐승!"이라고 외치던 모습을 떠올리면 소름이 돋아요. 랩을 하는 내내, 매분 매초, 그녀의 배 속에는 작은 사람이 첨벙대고 있었지요. (이게 정확한 의학용어 아닌가요? 첨벙대다?)

그 작은 사람, 에이미의 아들 아치가 매일 자라고 있어요. 곧 엄마가 자신을 낳기 일주일 전에 공영 방송에 나와서 했던 일을 발견하고 감탄하게 될 날도 멀지 않았죠. 전 미소를 짓고 싶을 때마다 그 장면을 떠올린답니다.

그로부터 일주일 뒤인 토요일, 에이미는 엄마가 되었고 바로 전날이었던 금요일에는 모든 스태프들이 <버락 오바마의 버라이어티한 30분>이라는 스케치를 준비하기 위해 늦게까지 남아있었어요. 평소 같으면 마지막으로 하는 리허설은 최소한의 스태프만 남아서 쇼 전날 밤 11시까지 스튜디오에 머물러야 하는 자신의 신세를 저주하곤 했지만 그날은 다들 함께 남았죠. 그렇게 다 같이 남아서 시간을 보낼 수 있다는 것은 기분 좋은 사치였어요.

카메라가 준비되는 동안 마야와 프레드는 <SNL> 75주년 기념 방송을 하는 척하며 놀기 시작했어요. 그 둘은 작은 목소리로 말하면서 조심스레 돌아다녔고, 옛 스케치의 대사들을 기억해내려 애쓰는 척하면서 시상식에서 흔히 볼 수 있는 어색한 농담 따먹기를 흉내 내서 모두를 즐겁게 해주었죠. 빌 헤이더는 자신의 아들인 척 하면서

무엇이든 내가 하고 싶은 말을 하자 73

'아버지'가 죽기 전에 <SNL>에서의 일들을 얼마나 자주 늘어놨었는지를 회상했어요.

다들 즐거워보였지만 에이미를 따라올 사람은 없었어요. 에이미는 가장 크게 웃는 사람이었는데, 그게 놀라운 일은 아니었어요. <SNL>에서 에이미는 누구보다 재빠르고 너그럽게 웃어주는 사람이었어요. 특히 매주 있는 대본 리딩에서는 꼭 필요한 사람이었죠. 새로운 배우나 작가가 들어와서 형편없는 스케치를 시연하는 바람에 거대한 침묵의 폭탄이 떨어지면 그들의 땀구멍에서 땀이 솟아나는 소리가 들릴 정도거든요. 그런 가운데에서도 에이미는 마치 구원자처럼 항상 웃음을 터뜨렸어요. 정확히 말하자면 웃음보다는 키득대는 소리에 가까웠죠. <SNL> 작가 알렉스 베이즈는 그 웃음소리를 쇼핑 카트로 까마귀의 발을 밟고 지나갈 때 들을 법한 소리라고 묘사한 적이 있어요. 그 소리는, 정말 과장 하나도 안 보태고, 세상에서 제가 가장 좋아하는 소리 중 하나예요.

자정이 되자 다들 기분 좋게 집으로 향했어요.

여기서 잠깐 먼저 얘기해야 할 사항이 있네요. 지난 수년간 에이미는 저를 '코코'라고 불렀고 저는 그녀를 '모세'라고 불렀어요. 우리가 <위켄드 업데이트>를 할 때 알게 된, 키가 180cm가 넘는 낙타 '모세'와 그의 작은 조랑말 단짝 '코코'의 이름에서 따온 별명이었죠. 둘은 텍사스에 있는 동물원에서 도망친 사이였는데, 정확히 어떤 농담을 했었는지는 기억나지 않지만 그 얘기를 할 때마다 저와 에이미는 매번 웃음을 터뜨렸었죠.

토요일 새벽 3시, 에이미의 문자가 왔어요. "양수가 터졌어. 코코,

너는 잘해낼 거야!"

이 문자가 여러분이 에이미에 대해 알아야 할 모든 걸 말해준다고 할 수 있어요. 생애 첫 출산에 대한 두려움이나 흥분이나 기대감에 온 정신이 팔릴 수밖에 없는 순간에도 에이미는 저에게 용기를 주는 말을 보냈죠. 그리고 에이미 없이 <위켄드 업데이트>를 저 혼자 하게 되었을 때 그 격려가 얼마나 힘이 되었는지 몰라요. 매우 긴장되고 외로웠지만 "너는 잘해낼 거야!"라는 말을 떠올리자 기분이 나아졌거든요. 에이미는 틀리는 법이 거의 없으니까요.

코미디로 먹고 산다는 것은, 조랑말과 낙타가 동물원을 탈출하려고 시도하는 것과 많이 비슷해요. 대부분 우스꽝스러운 시도이고 성공할 확률도 낮거든요. 하지만 가장 비슷한 점이 있다면, 친구와 함께라면 훨씬 쉽다는 점이죠.

자, 이렇게 제 글이 끝났네요. 이제 에이미를 깨워서 우리를 위해 이 고된 책 쓰기를 다시 이어가게 해야겠어요. 에이미가 충분히 쉬었다면 좋겠네요.

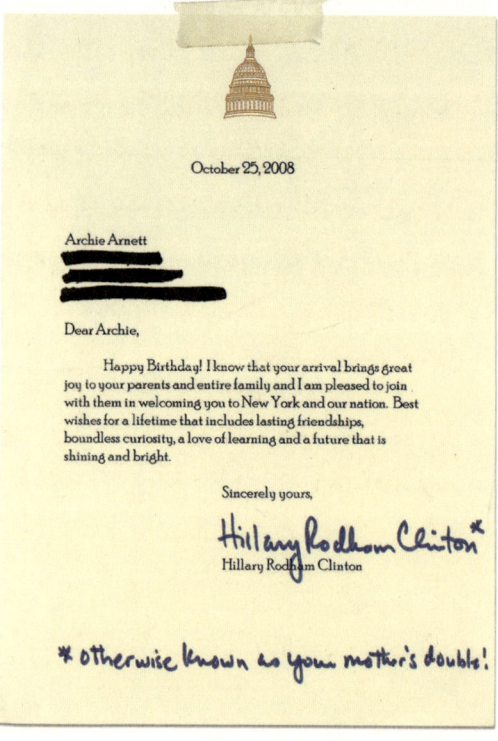

2008년 10월 25일

아치 아네트

아치에게
생일 축하해!
네가 태어나서
너희 부모님과 온가족이
얼마나 행복해 하는지 몰라.
물론 나도 네가
뉴욕에 온 것을 환영해.
너의 삶에 축복을 보낸다.
특히 평생토록 함께 하는 우정,
경계 없는 호기심,
배움에 대한 사랑,
반짝반짝 빛나는 미래가
있기를 기원해.

힐러리 로담 클린턴

* 네 엄마의 대역 배우로
알려져 있기도 하지!

출산 계획서

전국의 간호사, 산후 조리사, 의사,
산부인과 종사자, TMZ[1] 인턴,
병원 관계자들에게

아이가 탄생하는 순간을 고대하며, 출산하는 과정에서 존중받았으면 하는 희망사항을 적어보았습니다.

우리는 병원에서 아이를 낳기로 결정했습니다. 병원은 우리가 이용할 수 있는 가장 뛰어난 시설을 갖추고 있죠. 게다가 우리는 이십대일 때 술에 취한 채 〈ER〉을 보면서 보냈으니 출산이 궁지에 몰린, 매력적인 의사들의 기운을 북돋아주는 최고의 방법이라는 걸 알고 있답니다. 잘생기고 '관심이 너무 많은' 의사가 담당이 되었으면 좋겠습니다. 집에서 낳는 것도 고려해봤으나 바닥 공사를 한 지 얼마 되지 않았거든요. 욕조에서 낳는 것도 생각해봤지만 물이 식을까봐 걱정이 될 것 같아요. 병실을 물로 채우기에는 너무 늦었겠죠? 아니면 정말로 재밌는 파티처럼 꾸미는 건 어떨까요? 이런 걸 물어봐서 죄송해요. 저는 임신 상태고 주변 사람들에게 자기 뇌가 스파게티로 변했다는 걸 확인시키려고 안달 난 상태거든요.

출산하는 날 등장할 사람들은요. 아기, 엄마, 아빠, 할머니, 할아버지, 변호사, 매니저, 복권 당첨자, 구경꾼, 조산사, 첫 번째 부인, 라이프 코치, 둘라인 피눌라, 급등장하는 귀신들, 거만한 점성술사, 〈Cheers〉의 모든 출연자입니다. 다른 방문자나 불필요한 직원은 들여보내지 마세요. 혹시나 아주 귀여운 옷을 입고 있다면 들여보내고요. 예비 아빠를 위해 핫윙을 사왔거나요.

---

[1] (옮긴이) 유명 연예인들의 은밀한 사생활을 폭로하는 미국의 가십 웹사이트.

출산 환경은 무척 중요합니다. 불빛은 밝지 않게 유지하고 소음은 차단하고 프라이버시를 위해 문은 잠가주세요. 그리고 사람들이 자기들 걱정거리를 가져오지 말고 '침착하게' 기다리게 해주세요. 우리가 '아주 괜찮다'고 느낄 수 있어야 해요. 낸 골딘Nan Goldin 작가의 사진으로 벽을 꾸미고 가죽으로 된 빈백 소파를 놓아 주세요. 망가뜨려도 되는 실크 페르시안 러그를 가져다주면 정말 좋겠어요. 만약 수리 때문에 문을 못 연다면 샤또 마몽 호텔도 괜찮겠네요. 아니면 엠티비 언플러그드의 세트장도 괜찮죠.

노래는 말이죠, 제가 따로 챙겨갈 거예요. 핑크 플로이드의 〈The Wall〉을 배경음악으로 깔고 〈오즈의 마법사〉를 보면서 출산할 계획이에요. 아기가 우리와 잘 맞는다면 아주 감동적인 장면을 보게 될 거예요! 저는 제 옷을 입고 있을 거예요. 출산일이 '캐주얼 데이'라면 튜브탑과 자전거 바지를 입겠죠. 어떤 날이든 상관없이 남편은 우스꽝스러운 멜빵에 턱시도를 입겠죠. 둘 다 엔터테인먼트 산업에 종사하기 때문에 진지한 정장이 없거든요. 다른 사람들은 모두 안에 아무것도 입지 않고 뒤가 뚫린 병원 가운을 입어야 할 거예요. 그래야 공평하죠.

통증은 여러 가지 자연적인 방식으로 다스릴 거예요. 짐볼과 등 마사지기를 사용할 수 있게 해주세요. 우리의 화를 쏟아낼 수 있게 재미없고 짜증만 내는 간호사도 한 명 필요할 것 같아요. 예비 엄마는 샌드백, 비명 지르는 베개, 깨부술 거울, 소형 권총도 좋아합니다. 예비 아빠는 가정용 그릴이 좋대요. 그냥 가지고 싶다네요.

예비 엄마는 원할 때만 질 검사를 받고 싶습니다. 차가운 손가락이 들어서기 전에 적어도 1~2분은 가벼운 이야기를 건넸으면 좋겠어요. 지금 몸에서 가장 손이 닿지 않았으면 하는 부분이 질이라는 걸 의사에게 알리고 싶거든요. 질 말고 찔려도 되겠다 싶은 부위를 천 개도 넘게 댈 수 있거든요. 솔직히 아기가 대체 어떻게 거기에서 나온다는 건지 모르겠어요. 참, 찌르는 동안 내내 잘생긴 의사가 눈을 맞춰주기를 요청합니다.

유도 분만이 필요할 경우 비화학적 방식이 있다는 걸 알고 있으니 먼저 이런 순서로 시도했으면 합니다. 유방 자극, 성교, 자궁경부용 크림. 그래요. 확실히 들었죠? 아기가 나오지 않는다면 이런 순서로 시도할 거고요, 다들 지켜봐야 할 거예요. 자, 시작해봅시다.

우리는 쪼그리고 앉거나 반쯤 쪼그리고 앉는 자세로 밀어낼 거예요. 가급적이면 "드랍 잇 라이크 잇츠 핫!" 하고 뜨거운 걸 떨어뜨리듯이 한 번에 해내고 싶습니다. 제 속도에 맞게 진행하고 싶어요. 예비 아빠는 아마 이 일이 '하루 온종일' 걸리지 않기를 바라겠죠. 밑으로 내려오는 아이의 머리를 느낄 수 있어야 합니다. 만약 아직 때가 아니라고 느껴질 때는 후진할 수 있는 선택지도 있어야 하고요. 진통 중에 예비 엄마는 걸어 다닐 자유가 주어져야 합니다. 가벼운 안무가 준비된다면 좋겠고요.

약이 필요한 상황이 오면 모두 쓰고 싶습니다. 경막외 마취제, 헬륨 가스, 루피까지 다요. 저는 왜 다들 아산화질소를 달라는 요구를 무시하냐고 마지막까지 항의할 거예요. 영국, 스웨덴, 캐나다에서는 출산할 때 이런 것들을 제공 받으며 이 약들이 긴장을 풀어주고 출산을 원활하게 하도록 효과를 낸다고 들었어요. 예비 엄마는 이 말을 할 때 받았던 의사와 친구들의 경멸하는 시선이 여전히 억울합니다. 어쨌든 약을 투여해야 한다면 예비 엄마와 예비 아빠 모두 아는 사람이 있습니다.

출산 보조 도구가 필요하다면 우리는 '겸자'보다는 '석션'을 선호합니다. 외음절개술이 필요하다면 박음질보다는 휘갑치기를 선호합니다. 제왕절개를 해야 한다면 앞에서 말한 것들을 할 필요가 없게 미리미리 알려주세요. 제왕절개를 할 때는 의식이 있는 상태로 하고 싶습니다. 수술할 때 복근을 살짝 손 봐주는 것도 마다하지 않으며, 예비 아빠는 함께 수술실에 있다가 우연히 커튼 뒤를 보고 자기 아내의 장기가 빨래 더미처럼 쌓여있는 걸 보고 기겁을 하고 싶어합니다.

예비 아빠는 아기가 나왔을 때 '잡기'와 '자르기'에 참여하고 싶어 합니다. 지금은 그렇게 말하네요. 두고 봐야 겠지만요. 맥이 뛰는 동안에는 탯줄을 자르지 말아주세요. 티타늄 서류가방을 들고 온 제대혈 은행에서 나온 사람에게 얼른 건네주세요. 금고에 넣어서 신선하게 보관할 수 있게요. 로봇 전쟁이 일어날 때를 대비해야 하거든요.

출산 후에는 즉시 간호사가 필요합니다. 애가 우는 걸 멈추게 할 수 있는 게 아니라면, 유동식이든 젖병이든 공갈젖꼭지든 물이든 주지 마세요. 얘는 대체 왜 울음을 안 멈추지? 잠깐만, 다들 어디 가는 거지?

보험이 되는 한 최대한 오랫동안 병원에 머물고 싶습니다. 머리가 몸을 따라잡을 시간이 필요해요. 〈주디 판사〉 방송도 따라잡아야죠. 우리가 매우 감사하고 따갑고 행복하고 겁에 질려있다는 걸 알아주세요. 우리 아이가 복도 저편에서 우는 소리를 알아들으면 아마 이것이 진짜 신G-O-D이 보낸 공상과학 속의 기적이라는 걸 깨닫게 되겠죠.

사람들이 리스트에 없는 선물을 사면 예비 엄마는 이성을 잃을 거예요.

이 순간을 몇 가지 사실을 인정하는 계기로 삼습니다. 자연 출산은 대단하다는 것, 하지만 이 예비 엄마는 약을 확실히 좋아한다는 것. 회음부에 베이비오일을 발라 마사지한 적이 없다는 것도요. 그냥 그럴 기분이 아니었거든요. 가공육을 입에도 안 댔다고 한 말은 거짓말이었어요. 가끔씩 사람들에게 둘러싸여 있는 것을 참을 수가 없어서 라마즈 호흡도 빼먹곤 했죠. 이게 다예요. 이 정도는 괜찮겠죠?

우리의 선택에 대한 여러분의 응원에 미리 감사드립니다. 멋진 출산의 순간을 기대하고 있습니다. 흥분되면서도 겁이 많이 납니다. 예비 엄마를 본 적 있으세요? 엄청나게 작거든요! 대체 출산이라는 게 정확히 어떻게 돌아가는 거죠? 제발 조언 좀 부탁해요.

남들이 참견해도 되는 일은 하나도 없다

NOTHING IS ANYONE'S
BUSINESS

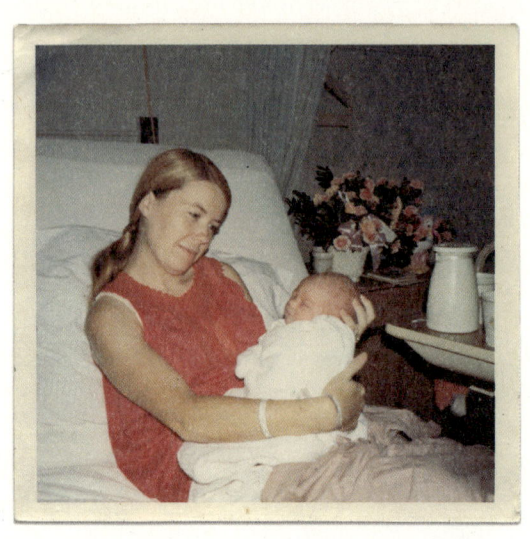

내가 태어나던 날

　내 아이가 세상에 태어난 후의 날들을 대부분 자세히 기억하지만 나 자신의 탄생에 대해서는 기억나는 게 별로 없다. 갓 태어난 아기였기 때문이기도 하고 우리 엄마가 출산 과정에 대해 기억하는 것을 꺼려했기 때문이기도 하다. 나는 주변 사람들이 생일을 맞이할 때마다 그들이 태어난 날에 대해 묻기를 좋아한다. 가끔 태어났을 때의 상황과 성격이 맞아떨어지면 재미있다. 크게 태어난 아기가 덩치가 큰 어른이 될까? 집에서 낳은 아기는 집순이, 집돌이가 될까? 새해 전날 밤 태어난 아이는 진짜 파티 중독자가 될까?

　나는 1971년 9월 16일에 매사추세츠 뉴튼에서 태어났다. 그 당시 가장 유명한 노래는 Three Dog Night의 <Joy to the World>였다. 이블 크니블이 오토바이를 타고 열아홉 대의 차를 뛰어넘는 기록을 세운 참이었고, 디즈니월드가 한 달 뒤에 열릴 예정이었다. 엄마는 스물넷이었고 아빠는 스물다섯이 될 무렵이었으며 결혼한 지는 11개월이 되었다. 엄마는 진통하던 때의 기억은 전혀 안 난다고 주장했다. 그 때는 '반기절 상태'라는 멋진 것이 있어서 진통하는 고통을 느끼지 않을 수 있었고 깨어나면 아기가 태어난 후였다고 한다. 요즘에는 '반기절 상태'라는 게 로버트 패틴슨이 오믈렛 먹는 파파라치 사진을 보다가 의식을 잃는 걸 말하지만, 나는 항상 엄마가 깊은 잠에 빠져서 (나는 물려받지 못한) 아름다운 머리카락을 베개 위에 늘어뜨린 모습을 떠올린다. 의사가 근사한 70년대풍 퐁듀 포크로 나를 끄집어내는 동안 <The Best of Bread> 앨범이 라디오에서 흘러나오는 모습을. 지금이야말로 엄마에게 그날이 어땠는지 자세히 물어보기 좋은 때라는 생각이 들었다.

우울증이라는 말을 아는 사람이 없었어. 그 단어를 입 밖에 꺼내기도 무서웠지. (그런 기분을 표현해봤자 기껏해야 "기운 내!"라는 말이 전부였지.) 지금 생각해보니 내가 겪었던 증상이 산후우울증인 것 같아. 가끔 외로움이 물밀듯이 몰려오기도 하고 내 선택에 대해 불안해지기도 하고 친구들이 그리워지곤 했어. 엄마가 된다는 건 하루 24시간을 꼬박 바치는 일에 종사한다는 뜻이었지. 내가 해본 일 중에 가장 힘든 일이었어. 너에게 일어난 모든 일이 나에게도 일어났단다. 어떤 소설에서 '아이는 운명이 잡아둔 인질'이라고 표현했던 걸 봤어. 확실히 내 행복은 너에게 좌우지되었어. 너는 잠을 많이 자는 아기가 아니었어. 낮과 밤을 가리지 않고 하루 종일 그 푸른 눈으로 나를 바라보곤 했지.
나는 헬렌 레디의 <You and Me Against the World>를 부르며 우리 동네의 길이와 너비만큼 걸었어. 여성 운동이 급성장하고 여성을 위한 국제기구가 막 출범한 시기였지. 같은 시기에 나는 궁금하고 혼란스러워하고 있었지. 나는 이 새로운 세계 중 어디에 속한 걸까?
네가 다섯 살일 때 교외 지역의 새로운 동네로 이사 가면서 모든 것이 달라졌어. 몇몇 대학교 친구들이 살고 있고 교육받은 여성들의 모임도 있었지. 다들 집에 있었고 하루 종일 아이를 보고 있었어. 우리들은 자원봉사를 시작했어. 너는 나와 함께 했지. 우리는 마을에 걷기 코스를 만들고 유치원생에게 동화를 읽어주고 아픈 사람들에게 식사를 배달하고 독립기념일 행진에 필요한 꽃수레를 꾸몄어. 너와 네 동생이 앉아서 자랑스럽게 손을 흔들었던 거 기억나지? 우리는 마을의 정치와 이슈에 참여하면서 참 바쁘고 생산적이었어. 나에게는 네트워크의 시작이었고 장래를 위한 계획과 목표를 세우고 다시 관계를 만들어가는 시간이었지. 너는 항상 이 모든 일의 일부분이었어. 내가 나 자신이 되어가는 걸 지켜보고 동기를 얻고 변화를 위해 준비하는 과정을 지켜보았지.
- 아일린 폴러

딸이 생긴다는 소식에 너무나 감격해서 꽃집 주인에게 콕 집어서 "딸이라니 정말 기뻐!"라고 카드에 써달라고 부탁했었지. 한손에 쏙 들어오던 너를 처음 안아보던 순간은 평생 잊지 못할 거야. 이 이야기를 해줄 적당한 시기를 고민하고 있었는데, 지금이 아주 적당하고 개인적인 순간인 것 같구나.
- 빌 폴러, 옆에서 끼어들었음

이게 나의 출생 이야기다. 나는 작고 까다로운 아이였고 커서도 그렇다. 3년 후, 나의 유일한 형제인 남동생, 그렉이 태어났다. 병원에 가기 위해 아빠가 옷을 입혀주는데 엄마가 잘못 입혔다고 말했던 기억이 난다. 남동생을 처음 보자마자 사랑하게 되었고, 동생은 나의 첫 번째 친구가 되었다.

만약 부모님이 살아 계시다면 오늘 전화해서 여러분이 태어난 날에 대해 물어보자. 그리고 다음 페이지에 구체적으로 적어보자.

내가 태어나던 날

미안, 미안, 미안

나는 '미안'이라는 말을 많이 한다. 늦게 도착했을 때. 뉴욕 거리를 안내할 때. 사람들 사이에 끼어들 때. "미안, 미안, 미안."이라고 줄지어 내뱉는다. 그러니까 "미안미안미안."처럼 엄청나게 빨라서 마치 사과하는 것 자체도 미안한 느낌이다. 그렇다고 내가 호구는 아니다. 갈등을 두려워하거나 내 주장을 할 줄 모르는 게 아니기 때문이다. 그저 내가 기분이 딱 좋아질 수 있는 상태까지 가기 위해 사과를 하는 것뿐이다. 여성으로서 미안해야 한다고 주입받은 것을 잊기까지 오랜 시간이 걸렸다. 나의 목소리를 찾고 진정한 나의 신분을 찾기까지도 오랜 시간이 걸렸다.

나는 여전히 딱 맞는 균형점을 배워가는 중이다. 가끔씩은 다른 쪽으로 너무 멀리 가기도 한다. 성격이 다혈질이기도 하고 싸우는 것을 두려워하지 않기 때문이다. 티나 페이, 아나 가스테이어와 함께 뉴욕에서 토론토로 <퀸카로 살아남는 법 Mean Girls>을 찍으러 가는 길에 일어난 일이다. 퍼스트 클래스에 앉아서 비행한 지 1시간쯤 지난 오전 10시였다. 우리는 인생과 일에 대해 수다를 떨었다. 내 옆에 앉은 남자는 비싼 양복을 입고 미팅에 가던 중이었는데 우리가 대화하는 것이 마음에 들지 않는 듯했다. 몇 번씩 크게 한숨을 쉬면서 불편한 감정을 드러내기 시작했다. 나는 무시했다. 그게 실수였을지도 모르겠다. 하지만 한숨은 나에게 아무런 의미가 없다. 마침내 비행기에서 내려서 공항 복도를 따라 나가는데 그 남자가 나를 거칠게 떠밀고 지나갔다.

내가 "조심 좀 하세요."라고 말하자 그 남자는 "나보고 조심하라고? 그쪽이나 조심하시지!"라고 소리쳤다.

난 그의 따분하고 부유함이 묻어나는 얼굴을 올려다봤다. 남자의 얼굴이 빨갛게 달아올랐다. 나를 꾸짖기 위해 벼르고 있다는 표정이었다. 뭔가를 가르쳐주려고 일부러 부딪힌 것이었다.

"당신네 여자들, 아주 비행 내내 떠들더군요. 당신 같은 사람들은 퍼스트 클래스에 있으면 안 된다고!"

그 순간 보스턴 출신 중하층 계급이라는 내 정체성에서 비롯된 감정이 치밀어 올라왔다. 나는 주제넘고 특권의식에 물들어 있는 나이 든 백인 남자가 나를 마치 자기네 말 많은 조카 대하듯 취급하는 상황을 싫어한다. 나는 자신이 이성을 잃겠다는 사실을 인지한 순간 몰려오는 감정의 홍수를 느꼈다. 독불장군 같은 내 모습이 튀어나왔다. 나는 고개를 뒤로 젖히고 소리를 질렀다. "조오오오오오오옷까." 그리고 이 상황에서 빠져나가려 하는 그 남자를 쫓아갔다.

"이 돈 많은 개새끼야! 네가 대체 뭔데? 나보다 잘난 거 하나 없는 새끼가. 좆까. 그리고 네 생각도 좆까! 이 똥덩어리야."

그런 식으로 계속 이어졌다. 티나는 웃었다. 아니면 경악했든가. 기억이 나지 않는다. 나는 격렬한 분노의 안개에 빠져 있었다. 게다가 나는 좀 과시하고 있었다. 낯 부끄러울 정도로 대놓고. 최악의 경우에는 생각 없이 행동한 탓에 위험한 일이 생길 수도 있었다. 하지만 독단적이고 이기적으로 성질부리는 걸 싫어할 사람이 어디 있겠는가? 솔직히 속이 뻥 뚫린다. 놀이터에서 일곱 살짜리 애가 공중 사다리를 올라타고 있는데 전화기만 들여다보고 있는 아이 아빠들을 향해 소리를 지를 때, 나는 내가 진정으로 살아있음을 느낀다.

하지만 대부분의 상황에서 나는 최대한 "좆까." 대신 "예스 플리즈."라고 말하려고 노력한다. "고마워요." "예스 플리즈."라고 하거나 "고마워요." "미안, 미안, 미안."이라고.

그런데 딱 한 번 "미안합니다."라고 말하기까지 너무나 오래 걸린 적이 있다. 이 실수는 몇 년 동안이나 나를 따라다녔다.

<SNL>을 방송하는 토요일은 항상 혼란스럽다. 보통 여덟 개에서 아홉 개의 스케치에 들어가야 하므로 재빨리 옷을 갈아입어야 하고 각각의 스케치에 맞는 준비 과정도 필요하다. <SNL>에서는 옷 갈아입기 덕분에 다들 춤을 추듯 움직여야 했다. 매주 의상 담당자들과 모여서 스케치 사이에 옷을 갈아입을 시간이 몇 분이나 있을지 계산해봐야 했다. 관람석 아래에서나 사람들이 다니지 않는 구석에서 갈아입어야 했는데, 속옷 차림으로 있을 때 사람들의 환호 소리가 들리면 몸이 떨리고 겁이 나기도 했다. 나는 가만히 서서 의상팀이 소리치는 대로 무조건 따라야 했다. "발 들어!" "이 옷 걸쳐!" "눈 감아!" 브루스가 셔츠에 붙어 있던 찍찍이를 떼어내면 로버트는 가짜 수염을 풀로 붙였다. 나는 두 검지로 머리를 떠받치고 제프리가 오래된

남자 가발을 씌우기를 기다렸다. 스피베이가 내 옆에 서서 새롭게 바뀐 큐 사인이 "추수감사절 다 망쳤어!"라고 말해주었다. 그 순간에는 모두가 동등했다. 연기자들은 모두 제시간 안에 옷을 갈아입으려고 노력했다. 로버트 드 니로가 스판 바지에 몸을 넣느라 지그프리드처럼(혹은 로이처럼)[1] 씰룩대는 모습도 보았다. 도날드 트럼프가 닭 인형 속으로 걸어 들어가는 모습도 목격했다. 데릭 지터[2]가 드레스 단추를 잠그는 동안 수다를 떤 적도 있다. "어때요? 긴장되나요?"라고 묻자 그는 그저 웃고는 "아뇨."라고 답했다. 이로써 생방송 코미디와 월드 베이스볼 시리즈 사이에서 어떤 것이 더 신경이 곤두서는지에 대한 오랜 논쟁에 종지부가 찍혔다.

'SNL 타임'은 일상 세계의 시간과 완전히 다르다. 스테이지 매니저인 제나는 타이밍을 재보고 '1분 하고도 20초' 남았다고 확인시켜준다. 우리는 어깨의 긴장을 풀고 응급실에서 근무하는 의사들처럼 농담 따먹기를 한다. 무대 층으로 서둘러 가면서 누군가의 남자친구에 대해 얘기하고 몇 초 남지 않은 상황에서 소도구가 던져지기도 했다. 나는 그걸 잡고, 관중은 박수를 치고, 그러면 쇼는 시작되었다. 그야말로 혼돈이었다. 매우 흥분되는 현장이기도 하다.

숨 가쁜 쇼의 문제는 꼭 뭔가를 놓치게 된다는 사실이다. 모든 것에 똑같이 주의를 기울이기가 어렵기 때문에 종종 잘못 갈라진 틈으로 슬쩍 지나가 버리기도 한다. <SNL>에서 내가 유일하게 후회하는 스케치가 있는데 바로 그런 잘못 갈라진 틈 같은 것이다. 틈은 변명

---

1 (옮긴이) '지그프리드와 로이'는 사자와 호랑이 등을 이용한 두 마술사의 마술쇼로, 두 사람이 마술사가 되어가는 과정을 담은 동명의 다큐멘터리 영화도 있다.
2 (옮긴이) 메이저 리그 베이스볼 20개 시즌에서 활약한 미국의 프로 야구 유격수. 2014년에 은퇴했다.

이 되지 못한다. 어쩌면 될지도. 이 글은 사과에 관한 글이고 사과의 중요한 부분은 바로 변명을 하지 않는 것이라고 배웠다. 하지만 그날 밤은 정말 특히나 바빴다.

2008년 3월 나는 아무도 모르게 임신한 상태였다. 굉장히 피곤하고 기가 다 빠진 상태였다는 기억이 난다. 오프닝을 힐러리 클린턴이 열었고 나는 그녀 옆에서 똑같이 맞춘 옷을 입고 있었다. 내가 분장한 인물이 실제로 옆에 서 있는 기분이란 참 이상하다. 그렇게 아드레날린을 내뿜고 내려오니 진이 다 빠졌다. 그날 밤, 나는 <다코타 패닝 토크쇼>를 여는 다코타 패닝을 연기했다. 그녀의 흉내를 내거나 비슷하게 분장한 건 아니어서 나의 소름 끼치는 열 살짜리 연기 능력에 기대어야 했다. 그 스케치는 <SNL> 작가 두 명이 고도로 지적인 다코타 패닝이 그녀의 나이에 비해 너무 어려운 주제에 관해 논쟁하는 것을 다뤄보면 어떨까 하는 아이디어를 쓴 것이었다. 그녀의 의견을 이해하지 못하는 궁지에 몰린 밴드 리더 레지는 늘 뛰어난 케난 톰슨이 연기했다. 다코타는 커트 보니것의 엄청난 팬임을 고백하지만 해리 포터에 대해서는 '잘 모른다'고 말한다. 또한 톰 웨이츠를 좋아하고 일본 시에 대해 논쟁하는 걸 즐긴다. 자신의 엄마를 매니저 취급하고 엄마가 TV를 본 적이 없다고 주장한다. 다음에 들어갈 작품은 시종일관 심각하고 너무 어른스럽다고 빼긴다. 어떤 느낌인지 알겠지?

정말 멋진 배우, 엘렌 페이지가 이 기록할 만한 밤의 호스트였다. 엘렌은 어리고 순수한 마일리 사이러스를 연기했다. <한나 몬타나>[1]

---

[1] (옮긴이) 미국 디즈니 채널에 2006년부터 2011년까지 방영되었던 뮤지컬 시트콤. 밤에는 유명 가수로 변신하는 소녀의 이중생활을 그린 청소년 드라마로, 주인공으로 출연한 마일리 사일러스는 이 작품에 출연하면서 큰 인기를 얻었다.

에 나오던 시절을 배경으로, 마일리(엘렌)는 다코타에게 자신의 새로운 인형을 보여준다. 대본에는 이렇게 적혀 있었다.

엘렌/마일리 : 다코타. 이것 좀 봐! 새로 나온 한나 몬타나 인형이야. 어때? 짱이지? (엘렌이 인형을 흔들며 춤추는 흉내를 낸다.)

에이미/다코타 : 아, 나도 인형 생겼어. 내 차기작 <허리케인 메리> 때문에 만든 인형인데, 우리 자매가 중증 장애인 쌍둥이로 나오거든.

(에이미/다코타가 기이하게 몸을 변형시킨 인형을 꺼내 보인다.)

엘렌/마일리 : (인형에게) 안녕 다코타, 같이 놀래?

에이미/다코타 : (인형에게) 나도 놀고 싶은데, 내 몸이 불구라서….

이 스케치 리허설을 마친 후 다시 점검해보았다. 공연 내내 나는 <허리케인 메리>가 작가들이 만들어낸 가상의 작품인지 알았다. 예행연습을 하는 동안 인형이 만들어지고 있다기에 우리는 가상으로 인형을 가지고 노는 척했다. 공연이 시작할 때쯤 인형이 도착했다. 내 손 위에 인형이 주어지는 순간 내 복부가 팽팽히 조여지는 느낌을 받은 기억이 난다. 인형은 기이하게 눌려 있었다. 하지만 시간이 없었다. 제프리가 내 가발을 매만져주었다. 제나가 5초가 남았다고 말했다. 공연은 잘 지나갔다. 끝나자마자 다음 옷을 갈아입기 위해 서둘러야 했다. 로버트가 수염을 붙여주었다. 그러고선 이상했던 그 기분에 대해서는 잊어버린 채 쇼를 끝내고 애프터파티에 갔다.

몇 달 후, 마리안느 리온과 크리스 쿠퍼에게서 편지가 왔다. 단순하면서도 고통스러운 편지였다. '부끄러운 줄 아세요. 실제로 존재하는 여자아이를 웃음거리로 만들다니요. 그녀의 이름은 아나스타샤에요. 아주 멋진 아이지요. 당신은 그녀에 대해서 알 필요가 있어요.'
크리스 쿠퍼는 <아메리칸 뷰티>와 <어댑테이션> 등의 영화에 출연한 배우였다. 아주 멋진 사람이고 같이 일한 사람들로부터 참 좋은 사람이라는 평판을 들어왔던 터였다. 그의 부인, 마리안느에 대해서는 잘 몰랐지만 구글에 검색해보니 중요한 몇 가지 사실을 알 수 있었다. 마리안느는 배우이며 우리가 스케치에서 인용했던 영화 <허리케인 메리>의 각본을 쓴 사람이었다. <허리케인 메리>는 뇌성마비를 앓고 있는 알바 소모자와 아나스타샤 소모자라는 쌍둥이 자매의 실제 이야기를 바탕으로 만든 영화였다. 차별 폐지와 동등한 교육 기회에 대한 권리를 주장하기 위해 자매의 어머니가 싸워왔던 과정을 담은 영화였다. 마리안느와 크리스는 장애 아동 지지 활동을 하는 과정에서 아나스타샤의 사연을 알게 되었다. 그들의 사랑하는 아들, 제스가 특수 아동으로 태어났고, 안타깝게도 2005년에 세상을 떠났기 때문이었다.

   나는 내가 그 편지에 어떻게 답장했는지 말하고 싶다. 혹은 그 편지에 맞대응했다든가. 아니면 차라리 내 몸과 마음을 확인해봤을 때 그 스케치가 괜찮다고 느껴져서 사과할 필요가 없다고 생각했다든가. 다 아니었다. 대신 나는 화가 났다. 분노와 창피함은 종종 함께 찾아오곤 한다. 우리는 죄책감을 느끼는 것에 대해 방어적인 자세를 취하곤 한다. 나는 내가 하지도 않은 일 때문에 몰아세워진다는 사실에 화가 났다. 나는 실제로 존재하는 여자아이를 일부러 웃음거리로 쓴 게 아니었다! 절대로 그런 짓은 하지 않는다! 그건 내가 아니다! 나는 절대 그런 사람이 아니다! 나는 그 편지를 계속해서 다시 읽었다. 다른 사람들에게도 보여주며 마리안느와 크리스가 너무 과하게 반응하는 것이고 내가 좋은 사람이라는 믿음이 맞다는 것에 동의해주었으면 했다. 사람들에게 내 잘못이 아니라고 말하도록 다그쳤다. 나는 편지가 범죄의 증거라도 되는 것처럼 쓰레기통에 버렸다. 나는 잠시 발을 구른 뒤 다 지나간 척 행동했다. 그건 정말 구린 버전의 나였다. 나의 어두운 면이었다. 그때의 나는 누군가의 감정을 상하게 했다는 사실에 기분이 나빠서 시끄럽게 굴었다. 조용히 내가 정말로 어떻게 느꼈는지 살펴보고 싶지가 않았다. 나는 심장에 손을 얹고 내 안의 아주 작은 목소리가 내가 잘못했다고 말하는 것을 듣는 게 두려웠다.

사과가 필요할 때 우리의 뇌는 친근하게 굴지 않는다. 뇌와 자아와 지성은 그저 '사실'만을 되새긴다. 나는 내가 잘못한 게 있다면 그저 조금 더 주의를 기울이지 않은 것뿐이라고 되뇌었다. 물론 나만 생각하고 무신경했지. 하지만 누군들 안 그래? 물론 내가 내뱉는 말에 대해 잘 알아야 했겠지. 하지만 그건 다른 사람 일 아니야? 다들 내가 얼마나 바쁜지 모르는 거야? 마리안느와 크리스는 내가 얼마나 괜찮은 사람인지 알아보지 않은 걸까? 내 뇌는 이런 말들을 크고 날카롭게 외쳐댔다. 하지만 나의 심장은 분명 다른 이야기를 하고 있었다.

부끄러움은 다루기가 까다롭다. 무기이자 신호가 되기도 한다. 사람을 마비시킬 수도, 움직이게도 할 수 있는 힘이다. 내 친구 루이 C.K.는 "죄책감은 교차로이다."라고 자주 말한다. 죄책감에서 벗어나려면 앞으로 나아간다는 선택을 할 수밖에 없다. 나는 죄책감을 느껐고 부끄러웠다. 하지만 나는 진정으로 움직이지 않았다. 몇 년 동안이나. 차를 교차로에 주차하고 배터리가 나갈 때까지 그저 거기 그대로 두었던 것이다. 그러다가 스파이크 존즈가 나를 구했다.

아마 내 사과 이야기에서 이렇게 많은 유명인사가 등장하리라곤 예상하지 못 했을 걸!

다음과 같은 사과에 대한 명언이 있다. '사과는 자기 자신에 대해 깊이 파보아야 할 수 있는 것이다.' 게다가 무섭기도 하기 때문에 우리는 고통스러움을 피하려고 한다. 자기주장을 펼치려 하고 자신의 이야기를 들려주려고 한다. 안 됐지만 사연 없는 사람은 없다. 모든 사람이 일이 잘 안 됐을 때 버전의 자신이 있다. 풀기가 참 어려운 사실과 감정을 직면하게 된다. 나로 말하자면, 코미디를 하는 사람으로서, 어떤 말을 할 때 나 자신이 편안한지 그 무게를 지속적으로 재어 보곤 한다. 생방송에서 하는 말과 저녁식사 자리에서 하는 말 사이에는 커다란 차이가 존재한다. 하지만 이 모든 말에 대해 항상 대답할 책임이 있다는 것을 깨달아야 한다. 연기자는 각자 자신이 무엇이 옳다고 느끼는지 알아내야 한다. 나는 자유 발언을 강하게 지지하며 성인이 된 이후 대부분의 시간을 작가실에서 보냈다. 나는 민감한 주제에 대해서 매우 넓게 받아들일 수 있다. 내가 농담 소재로 삼거나 웃지 못할 터부시되는 주제는 단 한 가지도 없다. 하지만 무엇이 나에게 잘 맞고 무엇이 너무 비열하거나 너무 게으른지 정확히 찾아내서 좀 더 나은 표현을 할 수 있도록 도와주는 내 안에 바로미터는 있다. 나는 공정한 타깃을 선택하기를 좋아한다. 웹사이트에서 아기들을 보고 못생겼다고 하거나 비하하는 개그는 좋아하지 않는다. 나는 앙상블을 좋아하고 혼자만 살겠다고 자신의 파트너를 희생양으로 삼는 행위는 싫어한다. 사람을 앞에 두고 놀리는 개그를 보는 것은 좋아하지만 특별히 나에게 다른 사람을 놀리는 재능이 있다고는 생각하진 않는다. 아마도 자신이 잘한다고 생각하는 것에 더 마음이 기우는 편이겠지. 나는 입이 험하지만 그렇다고 진짜 거친 입담으로 웃기는 타입은 아니다. 내가 무사히 빠져나갈 수 있는 개그가 어떤 것인지 구분할 수 있으며 그런 개그를 하고도 내 자리가 깨끗하다고 느낄 수 있다. 나는 한계에 도전하고 싶지만 충격적인 방식에는 기대고 싶지 않다.

그렇긴 해도, 나는 여전히 장애가 있는 사람에 대한 농담을 했다. 실제 존재하는 사람에 대한 농담이었다는 사실은 알지 못했다. 하지만 왜 그게 중요한 걸까? 이 모든 것이 나를 죄책감 교차로에 가둬버렸다. 나는 내가 틀렸다는 것을 알았지만 움직일 수가 없었다. 나는 마음 한편으로 크리스나 마리안느와 마주칠까봐 두려워하며 살았다. 매우 이상한 일이었다. 지금까지 누구를 우연히 만나게 될까봐 두려워해 본 적이 없었기 때문이다. 유명인과의 일이라서 더욱 스트레스를 받기도 했다. 크리스는 잘 알려진 배우였고 내가 그와 마주칠 확률은 매우 높았다.

아닌 척 은근히 뻐기면서 이 사과 이야기를 끌고 가고 싶지는 않다. 그러니 대놓고 내가 얼마나 멋진 사람들과 친구인지 이야기해야지. 나는 캐슬린 한나, 비스티 보이즈의 애드록으로 알려진 아담 호로비츠와 친구이다. 내가 그들과 친구라니 믿기지가 않는다. 나는 캐슬린의 음악을 사랑하고 그녀의 사회 기여 활동에도 경외심을 가지고 있다. <인터뷰>라는 잡지에서 그녀를 인터뷰하게 될 기회가 있었다. 갓 스케치 연기자가 된 때라 아무도 나를 몰랐다. 그녀는 젊은 여성을 지지하고 싶다는 이유로 인터뷰에 응했다. 역시 여성들을 록 공연의 최전선으로 끌어낸 아티스트이다. 그녀가 등장하여 해낸 일은 진정 가치 있는 일이었다. 그런 그녀가 바로 나의 친구다. 그녀의 남편, 아담도 나의 친구이다. 워크맨으로 비스티 보이즈의 노래를 들으며 그들을 만나는 순간을 꿈만 꾸곤 했는데. 이제는 아담의 이메일 주소도 안다. 쿨한 척하긴 글렀다는 건 알지만 그들과 친구라는 것은 너무 흥분되는 일이다. 나는 스파이크 존즈와도 친구이다. 그리고 또 누구랑 친구게? 킨 고든! 노만 레어! 마틴 쇼트! 정말 끝내줘! 거짓말 할 순 없잖아. 정말 끝내준다고!

음…. 내가 저지른 거지 같은 짓을 피하고 싶어서 얼마나 애를 쓰고 있는지 다들 눈치챘나?

아무튼, 스파이크와 함께 저녁을 먹는 자리에서 그가 크리스와 함께 일한다는 말을 들었다. 내 이야기를 말해주고 지난 5년이 어떻게 지나갔는지, 그리고 내가 여전히 망쳤다는 기분 위에 앉아있다고 얘기했다. 스파이크는 사과하기에 너무 늦은 때란 없다는 것을 예의 바르게 지적해주었다.

스파이크는 자신이 만들고 있는 영화 <그녀Her>에서 비슷한 주제를 다룬다고 말했다. 그때는 몰랐지만 몇 년이 지난 후 상실과 사랑에 대해 다룬 그 아름다운 영화를, 나의 멋진 남자친구 닉 크롤과 함께 보게 되었다. 호아킨 피닉스가 전부인에게 직접 쓴 사과 편지를 읽는 장면을 보면서 내가 지나쳤던 모든 것과 앞에 남겨진 것들이 떠올라 펑펑 울었다. 스파이크는 마리안느와 나를 연결해주겠다고 제안했고 나는 감사히 그 제안을 받아들이기로 했다.

그가 보낸 이메일은 다음과 같다.

From: 스파이크 존즈
Date: 2013년 3월 11일
To: 에이미 폴러
Subject: Fwd: 마리안느와 크리스로부터
나도 전체 상황에 대해서는 이제야 알게 되었어.
여기부터는 네 손에 달린 것 같아. 미안해, 에이미.
어른이 되는 건 어려운 일이지.
마리안느는 멋진 여성이야. 다른 상황에서 만났다면 둘은 매우 좋은 친구가 되었을 거야.

포옹을 담아서.

2013년 3월 11일, 마리안느 리온이 쓴 글:

From: 마리안느 리온
Date: 2013년 3월 11일
To: 스파이크 존즈
Subject: Re: 마리안느와 크리스로부터

그래, <SNL>에 나온 그 쇼 보고 열받아서 그녀에게 편지를 썼었어. 그 쇼는 장애에 대해서 근거도 없이 까는 잔인한 쇼였고 웃기지도 않았지. 무엇보다 가장 끔찍한 건 내가 쓴 실존하는 쌍둥이 자매에 대해 다뤘다는 거야. 힐러리 클린턴이 출연한 날이었기 때문에 분명 아나스타샤는 친구들과 함께 그 쇼를 봤을 거야. 그때 힐러리 캠프의 텍사스 유세장에 있었거든. 자기 자신이 끔찍하고 웃기지도 않는 잔인한 방식으로 패러디되는 걸 보면서 무슨 생각을 했을지. 폴러는 자매에게 두 번이나 모욕을 줬어. 편지에 답장을 하지 않았으니까. 그러니까, 솔직히 말하자면, 그녀가 신경이 쓰였다니 기뻐. (편지에 답장할 주소를 적어 보냈었어. 아니, 솔직히 말해서, 우리가 그렇게 찾기 힘든 사람은 아니잖아?)
스파이크, 그래서 지금 내 감정은, 이제는 사과를 바라지 않아. 하지만 그녀가 아나스타샤에게 뭔가 보상하고 싶다면 아나스타샤가 인권 관련 석사 학위를 위해 공부하고 있는 런던정치경제대학에 기부하는 방법이 있어. 아무것도 아나스타샤를 막지 못할 거야. 그녀는 세상에 변화를 만들어낼 테니까.

항상 사랑해.
마리안느.

나는 이 편지를 읽고 절망에 빠졌다. 아나스타샤가 쇼를 보면서 내가 그녀를 웃음거리로 만드는 모습을 보고 있었다고 생각하니 마음이 아팠다. 한 달 가까이 시간을 보내고 나서야 다음 편지를 쓸 수 있었다.

From: 에이미 폴러
Date: 2013년 4월 1일
To: 마리안느 리온
Subject: 진심으로 미안합니다

마리안느와 크리스에게
사과 편지를 쓰고 있습니다. 이건 아마 '너무 약소하고 너무 늦은' 경우의 표본이 아닐까 싶습니다. 그래도 제가 오래 전에 <SNL>에서 했던 다코타 패닝 스케치에 대해 사과하기 위해 글을 씁니다. 두 분을 화나게 하고 아나스타샤를 힘들게 했던 스케치였습니다.
연락을 하지 못한 동안, 내내 저를 괴롭혀왔습니다. 정말 후회하고 있습니다. 이 이야기를 스파이크에게 했더니 매우 친절하게도 연락을 해주었습니다. 정말 이런 기회를 주어서 그에게 너무나 감사합니다. 그리고 이 글을 읽는 시간을 내주어서 정말 고맙습니다.
저는 제가 만든 아픔에 대해 정말 사죄하고 싶습니다. 사랑과 헌신을 그린 중요한 영화를 무신경하게 표현한 것에 대해 사과합니다. 아나스타샤를 상처 입혔다는 사실에 진심으로 미안한 마음입니다.

저는 장애를 가볍게 여기는 것이 웃기다고 생각하지 않습니다. 저는 그런 사람이 아니고 그런 생각을 해본 적도 없습니다. 그 스케치는 제가 쓴 게 아닙니다. 그 짓궂은 소품은 제가 생방송에 들어가기 직전까지 보지 못했었습니다. 실은, 제가 실존 인물을 다룬 영화를 인용한다는 것도 알지 못했습니다. 그저 다코타 패닝이 머릿속으로 생각한 '어른스러운' 영화겠거니 생각했습니다. 변명은 아닙니다. 저는 사실 관계를 확인하지 않고 내뱉은 부주의에 대해 책임을 져야 합니다. 그래도 어떤 상황이었는지에 대한 사실 관계를 제대로 알리는 것이 제게 중요했습니다.

아나스타샤는 사과를 받을 자격이 있습니다. 도움이 된다고 판단하신다면 이 편지를 아나스타샤에게 전달해주세요. 아니면 제게 그녀의 메일 주소를 알려주시면 제가 직접 편지를 보내겠습니다. 그녀의 인디고 페이지에 들어가 보았습니다. 정말 멋진 여성이더군요. 그녀가 계속해서 멋진 삶을 살 거라고 믿어 의심치 않습니다.

다시 한 번, 정말 죄송합니다. 두 분과 가족 여러분에게 축복을 보냅니다. 또한 아드님의 일에 대해서도 깊은 애도를 표합니다.

읽어주셔서 감사합니다.
에이미.

지금 와서 다시 읽어보니 몇 가지가 눈에 띈다. 메일을 쓰는 순간까지도 사실 관계에 사로잡혔던 것 같다. 나 자신을 변호하고 싶었다. 어쨌든 시도하고 나니 기분이 정말로 좋았다. 사과는 하는 사람의 손에 달려 있지 않다. 마치 하늘에 둥둥 떠다니는 풍선과 같다. 절대로 땅에 내려오지 않을지도 모르고, 새의 목을 조를지도 모른다.

그리고 난 이 편지를 받았다.

From: 아나스타샤 소모자
Date: 2013년 4월 7일

To: 에이미 폴러
Subject: Re: Fw: 진심으로 미안합니다
에이미에게

와우!!!! 맙소사, 얼마나 멋진 깜짝 소식인지요!! 제 캠페인 런칭 펀드 모금에 기부해주셔서 정말 감사해요. 런던정경대에서 두 번째 학년을 보낼 비용을 다 모을 수 있을 것 같아요. 그리고 마리안느와 크리스에게 써준 친절한 메일도 감사해요. 두 분께서 감사하게도 저에게 전달해주셨어요.

두 분은 제가 아는 사람 중에 가장 멋지고 사랑이 넘치는 분들이에요. 그동안 저와 가족을 엄청나게 많이 지지해주셨어요. 셀 수 없이 많은 이유로, 그리고 무엇보다 제시에게 너무나 훌륭한 부모님이라는 이유로, 그 두 분을 정말 존경한답니다. 두 분과 주변의 많은 친구들 덕분에 오늘 런던정경대에서 (다른 졸업반 학생들과 마찬가지로) 스트레스를 받으며 첫 해의 마지막 시험을 치르고 있어요. 시험기간은 정말 빨리 다가오네요!

그 쇼가 저희를 상처주려고 한 게 아니라는 것을 알고 있었어요. 애초에 저희가 실제로 존재하는지도 몰랐으니 개인적인 조롱이 아니었겠죠. 그러니까 당연히 실제 저희의 삶이나 뒷이야기를 의식하거나 참고하지 않았을 거예요. 그렇긴 해도, 크리스, 마리안느, 저희 가족과 저는 끊임없이 동등한 기회를 위해 싸워왔어요. 장애가 있는 사람들을 사회에 포함시키고 특별한 존재가 아닌 일반적인 존재로 묘사하는 일도 포함되어 있죠. 그래서 일반적으로 말하는 관점에서 더 화가 났어요. 그 쇼에는 장애를 둘러싼 지식, 인식, 이해, 공감이 심각하게 결여되어 있었거든요. 너무 많은 사람들이 이미 장애에 대해 두려워하거나 혐오감을 느끼거나 다른 방식으로 분류해버리곤 해요. 저는 그 쇼는 그런 불길에 기름을 붙는 격으로 사람들에게 영향을 끼칠 것 같아서 슬펐어요.

마리안느에게 자세한 자초지종을 털어놓고 사과할 수 있는 기회를 얻게 되어 마음이 조금 놓였다면 그 쇼가 왜 문제가 되었는지 지금 알고 있다는 게 중요하다고 확신해요. 마리안느가 그런 편지를 쓴 이유는 그녀의 아들과 우리 가족에 대한 사랑이 깊었기 때문이었음을 이해해주세요. 그리고 장애에 대한 인식을 바꾸려는 노력은 아직도 저 멀리에 있고 더 많은 사람들이 표현할수록 더 좋아질 것이기 때문이에요.

당신이 만든 'Smart Girls at the Party' 사이트에 올려놓은 에피소드를 봤어요. 저는 진정으로 그 콘텐츠의 목표가 '자기 자신이 됨으로써 세상을 바꾸는 비범한 개인'을 찬양하는 것이라고 믿어요. 당신이 어떤 사람이고 어떤 가치를 믿는지, 그 쇼보다 더 당신을 잘 대변한다고 생각해요. 자신의 책임과 잘못을 인정하려면 강해져야 하고 좋은 품성이 필요하죠. 자신이 그 쇼에서 행동했던 것에 대해 자세히 떠올리고 자기 자신에게 되새겨야 하죠. 대단히 감사해요. 당신의 정직함과 기꺼이 인정하려는 마음을 존경하고 대단하다고 생각합니다.

당신이 보낸 사과의 진정성과 관용 정신은 저에게 큰 의미가 있어요. 게다가 제 여동생 가브리엘라가 신나서 춤까지 추게 만들었답니다!!! 지금쯤 따뜻한 일요일을 보내고 있기를 바랄게요. 다시 한 번, 제 마음 깊은 곳에서 감사의 인사를 전합니다!!

따뜻함을 담아,
아나스타샤

이 여성을 보라. 이 아름다움을. 얼마나 자비로운 태도인지. 나에게 그녀가 준 선물이 얼마나 대단한 것인지.

부끄러움은 사람들이 아이를 버리게 하거나 죽을 때까지 술을 마시게 만든다. 그리고 진정한 행복으로부터 멀어지게 만든다. 사과는 영광스러운 해방이다. 아나스타샤는 포옹과 같은 선물을 주었다. 그 이메일이 나를 바꾸어놓았다. 나의 분자 배열을 재배치했다. 그녀는 몸부림치는 삶을 살아왔지만 갑옷을 두르지 않기로 결정했다. 그녀로부터 자비심을 배웠다. 그녀는 열린 마음으로 가는 여정을 걷고 있다. 그녀는 부끄러워하지 않는다.

고마워요고마워요고마워요.

뇌가 쓴 사과 편지

거기 안녕.

미안하다고. 알았어? 근데 뭐 하나 얘기 좀 해도 될까?

봐봐, 내가 완벽하지 않다는 건 인정해. 세상에 완벽한 사람은 없잖아?
그건 사실이잖아. 사실이란 말이 나왔으니까 말인데, 누가 옳고 누가 그른지 결정하기 전에 몇 분 정도는 심사숙고해야 하지 않겠어?
모든 일에는 다양한 면이 있잖아. 내 쪽에서 보면 내가 더 맞는 것 같거든.
그게 내 편이라서 하는 말이 절대 아니고.
다른 사람들도 비슷한 상황에 처하면 아마 내 생각에 동의할 거야.

내가 널 화나게 했다면 내 의도는 그게 아니었다는 것만을 알아줘.
네가 그렇게 예민한지 몰랐지. 내가 널 쉽게 화나게 할 수 있다는 게 명백하구나.
모욕이 아니고 관찰한 바에 따르면 말이야.

대화를 좀 더 하고 누가 진실을 말하는지 논쟁해보면 좋을 것 같아.
직접 널 만나서 이 상황이 나에게 어떤 영향을 끼쳤는지 얘기하고 싶어.
과거에 네가 날 상처 줬던 일까지 꺼낼 기회로 이용할지도 모르겠어.
가능하다면 나도 널 상처 주고 싶어. 어쨌거나 난 내가 모든 과정을 주도하고 싶어.
그때까지 잘 지내고, 내가 너한테 먼저 연락했다는 사실을 잊지 마.

그럼 이만.
뇌로부터.

마음이 쓴 사과 편지

안녕,

미안해.

말하기까지 참 힘들었는데 내 사과가 너무 작거나
너무 늦었을 수도 있겠다고 생각했어.

너에게 내가 했거나 하지 않았던 말 때문에 미안하다는 걸
네가 아는 게 나에게는 정말 중요해.
내가 틀렸어. 실수를 했지. 너에게 상처 줬다는 사실이 너무 싫어.

시간이 너무 빨리 흘러가기에 연락을 했어.
너에게 이 감정을 표현하지 않고
주어진 시간이 다 지나가지 않았으면 했거든.
나는 표현하고 싶고 더 잘하고 싶어.

이 사과는 네 것이야. 네가 하고 싶은 대로 해도 돼.
이 사과가 너를 편안하게 해주었으면 해.
내 목표는 네가 어떤 고통도 느끼지 않는 것이지만.

다시 한 번, 진심으로 미안해. 편지를 읽어주어서 고마워.

사랑을 담아서,

The Heart

P.S. I'm sorry.

이혼에 관한 책을 쓴다면

 사람들이 왜 이혼에 관한 책을 그렇게 많이 읽는지 이해가 된다. 이혼을 겪는 상황에 처하면 매우 절실히 혼자라고 느끼게 된다. 물론 사회에서 얼마나 빈번히 이혼이 이루어지고 있고 얼마나 평범한 일이 되었는지 계속해서 깨닫게 되기도 하지. 특별하다고 느끼면 안 되지만 아무도 내가 가진 특별한 고통에 대해서 이해해주지 않는다. 담요 위에 내가 아끼는 모든 것을 쏟아 놓고 전부 공중에 던져버린다고 상상해보자. 이혼하는 과정은 담요에 모든 것을 실었다가 다 던져버리고 그것들이 휘날리는 것을 지켜본 후 땅에 떨어지면 어떤 것들이 깨질지 걱정하는 것과 같다. 그러니 답을 찾고 싶고 안정을 취하고 싶은 것도 놀라울 일이 아니다.
 내가 겪은 이혼에 대해 이야기하고 싶지 않다. 너무나 슬프고 너무나 개인적인 일이기 때문이고 사람들이 나의 구린 사연에 대해 아는 건 싫기 때문이다. 몇 가지만 이야기하겠다. 나는 전남편 윌과 함께 지금까지 아이들을 함께 돌봐왔던 방식이 자랑스럽다. 윌이 아이들의 아빠라는 것이 감사하고 감사하다. 10년의 결혼 생활이 실패로 여겨질 수는 없다고 생각한다. 그렇긴 해도, 이혼한다는 것은 정말 별로다. 하지만 나의 존경하는 친구이자 관계 후원자인 루이 C.K.가 적었듯이 "이혼은 항상 좋은 소식이다. 좋은 결혼은 절대 이혼으로 끝나지 않기 때문에."

고통스러운 경험은 세상을 다르게 보게 만든다. 또한 우리가 침대 밖으로 나오지도 못할까봐 매일 일부러 머릿속에서 지워버리는, '영원한 것은 없다' '끝나지 않는 관계는 없다' 같은 단순한 진실들을 상기시켜 준다. 가장 좋은 깨달음은 내가 어디까지 감당할 수 있는지 나 자신에 대해 알게 되어 고통을 부드럽게 넘길 수 있게 되는 것이다. 조금 현명해졌다고 느껴질 수도 있다. 그 경험이 다른 사람에게 도움을 줄 수도 있다. 이러한 생각을 염두에 두고, 내가 여러분에게 건네고 싶은 이혼 책 시리즈의 제목들을 살펴보자. 혹시 나중에 에디터가 출간 제안을 할지도 모른다. 다 쓴 후에야 모든 제목에 감탄사가 있다는 것을 알아차렸다. 뭐, 사람들은 다들 책 제목에 감탄사가 들어가는 걸 좋아하지 않아? 내가 틀렸다고 생각하지 않아!!!!

1. 이혼을 원해! 내일 봐!

아직 어린아이들이 있다면 이 책을 잘 이해할 수 있을 것이다. 이 책은 이혼을 했지만 어린 자녀 때문에 거의 매일 만나야 하는 상황에 대해 다룬다. 좋은 부모라면 아이들을 가장 먼저 생각하려 노력할 테니 이 책은 어떻게 인정사정없이 싸우면서도 아이의 생일 파티에 함께 참석하는지 그 방법을 알려준다. 이십대 초반이거나 최근에 스카이프로 누군가와 헤어졌는가? 이 책은 당신을 위한 책이 아니다. 지난 6개월 동안 전 애인을 성공적으로 피해왔지만 친구의 작품 전시회 오프닝 날에 아슬아슬하게 마주칠 뻔 했는가? 이 책은 당신을 위한 책도 아니다. 헤어진 사람이 해비타트 재단에서 집을 지으러 떠났다는 소식을 전해 듣고 그게 얼마나 개뻥처럼 들리는지 눈알을 굴리다가 그 사람은 보고 싶지 않아도 키우던 강아지가 보고 싶어서 한숨을 내쉰 적이 있는가? 이 책은 당신을 위한 책이 아니다. 이 책은 이혼을 하면서도 함께 일해야 하거나 함께 살아가야 하거나 함께 아이를 키워야 하는 사람을 위한 책이다.

이 책에 담긴 내용
- 가짜 웃음.
- 마지막 말이 얼마나 중요한가?
- 상담소에서 돌아오는 길에 거는 전화.
- 둘 다 장난감 사들이는 걸 멈춰야 해.

2. 그만 좀 잊어! (너무 빨리는 말고!)

이혼이라는 드라마와 트라우마를 지나칠 때 누가 진짜 친구인지 알게 된다. 그들은 조언을 해주고 돌봐주고 어두운 나날을 헤쳐 나갈 수 있도록 지켜준다. 문제는, 이 그지 같은 문제에 대해 다른 사람들과도 이야기해야 한다는 데에 있다. 그리고 그 사람들은 종종 내가 신경 쓰지 않거나 좋아하지도 않는 사람들이다. 보통 이런 사람들은 처음에는 무척 관심 있어 하다가 곧 자기 삶으로 돌아가 버린다. 그러고는 나도 그렇게 하길 바란다. 이 책은 비록 당신이 아직 고통을 겪고 있고 과도기에 있다고 해도 다른 사람들은 다른 관심사가 생겼고 당신의 상황을 지겨워하고 있다는 것을 상기시켜 주기 위해서 나왔다. 이 책은 당신과 전 배우자가 박 터지게 싸우지 않았다면, 그리고 새로운 남자친구나 여자친구가 얽혀 있지 않다면, 대부분의 사람은 별로 알고 싶어 하지 않는다는 점을 일깨워 준다. 이 책은 당신이 어떻게 나아가야 하는지 알려주지만 너무 빨리는 안 될 것이다. 당신이 화를 내도 된다는 점을 일깨워 주되, 너무 망가지면 안 된다고도 알려줄 것이다. 다른 사람들이 이상하게 생각하지 않도록 적절한 시기에 슬프게 보일 필요가 있다. 또한 파티에 초대 받았을 때는 평범하게 아무렇지 않은 척 연기할 수 있어야 한다.

이 책에 담긴 내용
- 이제 그만 울 때도 되지 않았어?
- 그 남자는 게이나 마찬가지야.
- 사정은 딱해도 속도 위반은 못 봐드립니다.
- 끼어들어서 미안한데 언제쯤 극복할 거라고 생각해?

3. 이혼: 겪지 않을 수 있는 10가지 방법!

이혼은 전염된다! 처음 들어보는가? 암과 비슷하지만 더 나쁘다. 아무도 그렇게 나쁘다는 걸 못 느끼기 때문이다. 이 책은 결혼한 친구와 어떻게 이혼에 대해 토론할 수 있는지 알려준다. 결혼한 몇몇 커플은 이혼 이야기를 하면 경악하면서 자기들은 절대로 안 할 거라고 말한다.

보통 상담을 통해서 어려움을 극복하는 이야기와 혼자가 된다는 두려움, 사랑과 섹스가 빠진 죽은 결혼을 받아들이기로 했다는 말을 한다. 이 책은 눈앞에 서서 자신들의 관계가 얼마나 훌륭하게 지속될지 말하는 그들의 목을 당신이 졸라 버리지 않도록 돕는다. 또한 이혼 관음자, 이혼에 대해 세세한 것까지 알고 싶어 하며 당신의 경험을 통해 대리만족을 얻으려는 친구를 다루는 방법도 담았다. 이 책은 다른 사람들에게 이혼에 대해 말해야 할 때 비싼 털 코트처럼 느껴지지 않도록 도와준다. 다들 걸쳐 보고는 싶어 하지만 그런 비도덕적이고 끔찍한 건 절대 입을 수 없다며 내던져 버리는 그런 털 코트 말이다. 한 행복한 연인이 당신을 동정의 눈빛으로 바라보는 삽화와 개뼉다구 같이 불행한 결혼생활을 하느니 이혼하는 게 낫다는 식의 경구도 들어있다.

　이 책에 담긴 내용
　– 이혼은 나에게는 선택사항이 아니지만 네가 이혼을 했다니 잘됐어.
　– 에이, 바람 안 펴본 사람이 어디 있어?
　– 우리 애들한테 그런 짓은 할 수 없어.
　– 둘이 주말에 오하이라도 다녀오는 게 어때?

4. 거기, 여자분, 그쪽 남편과 잘 생각 없거든요!

　최근에 이혼한 후 처음으로 혼자서 결혼식에 참석해봤다고? 이 책은 바로 당신을 위한 책이다! 결혼식에서 이상한 눈빛을 반거나 술에 취한 인간들로부터 데이트 상대를 데려오지 않았다는 비난을 받을 때를 위한 대응책을 담았다. 이 책은 상대방에게 '당신의 축 늘어진 앳된 얼굴의 남편'과 잘 생각이 전혀 없음을 자연스럽게 전달하는 방법을 담았다. 부인들이 뻔히 보고 있는 앞에서 남편들이 추근덕댈 때의 대처법을 알게 되면 남들 문제에 엄하게 끌려들어가지 않을 수 있다. 이 책에서는 애인 없이 용감하게 모임에 참석해 생존해 돌아온 사람들의 경험을 읽을 수 있다. 친구가 어설프게 누구랑 이어주려고 할 때는 어떻게 대응하면 되는지 마련한 특별 섹션을 확인하자. 그리고 주말 동안 게이가 되고 싶은 이들을 위해 새롭게 추가한 보너스 장도 잊지 말자.

　이 책에 담긴 내용
　- 당신처럼 좋은 사람이 어떻게 혼자일 수 있지?
　- 결혼식에 있기가 힘들어?
　- 넌 예전보다 지금이 훨씬 좋아 보여.
　- 어디서 마크 본 적 있어? 찾을 수가 없네.

5. 신은 디테일에 있다!

　이 책은 사람들이 알고 싶어 하며, 솔직히 말해서, 알 권리가 있는 사적인 이혼 이야기를 탐색하도록 돕는다. 어떻게 헤어지고 지금은 어디에 사는지, 그리고 누가 더 원하는지, 언제부터 알았는지, 아이들에게는 무슨 일이 있는지, 아이들에게 어떻게 말을 할지, 슬픈지, 상대방이 화가 났는지, 당신은 슬픈지, 다들 알고 있는지, 누구에게 말했는지, 누구에게 말할 수 있는지, 언제 발표를 할지, 마가렛은 알고 있는지, 전화해서 말을 하는 게 좋을지, 집은 어떻게 할지, 돈은 어떻게 할지, 돈을 얼마나 있는지, 정확히, 마가렛에게는 내가 직접 말하는 게 좋을 것 같은데 그걸 그녀가 알고 있는지, 남자친구는 있는지, 상대에게 여자친구는 있는지, 이름은 뭔지, 몸무게는 얼마나 나가고, 주말엔 외로운지, 행복해졌는지, 다시 결혼을 할지, 아이를 더 가질지, 그냥 나한테 모든 사소한 이야기를 처음부터 끝까지, 다 털어놓는 게 나을 것이다. 특히 안 좋은 이야기가 더 재미있지.

6. 휴일이 망했어!

이 책은 한 페이지짜리로, 이 한 문장만 담고 있다.

이 매뉴얼들이 극도로 그지 같은 시간을 보낼 때 도움이 되기를 바란다. 약속하건대, 행복한 연인을 보며 울게 되지 않는 날이 올 것이다. 다시 누군가를 만나서 다시 연애를 하게 될 것이다. 51퍼센트 행복한 기분으로 일어나서 천천히 분자 하나, 하나가 자기 자신처럼 느껴지는 날이 올 것이다. 혹은 정신을 놓고 미친 사람이 되거나. 어찌 됐든 홧김에 문신을 새기는 것은 조심하자. 대부분 어리석은 선택이라고 결론이 나니까.

아흔 살 나에게 말걸기

내 나이를 중년 언저리 즈음이라고 할 수 있을 것 같다. 마흔세 살이 되었을 때 딱 중간에 선 나이라는 느낌이 들었다. 풋내기도 아니지만 늙은이도 아니다. 오드퓨처1의 멤버 이름을 다 알지만 인터넷이 없는 대학 시절을 보낸 세대다. 이십대처럼 파티를 하며 놀 수 있지만 회복하려면 일주일은 걸린다. 가끔은 아이를 공원에 데리고 가는 피곤한 엄마로, 가끔은 택배 트럭에 대고 가운뎃손가락을 날리는 잔뜩 뿔이 난 청소년이 된다. 나는 중간에서의 시간을 보내고 있다.

정확히, 언제 중년이 시작되는지 모르겠다. 내가 가지고 있는 버전의 옥스퍼드 영어 사전에 따르면 중년은 '성인 후반에서 노년 사이의 기간. 요즘에는 45세에서 60세 사이를 말한다'라고 되어있다. 60세? 웃기시네, 옥스퍼드.

내 생각에 중년은 6시 반 전에 저녁 먹을 생각을 하기 시작하는 순간부터라고 본다. 아니면 옆집에서 파티를 한다고 경찰을 부를 때나. 내 몸이 나이가 드는 기분이 든다. 얼마 전에는 켜지지도 않은 러닝

---

1 (옮긴이) 타일러, 더 크리에이터**Tyler, The Creator**가 이끄는 미국의 힙합 크루. 래퍼, 디제이, 프로듀서, 뮤직비디오 감독, 스케이트 보더 등 60여 명으로 이루어져 있다. 키치한 감성의 스트리트 브랜드를 만들어 여러 패션 브랜드와 콜라보레이션을 하기도 한다.

머신에서 다쳤다. 속도를 조정하다가 발을 잘못 디뎌서 발목을 접질렸다. 아주 잠시 좌절감이 들었지만 금세 안도했다. 이제 운동을 할 필요가 없겠군 싶었다. 어쨌든 시도는 했잖아. 수영 연습을 할 때 강하게 밀려오는 파도에 맞서서 물살을 헤치고 나아가면서 안간힘을 써야 하는 기분을 아는가? 그게 바로 젊음에 머무르려 할 때 느낄 수 있는 사회적 압박감이다. 물살에 참패해 지쳐 나가떨어지거나 뒤돌아서 물살이 몸의 근육을 마사지하게 두거나. 나이 먹는 것에 대항하는 것은 '마약과의 전쟁' 같은 것이다. 큰 비용을 치러야 하고 좋은 점보단 피해가 더 크다. 그리고 여태까지 증명된 바로는, 절대로 끝낼 수 없다.

다행히 지구를 떠나기까지 앞으로 40년에서 50년의 삶이 남아있다. 잠을 자다가 갈 수도 있고 구출 작전을 펼치다가 감시 카메라에 걸려서 떠날 수도 있겠지. 내 생이 끝나기 전날에는 나를 위한 왁자지껄한 해변 파티에서 시간을 보내고 싶다. 해질녘이 되면 다들 내 주변에 모이고 금빛 나는 태양은 웃긴 이야기를 늘어놓는 내 피부와 머릿결을 아름답게 만들겠지. 그리고 대규모의 달 아트 컬렉션을 애인에게 줘야지. 나와 살아있는 모든 친구들은 (이성적으로 생각해보자. 대부분 여성이겠지.) 밤늦게까지 노래하고 춤추겠지. 우리 아들들은 성인이 되어 있고 행복할 거야. 나는 노쇠했지만 사랑스러울 거야. 여전히 내 진짜 이를 지니고 있을 거야. 분재 나무 다듬듯이 나를 가꿔줄 잘생기고 친절한 게이 친구가 있을 테고. 파티가 끝나면 다들 곯아떨어지고 나만 남겠지. 나머지 밤에는 손녀가 뜨개질봇 5000을 이용해 뜬 담요를 덮고 별을 바라봐야지. 해가 뜨기 시작하면 예상하지 못했던 손님이 깨어나서 커피를 끓이겠지. 내 마지막 말은 진부하면서도 아름답겠지. 손님은 이렇게 물어보겠지. "따뜻하세요?" 나는 이렇게 대답할 거야. "딱 좋아요." 내 장례식은 장대하지만 놀라울 정도로 친밀하게 진행될 거야. <퍼플레인>이 반복해서 재생되는 동안 내 화장용 장작더미로 폭죽을 던지라고 해야지.

어른의 삶이 시작되었다고 느끼기 시작한 건 서른 살이 되고 나서부터였다. 막 <SNL>에 들어왔고 직접 깜짝 댄스파티를 열 참이었지. 그러다가 9월 11일이 왔고 모든 것이 홱 돌아버렸다. 윌을 만났고 결혼해서 언젠가 아이를 갖고 싶었다. 학자금 대출을 다 갚고 차 배터리가 나갔을 때 다른 차의 배터리를 연결해서 시동을 거는 방법을 알게 되었다. 이십대의 대부분을 지연된 청소년기 상태에서 너무 많이 머물렀다. 그리고 십대 때는 시간이 빨리 지나가기를 바라고 기도했고. 내가 다섯 살이 되던 해에 엄마가 서른 살이 되었던 기억이 난다. 아빠는 엄마를 위해 파티를 크게 열었는데 지하실에서 어른들이 취해있던 장면이 기억난다. 나는 홀리 하비 잠옷을 입고 계단에 앉아서 컵에서 달그락대는 얼음 소리를 듣고 있었다. 어른들은 가슴 달린 머그컵이니 방귀 소리 기계니 성기 모양 파스타 같은 성인용 장난감 가게에서 사온 음란한 선물들을 가져왔다. 우리는 애들답게 그런 물건들을 훔쳐보며 질 나쁜 섹스 농담을 이해하는 척했다. 10년이 지난 후, 엄마는 마흔 살이 되었고 아빠는 친척 및 친구들을 찍은 사진으로 손수 달력을 만들었다. 다들 웃기는 속옷을 각양각색으로 갖춰 입고 포즈를 취하고 있었다. 어떤 사람은 스피도를 입고 피아노를 치고 어떤 사람은 똥 싼 바지를 입고 엉덩이 골을 드러낸 채 부엌 싱크대를 고치고 있었다. 이 모든 것은 일종의 근사한, 어느 정도 외설적인 교외 지역의 풍습으로, 몇몇은 이러다가 '키 파티'에 빠지곤 했다.

다행히, 내가 알기론, 어린 시절 우리 집에서 스와핑은 없었다. 만약 있었다면, 난 알고 싶지 않다. 가족 여러분, 어쩔 수 없이 신랄한 자서전을 써야 할 때는 명심하세요.

진짜 어른이 되었다는 기분을 느낀 지 6년, 7년쯤 되었다고 생각했을 즈음, 내 뇌를 비롯한 사회 전체가 나이 드는 것에 대해 걱정해야 한다고 나를 압박하기 시작했다. 새로운 집에는 아기를 위한 공간이 있고 아기에 대한 새로운 관점도 추가되었다. 하지만 내가 하고 싶은 말은 따로 있다. 나이 드는 것은 굉장한 일이다. 다른 사람들이 어떻게 생각할지 신경 쓰지 않게 되기 때문이 아니라, 슈퍼파워를 개발하게 되기 때문이다. 들어봐!

나이를 먹으면 투명인간이 된다. 엄청 신나는 일이다. 상황을 더 잘 관찰할 수 있게 된다. 날카롭게 다듬은 스킬을 이용해 방 안을 둘러보고 누군가 나의 존재를 알아차리기 전에 정보 수집을 끝낼 수 있다. 파티에서 편안한 자리를 찾을 수 있고 끔찍한 파티에 왔다는 걸 재빨리 깨닫고 자리를 뜰 수 있다. 알맞은 때를 아는 능력은 나이 든 사람의 큰 장점이다. 투명인간이 된 상태이니 아무도 자리에 없다는 걸 알아차리지도 못한다. 즉각적인 관심을 받지 못한다는 것은 어떤 식으로 언제 자신을 보게 할지 내가 결정할 수 있다는 뜻이다. 80년대의 그 많은 얼빠진 코미디에서 투명인간이 되어서 여자 라커룸에 들어가서 노닥거리는 남자가 나오는 장면을 떠올려보자. 남자들이 예쁜 여자들이 샤워하는 장면을 훔쳐보면서 서로에게 수건을 던져 대던 장면을. 누구나 이렇게 할 수 있다. 조금 다른 방식이지만. 젊은 사람들이 부끄러워하는 걸 목격할 수 있고 그것이 내가 아니라는 사실에 스릴을 느낄 수 있다. 그들이 '항상'과 '절대'와 '나는 이러이러한 사람이야'를 마구 던져대는 걸 보면서 자신은 이미 그런 시기를 지났다는 것에 즐거워할 수 있다. 투명인간이 되는 기분은 공중에 떠다니는 기분이다. 허락 없이 여행을 떠날 수 있다. 비밀들을 아는 단계가 되며 내가 들을 필요가 없는 의견도 듣는다. 게다가 뭔가를 훔치는 것도 쉬워진다.

나이가 들면 엑스레이 투시법을 개발할 수도 있다. 신기한 일은, 사람들이 나를 쳐다보는 시선이 줄어들수록, 나에게는 사람들을 꿰뚫어 보는 능력이 생기기 시작한다는 것이다. 사람들의 의도를 더 정확하게 파악하게 되고 그들의 말 자체와 실제 의도가 어떻게 다른지 알게 된다. 결국에는 '행동이 말보다 정확하다'라는 말이 들어맞기 시작한다. 사람들의 에너지를 더 잘 읽게 되고 덕분에 시시한 머저리들을 상대할 가능성도 낮아진다. 가끔은 아예 이런 머저리들을 찾아 나서기도 한다. 나의 감정적 경계선이 어디쯤인지 테스트하기 위한 일종의 이상한 훈련이랄까? '선을 긋는다' 같은 표현을 쓰게 된다. 다른 사람의 나쁜 행동을 보고도 누군가의 아이가 떼 쓰는 모습을 볼 때처럼 거리를 두고 지켜볼 수 있게 된다. 모든 것을 개인적으로 받아들이고 남들의 행동을 내면화하던 날들은 (부디) 갔다. 내가 원하는 것과 필요한 것을 훨씬 더 잘 알게 된다. 어떤 사람이 어떤 종류의 속옷을 입는지도 가늠할 수 있게 된다.

최근 들어, 슈퍼히어로이기 때문에, 좋은 팀을 만드는 데에도 재주가 생긴다. 방을 둘러보고 나를 알아보는 또 다른 슈퍼히어로를 알아볼 수 있다. 마흔이 넘어서 사귀는 우정은 깊은 맛이 난다. 아주 진하고 다양한 풍미를 가진 음식처럼. 이제 내가 어떤 사람인지 명확해지기 시작했으니 어떤 친구를 원하는지도 명확해진다. 내 친구들은 폭발적으로 늘고 있고 보는 것만으로도 대단하고 활기찬 기분이 든다. 몇 년 동안 존경해왔던 나이가 나보다 많은 여성들과 친구가 되었고 그들의 경험으로부터 많은 것을 배운다. 그들의 삶을 샘물 삼아 퍼마신다고 할 수 있다. 나에게 호르몬, 좋은 휴양지, 목 크림에 대해 알려준다. 나는 수심이 깊은 곳에서 헤엄치는 사람들에게 관심이 많다. '진짜' 일을 경험한 사람들과 '진짜' 중요한 일들에 대해 대화하고 싶다. 영화니 친구들의 소문에 대한 수다는 질린다. 삶은 녹록지 않고 복잡하며, 무엇보다도 맛있다.

　이제 내가 나이가 드니, 성격이 둥글고 부드러워지는데 나쁘지만은 않다. 많은 이름을 기억하지 못하게 되는 대신 사람들의 눈을 더 집중해서 바라보려고 하게 된다. 섹스가 더 즐겁고 더 잘하게 되었다. 젊은 날의 좌절감, 사랑에 대한 기대감, 고통, 깜깜했던 미래에 대한 불안감은 그립지 않다. "앞으로 뭘 할 거니?"라는 질문의 압박감은 항상 우리에게 아무것도 이루지 못했다는 절망감을 준다. 젊은 사람들은 기회를 잡고, 분노하고, 습관에서 벗어나야 한다는 것을 상기시켜 준다. 나이 든 사람들은 더 많이 웃고, 더 집중하고, 나이에 맞는 방식으로 친구를 사귀어야 한다는 것을 상기시켜 준다. 젊은 사람과 나이 든 사람 모두 긴장을 풀고 현재를 받아들이고 현재 속에서 살아가야 한다. 지금, 여기에, 임해야 한다, 모든 위대한 책들이 말하듯이.

　나는 할 일이 있다. 동료들과 일하고 싶어 하지 않는 남성과 여성, 신입사원만 뽑으려 하는 코미디 작가, 무조건 자기보다 어리거나 직급이 낮은 사람하고만 데이트하려는 사람 들을 보면 의문이 생긴다. 자신이 가진 나이테와 비슷한 수의 나이테를 가진 나무들과 어울리고 싶지 않을까? 가끔씩 내가 뭔가를 놓치거나 확인하지 못한 것이 있는지 겁에 질리곤 한다. 가게 창문에 비친 내 모습을 알아보지 못할 때가 가끔 있다. 그럴 때면, 미래의 내가 되어 나 자신에게 말을 걸어 본다. 시간여행이 현실이 되면서 가능해진 일이다. 내가 다 시험해봤다(이 얘기는 나중에). 다음은 아흔 살의 내가 지금의 나에게 하는 말이다.

- 본론으로 들어가, 제발!
- 천천히, 크게 말해.
- 너 좀 멋지다. 아주 아름다워.
- 걸을 수 있지? 불평 그만해.
- 불평그만해불평그만해불평그만해불평그만해.
- 늙는다고 투덜대지 좀 마. 그건 특혜야. 수없이 많은 죽은 사람들이 지금 살아있었으면 한다니까.
- 다른 사람들 생각은 무시해. 대부분의 사람들은 너한테 관심도 없어.
- 너한테 잘해주는 좋은 남자를 찾아.
- 춤추는 거 재밌지 않아?
- 사람들 죽는 얘기는 하지 말기로 해.
- 가족하고 싸우고 나면 늦지 않게 화해해.
- 너한테 주지 않은 것에 대해 부모님을 용서해.
- 몸에 좋은 스프를 마시면 기분이 좀 나아질 거야. 산책을 나가든가.
- 진정하고 그 여자가 이기게 둬. 누가 신경 쓴다고?
- 누가신경써누가신경써누가신경써.
- '안 돼NO'라고 말하고 끝내. 아무 말도 덧붙이지 마.
- 만나는 아기마다 뽀뽀해주고 만나는 강아지마다 쓰다듬어줘.
- 천천히 걷고 피곤하면 즉시 누워.
- 다음엔 뭐지?
- 옆집이 너무 시끄럽다. 안 되겠어. 경찰 불러야지.

제2부
무엇이든 내가 좋아하는 것을 하자

Inside Vladimir

즉흥연기와 사랑에 빠지는 과정
시카고

동료들이 나에게 "제대로 해!"라고 외쳐대고 있었고, 나는 무대 뒷벽을 손으로 집고 있었다. 이제는 고향이라고 부를 수 있게 된, 뼈가 시린 도시 시카고의 iO(임프라브올림픽) 극장에서 열린 '한밤중의 즉흥 공연'을 하던 중이었다. 즉흥연기 수업을 수강하던 나에게 드디어 무대에 설 수 있는 기회가 주어진 것이 바로 이 심야 공연이었다. 무대에 오른다는 것은 엄청난 일이었다. 수업을 들으면서 장면을 연기하고 즉흥극 형식을 공부하면서 몇 주를 보내고 나서야 오른 30분간의 연기가 내 안에서 최고의 모습과 최악의 모습을 끌어냈다. 무대 위에서 나는 나 자신에 대해 많은 것을 알게 되었다. 가끔씩은 구제할 길 없는 농담 기계가 된다. 어떨 때는 부끄러움 많고 방어적인 내가 된다. 때때로 아주 요상하게 육감적이고 섹시한 내가 된다. 사람들은 긴장하고 곤혹스러울 때 자신이 누구인지 진짜 모습을 보여주고 만다. 롱폼 즉흥극에는 용어와 규칙이 있고 나는 그것들을 어떻게 활용하면 좋을지 배우고 있었다. 즉흥 공연은 보통 경험이 많은 즉흥연기자가 아직 연습 중인 연기자에게 기운을 북돋아 주면서 시작되었다. 돈을 내고 입장한 관객은 어린 학생들이 점점 나아지는 모습을 지켜보았다. 즉흥극을 서핑에 비유하자면 처음 파도를 타기 시작할 때와 비슷하다고 할 수 있다.

혹시 즉흥극에 대해서 모르는 사람이 있다면, 『UCB 코미디 즉흥연기 매뉴얼The Upright Citizens Brigade Comedy Improvisation Manual』을 읽고 와도 괜찮다. 기다릴 테니…….

좋아, 다 읽었겠지? 좋은 즉흥연기자가 되려면 상대방의 말을 잘 들은 다음 응답해주고 상대방의 연기를 받쳐줘야 한다. 구체적이고 정직해야 하며, 두 사람이 연기를 주고받는 장면에서 재미를 찾아내야 한다. 롱폼 즉흥극은 (방금 책을 읽었으니 다 알겠지만) 하나의 제시어에서 시작된다. 그에 대한 순간적인 대응과 연기로 다양한 장면이 만들어지면서 전체 공연이 탄생한다.

1993년 내가 시카고로 막 이사 온 참이었다. 빌 클린턴이 막 대통령이 되었고 로드니 킹Rodney King이 경찰에게 맞았다. 음악 차트에서는 <Whoomp(There It Is)>가 불타고 있었다. 불탄다는 말이 나와서 말인데, 같은 해에 연방 요원이 텍사스 웨이코에 있는 사이비 종교단체인 다윗의별을 습격했었고 그 장소는 불길에 휩싸였다. 얼마 후에 세컨드 시티 투어가 텍사스 순회공연을 할 때 티나 페이와 에이미 폴러라는 이름의 두 여성이 이곳에 들리게 된다. 이 이야기는 잠시 뒤에 계속하도록 하자.

새로운 도시로 올 당시, 보스턴 대학교 때 룸메이트였던 카라와 친구였던 마틴 고비도 같이 왔다. 우리 셋은 저렴하지만 아름다운 시카고 아파트에서 함께 살았다. 무늬 있는 몰딩은 젊은이들에게는 사치스러워 보였다. 아빠는 카라의 지프차로 우리의 짐을 실어다 주었고 나는 금방 서빙 아르바이트를 하며 수업을 듣는 생활에 익숙해졌다. 정말 좋은 한때였다. 찢어지게 가난했고 할 일은 거의 없었다. 내 침실을 반고흐의 <별이 빛나는 밤에>의 보라색으로 칠하고 대마초를 엄청나게 피웠다. 자전거를 타고 비스티 보이즈의 노래를 들으며 쇼에 가곤 했다. 스물두 살의 나는 내가 사랑하는 것을 찾았다.

내가 하고 싶은 일을, 다른 사람이 훌륭하게 해내는 모습을 보는 방법은 직접 그 일을 배우기 시작하는 좋은 길이다. 그 당시 시카고는 재능으로 가득 찬 도시였다. 내가 처음으로 봤던 세컨드 시티 공연은 에이미 세다리스Amy Sedaris[1]의 마지막 공연이었다. 모든 출연자가 그녀에게 작별 인사를 했고 에이미는 최선을 다해 최고의 스케치를 선보였다. 에이미 세다리스는 코미디계의 신디 셔먼Cindy Sherman[2]이었다. 내 생전에 그 스케치보다 더 재밌는 것을 본 적이 없다. 그날 밤 그 무대에는 두 스티브도 함께 였다. 콜베어Colbert[3]와 카렐Carell[4]. 그들의 공연을 보면서 경외감과 흥분이 뒤섞인 감정을 느꼈던 기억이 난다. 몇몇은 자신들의 스케치 공연인 <Exit 57>을 찍기 위해 뉴욕으로

---

1 (옮긴이) 미국의 배우, 코미디언, 성우. 출연한 작품으로는 <아메리칸 셰프> <장화 신은 고양이> <내 이름은 꾸제트> 등이 있다.

2 (옮긴이) 미국의 사진 예술가. '여성'과 '몸'이라는 주제를 다루면서 모더니즘과 가부장적 남성 사회가 규정한 여성상을 비판하며 여성의 진정한 자아확립과 주체회복에 대한 메시지를 표현했다.

3 (옮긴이) 미국의 코미디언, 작가, 토크쇼 진행자. 1997년 스티브 카렐과 함께 공동 코너 <Even Steph/ven>을 진행했으며, 보수적인 캐릭터를 연기하며 정치계와 언론을 신랄하게 풍자하는 <콜베어 르포>로 유명해졌다. 데이비드 레터맨을 이어 CBS 간판 토크쇼 <레이트 쇼>의 진행을 맡고 있다.

4 (옮긴이) 미국 시트콤 <오피스>의 마이클 스캇 역으로 유명한 배우. 국내에서 애칭은 '마점장'으로 통한다. <미스 리틀 선샤인> <40살까지 못해본 남자> <댄 인 러브> <빅 쇼트> 등의 영화에 출연했다.

향할 예정이었다. 공연을 보며 이런 생각을 했다. '다들 너무 잘하네요. 저는 더 잘하고 싶어요. 이제 여기에서 떠나세요. 제가 여러분이 서 있는 곳에 서고 싶으니까요.'

iO 극단에는 치열할 만큼 재능 있는 사람이 많았다. '하우스 팀'은 '패밀리'라고 불리던 사람들이었다. 맷 베서, 이안 로버트, 아담 맥케이, 네일 플린, 알리 파라나키안, 마일스 스트로스. 다들 말 그대로 즉흥극의 대가들이었다. 모두 6피트가 넘는 키에 눈길을 끄는 외모에 몸도 좋고 아주 웃겼다. 미국 중서부는 배우들을 크게 키워냈다. 나는 학생 할인을 이용해서 그들의 알찬 공연을 보러 다녔고 조명 부스 아래에 앉아 좋은 즉흥극이란 어떤 것인지 지켜봤다. '패밀리'의 멤버들은 모두 나의 록스타였다.

나에게는 그들이 시카고 불스였다. 다른 아마추어 즉흥연기자들과 음식을 싸가지고 가서 대가들이 이끌어낸 움직임의 다른 점에 대해 토론하곤 했다. 그들이 얼마나 쉽게 그런 움직임을 만들어내는지 경탄했다. 집에 가서 일기에 이렇게 썼다. '에이미, 더 많은 위험을 감수해야해!' '마임을 더 연습해야 해!' '노래 부르는 걸 두려워하지 마!'

iO에는 엄마와 아빠가 있었는데, 엄마는 샤르나 할펀Charna Halpern이었다. 그녀는 즉흥극의 스티비 닉스Stevie Nicks[1]였다. 그녀는 여성스럽고 카리스마 있는 성격이었고 불의를 못 참는 성격이기도 했다. 샤르나는 나의 진정한 첫 즉흥극 선생님이었고 첫 즉흥극 극단의 운영자이기도 했다. 그녀는 팀을 만들고 누가 다음 단계로 넘어갈지 결정하

---

1 (옮긴이) 전설적인 밴드 플리트우드 맥의 보컬리스트이자 유능한 여성 싱어 송 라이터. 플리트우드 맥의 대표적인 음반인 <Rumours>는 롤링 스톤 선정 500대 명반에서 26위를 기록했으며 30년 넘게 영국 차트 40위권 이내에 머무를 정도로 역사적인 음반이다.

고 모두 공평하게 나눠 먹었는지 확인했다. 그녀야말로 그곳의 열쇠를 쥐고 있었다. 실제로도, 상징적으로도. 그녀가 짊어진 무게가 얼마나 무거웠는지 직접 극단을 운영하기 전까지는 알지 못했다. 월급과 주류 면허의 균형을 맞추기란 자아와 기회의 균형을 맞추기만큼 어려운 일이다. 소규모 코미디 극단의 운영자가 된다는 것은 신나면서도 외로운 일이었다. 공연은 아주 즐겁지만 뒷정리를 돕기 위해 머무르는 사람은 많지 않다. 샤르나는 나를 마음에 들어 했고 나 역시 마찬가지였다. 기존 공연자만큼 잘 한다는 칭찬을 받았다. 그녀는 나의 존재를 믿어주었다. 그리고 내가 좋아할 것 같은 즉흥연기자가 자신의 다른 수업에 있다고 말했다. 그녀의 이름은 티나였고 갈색 머리를 한 나였다. 그래, 그래. 그 이야기로 가고 있다고!

샤르나가 엄마였다면 델 클로즈Del Close는 아빠였다. 먼 발치에서 숭배하는 사람도 많았고 모두 그를 기쁘게 하려고 노력했다. 델은 수염이 있고 짓궂은 성향이 있었고 놀라운 이야기를 지닌 사람이었다. 게다가 여러 영웅들을 가르쳐온 코미디 천재이기도 했다. 길다 래드너[2], 빌 머레이[3], 크리스 팔리Chris Farley[4] 등. 델은 불을 삼킬 수 있었고, 레니 브루스와 SCTV라는 이름의 투어를 돌았다. 자기 입으로 말하

---

2 (옮긴이) 미국 코미디언이자 배우. <SNL> 원년 멤버 일곱 명 중 한 명이다.
3 (옮긴이) 미국의 배우, 코미디언, 각본가. <SNL> 두 번째 시즌에 합류하였고 <SNL>에서의 연기를 통해 첫 에미상을 수상하였다. 대표작으로 <고스트 버스터즈> <사랑의 블랙홀> <사랑도 통역이 되나요?> 등이 있다.
4 (옮긴이) 미국의 배우, 코미디언. 큰 목소리로 에너지가 넘치는 코미디를 하는 배우로 유명하다. 1990년부터 1995년까지 <SNL>의 멤버로 활동했다. 1997년 약물 과다 복용으로 33세의 나이에 세상을 떠났다. 2015년에는 그의 코미디 인생을 담은 다큐멘터리 영화 <아이 엠 크리스 팔리>가 만들어지기도 했다.

기로는, 일레인 메이Elaine May1와도 친했다고 한다. 그는 존경받는 시카고 극단의 배우였으며, 즉흥극이 연기 도구가 아니라 진정한 공연 형식 자체라고 믿었던 사람이었다. 델은 위칸교도였으며 마약 중독자였다. 그의 짧은 삶에 대해서는 최근 십 년 동안을 조사하다 보니 알게 되었다. 여러 권의 책을 만들 수 있을 정도다. 아무도 모르지만 델은 코미디에서 가장 유명한 사람이었다. 샤르나와 델은 결혼하지 않았지만 샤르나는 델의 아내였다. 샤르나는 iO 극단의 조명을 켜놓기 위해 애쓰는 와중에도 델의 천재성을 지켜주었던 마음의 가족이기도 했다.

나는 '패밀리'의 멤버인 맷 베서가 하는 수업을 듣다가 그와 데이트를 하게 되었다. 맷은 아칸소 주에서 온 재능 있는 유대인 청년이었는데, 애쓰지 않아도 멋이 뿜어져 나오는 사람이었다. 펑크 머리에 축구 유니폼을 입고 다녔다. 신나 보이는 아이디어가 떠오르면 맹렬한 기세로 덤비곤 했다. 다른 사람들이 어떻게 생각하는지 진심으로 전혀 생각하지 않았다. 아티스트이기도 했고 굉장한 사상가이기도 했다. 무대 위에서 남부 웨이트리스를 연기하는 맷이 내가 처음 본 맷의 모습이었다. 아주 섬세하게 연기를 하고 있었다. 심혈을 기울인 우아함이 느껴졌고 동시에 아주 웃겼다. 여자들을 잘 다룰 줄 아는 남자에게 내가 매력을 느낀 것은 맷이 처음이었다. 그는 조급해하고 다혈질이면서 거창한 목표를 가지고 있었다. 나에게 글을 쓰고 창작하고 위험을 무릅쓰라고 용기를 불어넣어 주었다. 빅 블랙이나 GG 알린 같은 아티스트를 소개해주기도 하고 내 첫 영상을 촬영하는 것

---

1 (옮긴이) 미국의 배우, 각본가, 감독. 시카고 대학에서 마이크 니콜스를 만나 듀오 코미디팀을 결성하여 스탠드업 코미디 <니콜스, 메이와 함께 이 밤을>을 공연했는데 연일 매진을 기록했다. 그후 각본가로서 데뷔작은 영화 <좋은 친구들>이며 감독으로서 데뷔작은 영화 <새 입사귀>이다.

을 도와주었다. 좋은 부분을 뽑아서 연예 기획사에 보낼 만한 부분을 만들어 주기도 했다. 여자 멤버가 필요하다고 하면서 비교적 젊은 스케치 그룹인 UCB^{Upright Citizens Brigade}에 가입하라고 권하기도 했다. 그들의 쇼에 대해서 들어본 적이 있었는데 즉흥극과 퍼포먼스 아트를 합친 듯한 느낌이었다. 멤버들이 각자 거리 모퉁이에 앉아서 추수감사절 저녁을 먹는 쇼를 한 적이 있었다. 멤버 하나가 자살을 시도하는 연기를 선보인 쇼도 있었다. 관객이 시카고의 길 위로 나와서 가상 투어를 할 수 있도록 이끄는 공연을 하곤 했다. 그들이 선보인 쇼는 대부분 관객이 안전지대를 벗어나서 자신의 의자에서 일어나도록 이끄는 것이었다. UCB라는 이름은 그들의 공연 중 하나에서 지어냈던 악덕 대기업 이름이었다. 그 이름을 마음대로 사용하면서 사람들에게 일부러 혼란을 만들어낸 것이었다. ('월가를 점령하라' 운동가들이 자신들의 이름을 '할리버튼 Inc²'라고 짓는다고 생각해보자.) 그는 UCB를 위한 큰 꿈이 있었고 나는 일부분이 되고 싶었다. 나는 그의 옷자락을 쥔 손에 힘을 꽉 주었다.

 베서는 나를 푸가지^{Fugazi3}의 세계로 인도하기도 했다. 이안 맥케이^{Ian MacKaye}의 철학과 공연 입장료를 많이 받지 않는 방식에 대해서 이야기해주었다. 베서는 UCB도 그렇게 관객들에 의해 굴러가기를 원했다. 우리는 학교나 극단이나 텔레비전 방송에 대해 아무런 계획도 없었지만 다들 가려운 곳이 있었다. 나는 다니엘 클로우^{Daniel Clowes}의 만화책을 보고, 중고품 가게에서 오래된 닥터 마틴을 쇼핑하면서 그 가

---

2 (옮긴이) 미국의 다국적 기업으로 세계에서 가장 큰 석유 채굴 기업들 중 하나이다. 전 세계에 수백개의 계열사와 지점을 소유하고 있으며, 종업원도 대략 10만 명에 이른다.

3 (옮긴이) 워싱턴 DC를 중심으로 활동하는 하드코어 펑크 밴드. 1988년 데뷔하여 그 어떤 경제적인 문제와도 타협하지 않고 활동하는 것으로 유명하다. 대표적으로 라이브 공연 관람료를 6달러, CD 가격은 10달러 이상 받지 않는다.

려움을 해소했다. 어느 날 바에 갔다가 리즈 페어Liz Phair1를 보았다. 내가 살던 구역은 시카고에서도 무서운 동네라서 뒷마당에서 경찰이 개를 총으로 쏘는 장면을 본 적도 있었다. 나는 점점 나보다 나은 사람들과 즉흥연기를 하면서 더 나아지고 있었다. 나는 나 자신을 예술가라고 부르기 시작했다.

관객들은 베테랑 즉흥연기자들과 노련한 캡틴인 데이브 케크너가 나를 가리키며 "제대로 해!"라고 소리를 지르는 동안 나를 뚫어져라 쳐다보고 있었다. 내가 꽁무니를 빼 버렸기 때문이었다. 누군가와 즉흥연기를 시작해 놓고는 제대로 연기하지 못했거나 웃어버렸거나 상대방이 선택한 방향을 무시해 버렸다는 뜻이었다. 즉흥연기는 군대와 같다. 한 사람도 버리고 가지 않는다. 상대방을 잘 받쳐주는 것이 내 일이고 만약 우스워 보이는 것을 두려워한다면 그냥 집에 가는 것이 맞다. 즉흥연기는 멋있어 보이기 위한 연기가 아니다. 즉흥극 무대에서 꽉 끼는 가죽 잠바를 입고 담배를 피우는 사람은 아무도 없다. '영리하게' 군다고 해서 상을 받지 않는다. 그 순간에 존재해야 하며 상대방의 목소리를 듣고 두려워하지 않아야 한다. 나는 내 파트너를 실망시켰고 결국 "제대로 해!"라는 소리를 들었다. 어린 즉흥연기자에게 수치를 주는 방법이었다. 돌돌 만 신문지로 찰싹 때리는 것과 같은 효과였다. 데이브 케크너가 "제대로 해!"라고 말하면 원숭이 춤을 춰야 한다는 뜻이었다. 원숭이 춤은 정말 쪽팔리는 춤이다.

---

1 (옮긴이) 미국 인디락 씬의 마돈나로 불리우는 뮤지션. 시카고 길거리에서 그림을 그리면서 자신의 데모테입을 판매하며 활동하다가 1993년 롤링스톤즈에 대한 냉소적 풍자를 담은 데뷔 앨범 <Exile in Guyville>를 발표했다. 그후 발표하는 앨범마다 여성의 성적 해방을 외치는 메시지를 담아냈다.

내가 속해있던 '인사이드 블라디미르'라는 즉흥연기 팀의 이름은 시카고에서 포르노와 군깃질거리만 팔던 편의점인 JJ 페퍼스에서 본 게이 포르노의 제목을 따라서 만든 것이었다. 확실히 편의점스러운 이름이었다. 티나 페이는 그 팀의 멤버였다. 그녀는 날카로웠고 낯을 가리면서도 매우 웃겼다. 우리는 함께 수업에 들어가서 맨 뒤에 앉았다. 티나가 델에 대해 웃기고 엄한 이야기들을 속삭였다. 우리가 함께 장면을 꾸밀 때 특별히 웃기거나 흥미로운 것은 아니었다. 우리 팀에서 누가 코미디 업계에서 성공하리라는 것을 알려주는 지표는 하나도 없었다. 그저 다들 꾸준히 했을 뿐이었다. 인사이드 블라디미르는 iO에서 자주 공연을 했는데 우리 팀의 남자들은 티나와 내가 공연을 차지하는 것을 지지해 주었고 응원해 주었다. 티나와 나는 함께 딱 하루만 공연하는 두 여자 쇼를 썼다. 제목은 <위민 오브 컬러>였고 파우더케그와 쇼트퓨즈라는 두 여성 경찰관에 관한 스케치였다. 15분 정도만 대본을 쓰고 나머지는 즉흥연기로 대체했다. 얼마 후 델 클로즈가 만들고 'The Dream'이라고 이름 붙인 롱폼 즉흥극에 참여하게 되었다. 관객 중 한 명에게 그날 일에 대해 인터뷰를 한 다음, 그 사람이 그날 밤 어떤 꿈을 꾸게 될지 상상하여 연기를 이어가는 형식이었다. 그리고 객석에서 손을 든 한 신사는? 바로 젊은 세스 마이어스였다. 그 만남에 대해 기억나는 게 하나도 없지만 아마 세스가 자신의 자서전에서 신을 본 밤에 대해 설명하겠지, 뭐.

얼마 있지 않아 티나와 나는 세컨드 시티에서 하는 투어 프로그램의 오디션을 봤다. 오디션에서는 여러 가지 캐릭터를 연기해야 하는

데 내가 뭘 했었는지 완전히 까먹었다. 아마 베서가 도와줬을 것이다. 최근에 세컨드 시티의 오래된 서랍에서 누군가 찾아낸, 내가 오디션을 봤던 날의 대본이다.

어린이 여러분, 기억하세요. 이름 철자를 틀리더라도 일을 구할 수 있다는 사실!

티나와 나는 블루코BlueCo라는 투어 회사에 소속되었다. 나는 메인 스테이지 컴퍼니에 고용되어 떠나게 된 레이첼 드래치의 자리를 맡게 되었다. 우리는 웃기는 사람들과 함께 시카고와 미국 전역의 이곳저곳을 밴을 타고 여행했다. 아마 공연을 할 때마다 65달러를 지급받았던 것 같다. 텍사스를 가로질러 가서 서너 번의 공연을 하고 빚을 진 채 다시 시카고로 돌아왔다. 그 밴 여행은 작은 코미디 실험실 같았다. 육포를 엄청나게 많이 먹었던 기억이 난다. 티나가 눈썹 뽑는 방법을 알려주었다. 텍사스 여행을 하는 동안 달라스에 있는 S&M 클럽에 들러서 미지근한 다이어트 콜라를 마시며 여자가 느릿하게 남자에게 채찍질을 하는 걸 보기도 했다. 피곤한 스트리퍼보다 침울한 건 없다. 우리는 웨이코 교외 지역에서 공연을 했는데 다윗의 별이 있는 지역으로 간 건 미숙한 게 아니었나 생각했다. 나는 '붉은 지붕' 숙소 책임자에게 내 방 싱크대에 묻은 피에 대해 불평하고 '나쁜 것들은 어디로 갔는지' 소심하게 물었다. 그는 타이핑된 안내서를 주었다. 분명 그 전에도 같은 질문을 받은 적이 있었나 보다. 거기에는 새까맣게 탄 아이들 장난감이 어지러이 흩어져 있었다. 'Jews for Jesus'라고 쓴 그라피티와 사람들이 여전히 어슬렁거리는 모습도 보였다. 한 호주 여성이 팔걸이 붕대를 한 채 타버린 스쿨버스에 대해 설교를 하고 있었다. 데이비드 코레시[1]가 얼마나 잘생겼는지 말하다가 그는 돌아올 준비가 되어 있다고 말하는 식이었다. 나는 그 호주 여성이 팔걸이 붕대에 고정시킨 손목시계에 매료되어 있었다. 정말 이상했다. 게다가 우리 중 한 사람은 거나하게 취해있었지.

세컨드 시티를 통해 여행하는 와중에도 iO와 UCB에서도 공연을 계속했다. 팀에는 변화가 있었고 이제는 기막히게 멋진 네 명과 함께였다. 베서, 이안 로버트, 맷 왈시, 그리고 내가 있었다. 이안은 진지하고 지적인 뉴저지 출신 남자로, 내가 본 즉흥연기자 중에 최고였다. 누가 오든 맞서 싸우겠다는 듯이 보이는 끝내주는 연기자였다. 맷 왈시를 처음 본 건 그가 캡틴 루나틱 Lou Natic을 연기할 때였다. 펩토 비스몰 소화제를 단숨에 들이켜고 신에게 저주를 퍼붓는 과장된 경찰 역할이었다. 그의 캐릭터와 특별한 목소리에 경외심을 갖게 되었다. 아담 맥케이와 호라시오 산즈 Horatio Sanz는 〈SNL〉에 소속되어 있었지만 종종 우리와 함께 공연했다. 아담은 뭐든지 잘했다. 믿기지 않을 정

---

1 (옮긴이) '다윗의별(다윗파)'라는 광신적 종교집단의 교주.

도로 글을 잘 쓰고 무대 위에서는 완벽했다. 호라시오는 다정하고 겁이 없었고, 유리문을 통과하는 무모한 도전을 한 적도 있었다.

UCB4는 우리의 독자적인 공연을 쓰기 시작했다. 대부분 관객을 참여시키고 가짜 총놀이를 하는 식이었다. 그중 하나인 '썬더볼'은 야구 열풍 때 구상된 아이디어다. 우리는 관객을 리글리 필드 입구에 데려가서 야구는 공식적으로 죽었다고 선언한다. 군중은 촛불을 들고 "야구는 죽었다. 썬더볼이여, 영원하라!"라는 찬송을 부른다. 제임스 그레이스가 군중 속에 섞여서 야구를 지지하면 우리가 그를 총으로 쏜다. 호라시오가 연기하는 베이브 루스의 영혼은 천국에서 제임스가 쓰러져 죽는 모습을 보며 "안 돼!!"라고 외치며 운다. 비가 내리기 시작하면 경찰들이 사람들을 해산시킨다. 제임스는 몇 시간 동안 비를 맞으며 누워있는 데 전념한다. 엄청난 사람들이 몰려왔고 여러 가지 평가를 받았다. 델은 "어떤 선지자도 자신의 고향에서는 받아들여지지 않는다."라는 말을 좋아했다. "넘어져라, 그런 다음 무엇을 할지 생각해라." 혹은 "프로는 새해 전날에도 일한다."라고도 자주 말했다. 우리 주변 사람들이 진짜 프로가 되기 시작했다. 아담과 호라시오와 팀 매도우는 <SNL>에 들어갔다. 앤디 릭터는 <코난 오브라이언의 레이트 나이트>에 들어갔다. 마이크 마이어, 앤디 딕, 크리스 팔리 같은 유명한 스타들이 돌아와서 우리와 함께 공연하고 싶어 했다. 우연히 팔리가 살던 시카고의 아파트에 내가 들어가게 되었다. 그는 정말 착하고 고통스러울 정도로 예민했다. 무대에서 제대로 하지 못했다고 생각하는 날에는 무대 뒤에 서서 자신을 질책했다. 마치 사람들이 얼마나 크게 웃었는지 듣지 못한 것 같았다.

O.J. 심슨에 대한 평결이 내려졌을 때 우리는 UCB 리허설 중이었는데 생방송으로 지켜봤다. O.J에게 무죄 판결이 내려졌을 때 베서는 머지않아 그가 감옥에 가게 될 것이라고 예언했다. 베서는 미래에 대해 뭔가 알고 있는 듯했다. 시간여행자여서 나중 일까지 알고 있었던 걸지도 모른다. UCB가 어떻게 되었는지 말하자면, 맷은 스탠드업 코미디언이 되었고 매니저를 고용했다. 매니저의 이름은 데이브 버키였는데, 맷은 데이브에게 우리 그룹을 이상한 이름으로 알려주었다. 데이브는 시카고를 여행하다가 UCB에서 뭔가 특별한 것을 보았고, 17년 후에도 여전히 나의 매니저로 일하고 있다. UCB는 뉴욕과 로스앤젤레스에서 몇 번의 공연을 했고 얼마 후 베서는 시카고를 떠날 때가 왔다고 판단했다. 우리는 솔트앤페퍼 음식점에 앉아 우리의 진로를 정했다.

이것이 좋은 아이디어라고 생각하는 사람은 아무도 없었다. 캐스팅 감독은 우리가 그룹으로는 절대로 성공하지 못할 거라고 말했다. 세컨드 시티는 내가 큰 기회를 얻을 순서가 다가오고 있다고 했다. iO는 벗어나기 싫은 따뜻한 담요였다. 내 선택은, 그래도, 쉬웠다. 가족이 살고 있는 동쪽으로 다시 돌아가게 되었고 베서가 하는 일은 뭐든지 옳다는 것을 그동안의 경험으로 익혔기 때문이었다. 게다가 이안과 왈시와 맷은 내가 아는 가장 재밌는 사람들이었고 이안은 길 건너에서 나에게 역겨운 말을 지껄이던 술 취한 남자에게 주먹을 날린 적도 있었다. 그들과 함께라면 나는 안전하다고 느꼈다.

혼자가 아닐 때 우리는 더욱 쉽게 용감해질 수 있다.

우리는 어리고 어리석었고 무엇에 맞서야 하는지 알지 못했다. 천만 다행이지. 우리는 친구들에게, 그리고 위험한 동네에 있던 저렴하고 아름다운 아파트에 작별 인사를 했다. 짐을 싸고 내가 키우던 노란색 래브라도 리트리버 수키를 이삿짐 트럭에 싣고 떠났다. 집도 없고 직장도 없고 공연할 장소도 뉴욕에는 없었다. 나는 내가 누구인지 진정으로 알지 못했지만 즉흥극은 내가 누구든 될 수 있음을 가르쳐 주었다. 나는 캐스팅되기를 기다릴 필요가 없었다. 내가 직접 역할을 주면 되니까. 나이 든 남자가 될 수도 있고 십대 베이비시터가 될 수도 있고 황소 경기장의 광대가 될 수도 있다. 시카고에서의 짧은 3년의 시간 동안 나는, 내가 누가 될지는 내가 결정할 수 있다는 것을 배웠다. 내가 해야 할 유일한 일은 나의 선택을 지지하고 존중하는 사람들로 둘러싸이는 것이었다. 어리석은 선택이야말로 가장 똑똑해지는 길이었다.

나는 무대 위에서 원숭이 춤을 추었다. 두 손가락으로 코를 들어 올려서 돼지 코를 만들었다. 다른 손은 다리 사이에 끼우고 사타구니를 잡았다. 원숭이 소리를 내며 사람들의 박수 소리에 맞춰서 춤을 추었다. 이 사람들이 바로 내가 반응을 이끌어내고 싶은 사람들이었다. 여전히 그랬다. 누가 일이 필요하대? 나는 이미 내 상사가 있는데! (부모님의 한숨 소리가 들리는군.) 돈? 누가 돈이 필요하대? 난 이미 부자인데? (나는 매우 가난했다. 돈이 절실하게 필요했다. 부모님으로부터 많이 빌리기도 했다.)

뉴욕, 내가 간다!

러시아인들이 온다

부모님은 내가 다섯 살 때 이사했던 집에 아직까지 살고 계신다. 오래된 내 침실에는 졸업 파티 때 받았던 말린꽃과 나쁜 친구들과 몇 달 정도 어울릴 때 술에 취해 훔쳐왔던 입간판이 있다. 나는 학교가 좋았다. 새 신발과 점심 도시락과 뾰족한 연필이 좋았다. 작은 지하방에서 친구들과 댄스 콘테스트를 열기도 하고, 롤러스케이트를 타고 버스 정류장에서 집 앞까지 타고 오기도 했다. 그때는 현관문을 잠그고 산 적이 없었다. 내가 사랑하고 나를 사랑하는 남동생이 있었고 우리 엄마는 세상에서 가장 아름다운 엄마였고 우리 아빠는 항상 나를 보호해주는 슈퍼히어로라고 생각했다. 나는 이런 감정을 세상 모든 아이들이 지녔으면 하고 바란다.

이 안전한 기반 덕분에 내가 나만의 드라마를 만들 수 있었기 때문이다. 많은 아이들이 이런 사치를 누리지 못한다는 사실을 알고 있다. 어떤 아이들은 혼돈과 학대로 가득 찬 집에서 자라며 입을 다물고 문제를 일으키지 않고 살도록 교육 받는다. 나에게는 사랑을 주는 부모님이 있었고 덕분에 나는 호기심을 버리지 않고 지킬 수 있었다. 내 안의 작은 북소리와 결합된 이 안전망은 삶을 흥미진진하게 느끼기 위해 어리석은 짓을 무수히 많이 저지를 수 있다는 것을 뜻했다. 조용하고 비슷한 사람들이 모여 사는 매사추세츠, 벌링턴의 작은 마을에는 목장 달린 작은 주택들이 끝없이 이어져 있고 솔잎이 흩어진 가로수길이 있었다. 우리가 두려워 한 것이라곤 오직 무서운 매미나방뿐이었다. 가만히 있을 줄 모르는 나 같은 어린 소녀에게는 유령도시처럼 너무 조용하게 느껴지곤 했다. 모험을 동경하는 소녀였던 나는 머릿속에서 정교하게 지어낸 어른스럽고 위협적인 환상 속에서 많은 시간을 보냈다.

우리 집을 둘러싼 길과 나무가 있는 환경은 공상 속에서 나쁜 짓을 지어내기에 완벽한 장소였다. 이곳에서 도망을 쳐서 혼자 숲속에서 살아가는 상상을 하며 오후를 보내곤 했다. 초콜릿 칩 쿠키, 운동복을 챙긴 다음 도착하면 불을 피워 봐야지. 해질 무렵 쌍안경을 챙겨들고 집 밖으로 몰래 빠져나와서 거리를 뒤지며 살인자를 찾아내야지. 머릿속에 이런 저런 탈출 시나리오를 담아둔다. 납치 판타지에서는 내가 밧줄을 풀고 탈출했고 화재 판타지에서는 내가 우리 가족을 구하고 창문에서 뛰어내려 눈 더미 위로 착지하는 식이었다. 약국 강도 사건에서는 내가 문제아를 설득해서 총을 버리게 만드는 식이었다. 방과 후에는 게걸스럽게 밥을 먹고 핑크색 어린이 자전거에 올라탔다. 자전거에는 선인장 꽃이 그려져 있었고 나는 언덕길을 달려 내려가면서 마치 누군가에게 쫓기고 있는 척했다. 아주 빠르게 헬멧도 없이 어깨 너머를 슬쩍 살피고 아무 차나 고른 다음 러시아인들이 잔뜩 타고 있다고 상상했다. 미친 듯이 페달을 밟아서 숲의 가장자리까지 달려간 다음 자전거에서 뛰어내리고 자전거를 덤불 속에 숨겨놓아야지. 나뭇잎들을 내 몸 위에 쌓아올리고 가만히 누워 있을 것이다. 나쁜 놈들이 내 바로 옆으로 스쳐 지나칠 때 얼마나 우스꽝스러울지를 상상하면서. 때는 고르바초프와 레이건이 집권하던 시기였고, 우리의 적은 두터운 혀 특유의 억양으로 말하고 털모자를 쓰고 있었다. "그 여자애 보여?" 몸집이 작고 무시무시한 나쁜 놈 대장이 말하겠지. "니옛Nyet1" 몸집이 크고 멍청한 나쁜 놈이 대답할 것이다. 그들이 가기를 잠시 기다리는 척 하다가 나뭇잎 사이에서 뛰쳐나와 팻 베네타2의 손에 마이크로칩을 전달하는 임무를 완수하러 가는 것이다.

차로 오랫동안 여행을 갈 때면 뒷좌석에 앉아서 내 작은 동생 그렉을 귀머거리라고 상상하곤 했다. 우리는 직접 만들어낸 손짓으로 대

---

1 (옮긴이) 러시아어로 '아니다'라는 뜻.
2 (옮긴이) 80년대 록 보컬리스트. 그래미 최우수 여성 록가수 상을 4회 연속 수상했고, 4곡의 톱10 싱글과 9곡의 톱40 곡을 배출했다.

화하곤 했다. 지나가는 차들이 우리를 청각 장애 아동 둘을 키우는 아름다운 가족으로 보지 않을까 상상하면서. 편안하고 사랑이 넘치는 중산층 가정에 있다 보면 가끔씩은 절벽 끝의 삶을 동경하게 된다. 신선한 상상력의 원천이 되기도 하지만 몬타나 아이들이 마약을 하는 이유가 되기도 한다.

   나의 절친한 친구 케리 다우니는 우리 집 바로 옆 블럭에 살았다. 케리의 집은 우리 집보다 더 활기가 넘쳤다. 케리와 나는 유치원 첫날에 만났다. 나는 카우걸 복장을 하고 있었는데 우리 엄마가 얼마나 나의 이상한 취향을 잘 받아주는 관용적인 사람이었는지를 보여주는 동시에 내가 얼마나 패션 감각이 꽝이었는지를 알려준다. 잊지 말자. 그때는 1970년이었으니. 선생님이 레오타드와 코듀로이 옷을 입고 우리 앞에서 남자친구에게 키스를 하던 때였다. 우리 엄마는 집에 있었지만 케리의 엄마 지니는 일을 했다. 케리는 전형적인 맞벌이 집안의 아이였다. 케리의 집은 소설 『파리대왕』에서처럼 아이들에 의해 돌아가는 신나는 공간이었다. 케리에게는 주어진 집안일이 있었고 만약 하지 않을 경우에는 대가가 따랐다. 반면에 나는 엄마가 시간이 되면 내 방을 치우라고 부드럽게 권하는 집에서 자랐다. 케리네 아빠는 경찰관이었는데 낮잠을 자다가 우리가 깨우면 무척 싫어했다. 우리 집에도 소파에서 코를 고는 아빠가 있었지만 우리는 아빠를 괴롭히고 시끄럽게 굴어서 골탕을 먹이곤 했다. 케리에게는 주먹질을 하는 사나운 여동생이 있었다. 나에게는 종종 말싸움을 벌이는 남동생이 있었다. 다우니 자매는 작은 범죄 조직 같았다. 나는 그들에게 매료되었다. 둘은 심하게 싸우고 머리를 잡아당기며 레슬링을 하곤 했다. 나에게도 싸우자고 도전장을 내밀었는데 종종 그들의 난투에 나를 끌어들이곤 했다. 한번은 케리의 동생이 발톱 깎기를 케리의 눈 쪽으로 던지는 바람에 피가 나기도 했다. 피라니! 엄청난 사건이다! 둘은 감정적으로 윽박을 지르며 서로를 고문하다가 울음을 터뜨리고는 화해한 다음 함께 샌드위치를 먹곤 했다. 둘은 뒷담화를 할지라도 서로를 지켜주었다. 케리는 우리 집에 와서 평온한 분위기와 불량식품을 즐기고 나는 케리의 집에 가서 자매의 전투를 구경했다. 나는 전쟁이라도 목격한 듯이 흥분해서 돌아오곤 했다. 그러고는 엄마에게 말대꾸를 하거나 그렉의 야구 카드를 어지럽히는 등 내가 진짜 터프한 사람이라도 된 양 행동했다. 부모님이 방으로 들어가라고 하면 계단을 쿵쿵 밟으며 문제아가 된 기분을 만끽했다. 책장을 넘어뜨리기도 하고 벽을 차거나 제인 폰다의 다이어트 운동 비디오를 틀어놓고 제대로 그 기분을 불태우곤 했다.

케리와 나는 꽤 다른 집안에서 자랐지만 우리는 좋은 단짝이었다. 우리는 둘 다 정의에 불타는 주근깨 가득한 아일랜드인의 피가 흘렀다. 우리는 밖으로 나가 걷고 말하며 시간을 보냈다. 내가 지금까지도 좋아하는 일이다. '순찰을 돈다'라고 표현하곤 한다. 친구에게 전화해서 정해진 시간에 뉴욕 골목에서 만나자고 한다. 몸으로는 걷고 마음으로는 친구와 나의 생각과 감정을 나누고 동시에 세상을 바라보면서 안정을 느낄 수 있다. 내 마음이 가는 대로 길을 정하고 어떤 것에 눈길을 줄지 정할 수 있다. 어릴 적 케리와 함께 했던 날들이 시작점이 된 것 같다. 어쨌거나, 케리와 나는 4학년 생활을 대부분 순찰을 돌며 하루의 중요한 일들을 의논하며 보냈다. 이란 인질의 최근

석방 소식, 교황 요한 바오로 2세의 암살 시도, <제너럴 호스피털>에서 루크가 처음 댄스 플로어에서 라우라에게 한 행동은 엄밀히 말해서 강간이었지만 지금은 최고의 커플이 되었다는 이야기까지.

하루는 제이미라는 아이가 수갑을 학교에 가져왔다. 어디에서 가져왔다고 했는지 기억이 나지 않지만 지금 되돌아보니 굉장히 이상한 일이다. 대체 열 살짜리 아이가 어디에서 수갑을 구한단 말인가? 직업 체험 학교 때 양봉가가 가져왔던 벌로 가득 찬 벌집을 제외하면 누군가 학교에 가져온 것 중 가장 위험한 물건이었다. 내가 수갑에 겁먹지 않았다는 것은 나의 어린 시절이 얼마나 안전하고 이상적이었는지를 보여준다. 감옥으로 끌려간 사촌이 떠오르거나 하는 그런 트라우마가 없었기 때문이다. 내가 떠올린 건 오직 <힐 스트리트 블루스>1에 나왔던 멋진 장면뿐이었다. 그저 수갑이었을 뿐이다. 총이나 수제 폭탄이나 목욕소금이 들어간 다이너마이트 같이 요즘 아이들이 마주치는 무시무시한 것이 아니었으니까.

케리와 나는 곧바로 수갑을 가져와서 눈빛을 마주치고는 손목에 한 쪽씩 채웠다. 케리는 신중하게 열쇠를 땅에 떨어뜨렸고 열쇠를 잃어버린 척했다. 우리는 매우 당황한 척 연기했고 열쇠가 없어진 수갑이라는 사건에 매료된 아이들이 조금씩 모여들더니 안쪽에 있는 사람은 나가지 못할 만큼 무리를 이루었다. 우리가 열쇠를 진짜로 찾지 못하자 평소보다 왁자지껄한 소리는 더욱 커지기 시작했다. 쉬는 시간 종이 울리자 케리와 나는 선생님을 찾아서 건물 안으로 들어갔다. 맞닿은 손목으로 우리의 맥박이 빠르게 뛰는 것이 느껴졌다. 나는 엄청난 흥분을 느꼈다. 또 다른 아이들이 우리 주위로 몰려들었

---

1 (옮긴이) 1981년부터 1987년까지 미국 NBC에서 인기리에 방영된 경찰 드라마. 다양한 직업군이 미드에 등장하게 된 시작점에 있는 작품이기도 하며 미국인들에게 역대 최고 드라마로 손꼽히는 작품.

고 우리는 선생님에게 자초지종을 설명했다. "쟤네 둘이 묶여버렸어!" 아이들이 소리쳤다. "쟤네 영원히 저러고 다녀야해!" 우리를 당겨서 떼어놓으려고 시도하는 아이가 있었지만 우리는 아픈 척을 하며 멈추게 했다. 선생님은 우리를 싱크대로 데려가서는 물감과 붓을 치우고 끈적끈적한 액체비누를 손 위에 부었다. 얇은 손목은 쉽게 빠질 것 같았지만 결국 빠지지 않았다. 우리를 수갑을 채운 채 집에 보낼 생각에 선생님들은 아연실색했다. 난 그 관심이 좋았다. 친구와 수갑을 차고도 의연한 척 차분한 척 하는 기분이 좋았다. 우리는 즉시 유명인사가 되었다.

나중에는 뒷일이 두려워진 케리가 걱정을 하기 시작했다. 나는 조용하고 차분한 목소리로 다 괜찮아질 거라고 말했다.

케리에게 서로의 집에 번갈아가며 가자고 농담을 했다. 지금 생각해보니 안 좋은 상황에서 시시덕거리며 평온을 찾으려는 나의 본능이 이때부터 시작된 듯하다. 만약 여러분이 기분 나쁜 마약 환각에 시달리고 있다면 나 같은 사람이 필요할 것이다. 가벼운 메시지와 산발적인 휴식이 섞인 유머와 비극의 균형이 필요하기 때문이다. 지금은 유명한 연기자가 된 사람이 엑스터시에 취해 있을 때 마술을 하는 척하면서 부드럽게 다독인 적이 있다. 나도 그때는 엑스터시를 했었지. 그게 코미디에 도움이 됐을지는 모르겠지만 마술에는 전혀 효과가 없었다.

케리와 나는 선생님이 방법을 찾아 헤매는 동안 교실에 앉아 있었다. 경찰서에 가야 하는 것 아니냐는 말이 나왔다! 수갑을 자르는 커다란 기계를 가져와야 한다는 말도 나왔다! 우리는 밖에 나가서 열쇠를 찾아냈다. 케리는 경찰관인 아빠에게서 수갑을 어떻게 다루는지에 대해 잔소리를 듣지 않아도 된다며 기뻐했다. 하지만 나는 삥쪘다. 우리는 손목을 문지르며 얼마나 무서웠는지 모두에게 말하고 다녔다. 그 후로도 몇 주 동안이나 수갑 이야기로 학교가 시끄러웠다. 아이들은 우리를 '수갑 걸스'라고 불렀는데 나중에 60대 중반에 내가 록스타가 되면 밴드 이름으로 쓰려고 한다. 그 사건은 그때까지 내게 일어난 일 가운데 가장 신나는 일이었다. 게다가 겨우 몇 시간만 참으면 좋은 결말이 나는 무서운 사건이었기 때문에 더욱 완벽했다.

나이를 먹어도 케리네 집은 여전히 나의 '안전한 위험 지대'였다. 금요일 '공포의 밤'이 되면 우리는 베개를 쌓아놓고 거대한 고급 전자레인지에 팝콘을 튀기고 무서운 영화를 보았다. 우리는 빨래를 개며 <13일의 금요일> <괴물> <나이트메어>를 보곤 했다. 나는 케리네 집에서 에어컨을 세게 튼 다음 담요를 몇 겹씩 덮고 누워 영화를 보던 시간이 너무나 좋았다. 사나운 케리의 동생도 함께 파묻혀 있었고 다정한 케리네 엄마 지니도 담요 속으로 들어오곤 했다. 내가 담요 구멍 사이로 영화를 보고 있으면 무서운 장면이 나오기 직전에 케리네 엄마가 내 어깨를 두드렸다. <캐리>의 마지막 장면을 보던 때의 기억이 생생하다. 에이미 어빙이 무덤가에 꽃다발을 두는 모습이 비추고 긴장이 점점 고조되기 시작했다. 케리네 엄마는 부드럽게 내 어깨를 두드렸고 나는 좀비의 손이 땅에서 불쑥 튀어나오며 비명 소리가 터져 나올 것을 대비했다.

중학생이 되자 케리는 가톨릭 학교에 갔고 나는 공립학교에 남았다. 케리는 교복을 입었고 검은 아이라이너를 그리는 데 능숙해졌다. 머리가 큰 아이들은 더 큰 혼란을 의미했다. 어느 새 학교에는 내가 찾아 헤매던 에너지와 흥분이 넘쳐흘렀다. 그리고 세상에는 진정으로 사랑받거나 행복하지 않은 아이들도 있다는 것을 알게 되었다. 모두 똑같이 생긴 카펫 깔린 단독 주택에 살았지만 그 집 안에는 주정뱅이 엄마와 흉악한 아빠가 있기도 했다. 내가 찾아 헤매던 위험이 조금씩 실제로 다가오기 시작했다. 학교에는 매일 싸움이 일어났다. 학생들은 싸움이 일어나면 주차장이나 복도로 몰려 나갔다. 경찰관이 파티에 쳐들어오기도 하고 남자아이들은 술에 취해 서로 몸을 무식하게 부딪혀댔다. 동네 고등학교에서는 스테로이드가 매우 유행하고 있었고 덕분에 지루하면서도 화가 가득한 미식축구단이라는 이상한 조합을 만들어냈다. 나도 지루한 건 마찬가지였지만 내가 지루할 때 워크맨을 들으며 뮤직비디오에 출연한 척을 했다면 미식축구단 아이들은 누군가를 때렸다. 몇 년 후 그중 몇몇은 대학교 캠퍼스 근처에서 매춘 여성을 데려가서 강간한 죄로 경찰에 구속되었다. 당시 백인 남성에 대한 유죄 판결은 매춘 여성과 마약 중독자에게 획기적인 사건이었다. 나는 법정 TV로 재판 과정을 보면서 우리 집에서 열렸던 파티에 왔던 그 아이들을 떠올렸다.

여자아이들도 어울리기 어렵기는 마찬가지였다. 치어리더였던 아이는 나를 락커에 밀어 넣고 주먹질을 했다. 점심시간에 어떤 여자애는 내가 '거만하다'고 생각해서 내 머리를 잡아당겼다. '거만'한 건 나쁜 것이었다. '헤픈' 것도, '내숭'을 떠는 것도, '똑똑'한 것도, 동성애자도 역시 나쁜 것이었다. 내가 다니던 학교에는 자기가 게이라고 밝힌 아이가 없었다. 우리 학교는 그런 고백을 아주 멀게 만드는 인종차별과 동성애혐오에 시달리고 있었다. 매년 여자아이들은 '파우더 퍼프'

라고 부르는 미식축구 게임을 했다. 여자아이들은 학교 운동장에서 미식축구를 하고 남자아이들은 치어리더 옷을 입고 여성혐오자가 할 법한 말들을 모두를 향해 외치는 것이다. 들리는 것만큼이나 멋지다. 나는 최대한 안전하게 뛰면서 두드려 맞지 않도록 피해 다녔다. 한 여자애는 공을 뺏어서 내달리더니 다른 애의 코에 주먹을 날렸다. 온갖 증오와 헤어스프레이가 날라 다녔다. 멍든 눈은 기본이었다. 나는 모험에 뒤따르는 육체적인 고통에 대해 흥미를 잃어 가기 시작했다. 그리고 내가 겁을 먹거나 통제 불능 상태에 빠지는 상황을 싫어하는 사람이라는 사실을 깨달았다.

그러던 어느 날, 케리의 엄마 지니가 암에 걸렸다.

갑자기 세상이 작고 갑갑해졌다. 우리 부모님도 언제든지 아플 수 있었고 우리의 가상 놀이는 아주 멀게 느껴졌다. 죽음을 피할 수 없다는 사실이 새로운 악몽이 되었다. 케리네 엄마가 아프다는 소식을 언제 알게 되었는지 정확히 기억나진 않지만 아마 어린아이들이 그런 소식을 듣는 방식이 으레 그렇듯이 눈치로 파악하고 엿들었을 것이다. 아이들이 엄마에게 담배를 끊으라고 애원하고 지갑에서 담배를 빼서 쓰레기통에 버리던 기억이 난다. 암이 머리에서 온몸으로 퍼지는 동안 병상에 누워 있을 때 아이들이 곁에서 몇날 며칠을 함께 있던 기억도 난다. 아빠이자 남편인 마이크는 상실감이 커 보였지만 매우 강한 사람이었다. 그 시간 내내 끔찍하게 마비된 것 같았던 기분도 생각이 난다. 나쁜놈들을 쫓는 놀이는 더 이상 없었다. 암은 너무 무섭고 현실적이었다. 나는 모든 것이 사라지길 원했다. 지니가 죽었을 때 나는 고등학생이었는데 친구를 위해 제대로 곁에 있어주지 못했다. 죽음에 대한 경험이 없었기에 그저 혼자 내버려두는 것이 좋으리라고 생각했고 당사자가 도움을 필요로 할 때까지 기다리는 게 좋겠다고 생각했다.

나이가 든 지금에 와서 보니 삶은 걱정할 것투성이다. 가끔씩 혹시라도 미리 나쁜 뉴스를 자세히 알아 놓으면 그런 일을 예방하지 않을까 싶어 일부러 찾아본다. 나는 이걸 비극 포르노라고 부른다. 최근에 일어난 끔찍한 이야기의 모든 티끌로 나 자신을 채워서 사람들에게 내가 그런 소식을 다 아는 양 들려주곤 한다. 자기 딸과 자신이 임신시킨 딸의 아이를 지하실에 24년간 감금한 호주인 남성 조세프 프리즐을 기억하는지? 나는 그 끔찍한 이야기를 자세하게 알아보면서 몇날며칠을 보냈기에 잘 기억하고 있다. 게다가 듣고 싶어 하는 사람들에게도 이야기하고 다녔다. 어느 날 세스 마이어스가 내가 일하는 곳이 <SNL>이라는 코미디 쇼이고 내가 사람들에게 어두운 기운을 전파한다고 말해주기 전까지는. 그 해 연말에 <업데이트> 팀이 깜짝 파티를 준비하면서 <엔터테인먼트 위클리> 잡지를 만들었다. 세스와 내가 포즈를 취하고 있는 사진이 표지에 있었는데, 세스의 얼굴 대신 조세프 프리즐의 얼굴이 있었고 내가 그의 넥타이를 잡아당기고 있었다. 이것이 바로 코미디 업계에서 일한다는 것이다. 웃기면서도 끔찍하다.

끔찍하다는 말이 나왔으니 말인데, 나는 여전히 인터넷에서 안 좋은 이야기들을 찾아다닌다. 부정적인 뉴스 제목을 보면 클릭하지 않으려고 하지만 가끔씩은 나조차 믿기지 않을 정도로 그렇게 하기가 정말 힘들다. 한동안은 <I Survived>[1]라는 케이블 프로그램에 집착했던 적이 있다. 그 전까지는 하이킹을 하다가 사자에게 습격당한 이야기나 싱글 엔진 비행기에 치인 인체 모형에는 관심이 별로 없었다. 그런 이야기는 어리석게 위험을 자초한 일들이라서 내가 바깥에 절대 나가지 않으면 완벽하게 피할 수 있는 시나리오였기 때문이다. 아니, 나는 폭행당한 후 죽은 채 버려진 여성에 대한 끔찍한 이야기를 보곤 했다. 낯선 사람에게 공격당하거나 남자친구에게 찔린 사람들에 대한 이야기들이었다. 자기애가 넘치는 백인 여성이 할 수 있는 게임의 최종판이었다. 나라면 어떻게 대처할 것인지 상상해 보았다. 똑같이 당할 수도 있겠지. 어쩔 수 없이 나 자신의 죽음에 대해서 생각하게 되었는데 아마 이럴 때 옆에 있는 확대 거울로 자신의 얼굴을 쳐다보는 것은 최악의 행동일 테지. 소송을 돈벌이로 아는 악덕 변호사에 뒷담화를 일삼는 사람들까지 가세하는 이야기는 트라우마로 고통 받지 않는 나 같은 사람들만 부릴 수 있는 사치다. 이런 비극 포르노를 감정의 밑바닥에 채운 자물쇠를 풀기 위해서 혹은 무감각해진 마음을 풀기 위해 이용하기도 한다. 가끔씩은 끔찍한 이야기를 읽으면서 운이 좋은 삶은 사는 나에게 벌을 내린다. 진정한 아일랜드 가톨릭의 지랄 같은 것이다. 뭐가 되었든 역겹고 건강에 좋지 않다는 것은 확실하다. 둘째, 에이블을 낳고 우울했던 시기가 있었다. 살은 빠지지 않고 일을 그만 둘 수도 없었다. 어느 날 저녁, 윌이 오프라쇼를 보면서 와인 한 병을 마시는 것은 별로 기분을 낮게 만드는 방법이 아닌 것 같다고 부드럽게 일러주었다. 그때 나는 그 쇼를 본다고

---

[1] (옮긴이)납치, 조난, 사고 등의 극한 상황에서 그야말로 죽다 살아 돌아온 사람들의 인터뷰와 재연으로 꾸며진 다큐멘터리 방송 프로그램.

해서 내 기분이 슬퍼지진 않는다며 논쟁을 했다. 그건 실제 이야기였고 감성적이었고 내 기분이 나아지기 위해 필요한 것이었다. 그러던 어느 날, 오프라쇼의 주제가 아프리카 유아가 강간당한 사건이었던 날이 있었다. 그때서야 이제 그만 볼 시간이 왔다고 인정할 수밖에 없었다.

아프리칸 유아 강간 이야기로 글을 끝맺지는 말기로 하자. (물론 시작하지도 말자.) 자신을 겁 줄 수 있는 긍정적인 방법에 대해 짚어보는 건 어떨까? 누군가에게 먼저 사랑한다고 말을 할 수 있다. 일주일 동안은 오직 진실만 말해보는 건 어떨까? 비행기에서 뛰어내릴 수도 있고 크리스마스를 홀로 외롭게 보낼 수도 있다. 도움이 필요한 사람을 도울 수도 있고 진짜 나쁜 사람들과 싸울 수도 있다. 빠르게 춤을 추거나 즉흥극 수업을 듣거나 아이언맨 놀이를 할 수도 있다. 모험과 위험은 마음과 영혼에 좋은 영향을 끼칠 수 있다. 폭력과 절망을 찾아 헤매는 것은 잔혹한 짓이다. 왜 공포를 찾아 헤매는가? 이미 우리 일상 속에 실제로 존재하는데 말이다. 진심으로 말하는데, <인간지네> 같은 영화를 만드는 사람들 말이다! 제발 더 이상 <인간지네> 속편을 만들지 말아줬으면 좋겠다. 사람 입을 다른 사람 엉덩이에 꼬메는 영화 같은 건 제발 그만! 그런 영화를 만들고 볼 바에는 10년 간 낮잠만 자는 게 낫겠다.

꼭 만들 수밖에 없다면 마케팅 문구로 쓰기에 적당한 것들을 다음 페이지에 뽑아봤다.

It All Makes Sense in The End
끝까지 가면 다 말이 된다

From Your Mouth to God's Butt
너의 입에서 신의 엉덩이까지

Run, Don't Walk to This Movie!
[UNLESS YOU ARE A HUMAN CENTIPEDE. IN THAT CASE, CRAWL.]
뛰어, 걷지 말고.
(네가 인간지네라고? 그럼, 기어.)

Human Centipede?
[NO THANK YOU PLEASE.]
인간지네?
(안 사요.)

우리가 비행기에서 우는 이유

1. 살짝 취했기 때문에
2. 살짝 겁먹었기 때문에
3. 외로워서 (혼자라고 느끼는 것과는 다르다)
4. 누군가를 그리워하거나 막 떠나왔기 때문에
5. 가족들 만나러 가는 길인데, 보기 싫은 사촌이 있기 때문에
6. 시간이 정지된 기분이라 결론 없이도 진짜 감정이 느껴져서
7. 창문 밖으로 하늘을 보면, 선조들이 거대한 고철 새를 타고 다녔던 길을 따라 가면서도 죽지 않아도 된다는 사실이 신기하기 때문에
8. 방금 막 영화를 봤기 때문에. 아무 영화나. 내가 최근에 보고 운 영화.
〈21 점프 스트리트〉 〈댓츠 마이 보이〉 〈펠햄 123〉 〈잭애스 2〉
9. 비행기의 압박감
10. (다른) 압박감!

저스틴 팀버레이크와 붕가붕가

내가 <SNL>에 합류한 것은 2001년 8월이었다. 첫 대본 리딩 스케줄은 9/11이 일어난 주였다. 5일 후면 내가 서른 살이 되는 날이었다. 첫 해에는 잘리지 않고 죽지 않기 위해 뛰어다녔던 기억밖에 없다. 코미디를 하는 사람에게는 정말 어려운 시기였다. 당시 미국은 절대 웃을 생각이 없고 다시는 웃음 따위에 신경 쓸 필요가 없다는 듯한 분위기였다. 꿈꾸던 일을 시작하자마자 코미디라는 개념 자체가 사라질까봐 걱정해야 했다. 나는 새로운 직장에 적응하는 기간을 '화장실이 어디인지 찾기'라는 개념에 비유한다. 그때 나는 화장실을 찾아야 할 뿐만 아니라 공격을 받아 여전히 불타고 있는 도시에서, 엎친 데 덮친 격으로 탄저균이 담긴 봉투가 아래층에 배달[1]되는 와중에 코미디를 시도해야 하는 상황에 놓였다. 누가 내 앞에서 신경쇠약을 논하는가.

<SNL>에서 보낸 첫 해에 개인적으로는 좋은 일도 있었다. 윌과 결혼하기로 결심했다. 지금은 나의 친한 친구이자 'Smart girls at the

---

[1] (옮긴이) 2001년 9·11테러 직후 미국에서는 상원의원 2명, NBC 등 방송국, 출판사에 탄저균이 든 우편물이 우송되는 탄저균 테러사건이 발생해 5명이 숨졌다.

Party'를 세상에 내보이는 데 큰 힘이 되어준 메레디스 워커를 만났다. 텍사스 출신에 키가 큰 그녀는 이미 스팅과 투팍을 만난 상태였다. 매일 티나 페이와 레이첼 드래치를 보았고, 마이크 슈메이커의 사무실에서 세스 마이어스를 만난 순간 내 안의 조각났던 무언가가 완성되듯이 찰칵 하는 소리를 냈다. 게다가 윌 페렐과 함께 일하게 되었다. <SNL>이 나에게 어떤 의미인지 제대로 설명할 수 있는 단 하나의 이야기를 찾기란 여간 힘든 일이 아니다. 그러니 시도하지도 않겠다. 말했잖아, 글쓰기는 어렵다고. 대신에 출연했던 호스트들에 대한 가벼운 뒷담화와 짧막한 <SNL>에서의 추억을 들려주겠다.

　나의 첫 번째 출연은 2001년 9월 29일이었다. 'Wake Up, Wakefield' 스케치 도중에 배경으로 걸어 들어갔지만 부모님은 보지 못했다고 한다. 폴 사이먼1이 <The Boxer>를 부른 후 론 마이클스가 줄리아니 시장에게 진지하게 "우리가 웃길 수 있을까요?"라고 물었다. 시장은 잠시 기다렸다가 대답했다. "지금 시작할 필요가 있어요?" 그 장면은 론이 썼다. 뒷풀이에서 우리는 지친 소방관들과 함께 미친 듯이 술을 들이부었는데, 소방복은 여전히 먼지로 뒤덮여 있었다.

　내가 방송에 나타난 것은 그 다음 주의 마지막 스케치였다. 내가 직접 쓴 스케치에서 션 윌리엄 스콧과 데이트하는 포르노 배우를 연기했다. 라이브 방송이 시작하기 몇 분 전에 론이 내가 들고 있는 소품 와인잔을 가리키며 레드 와인을 줄까 화이트 와인을 줄까 물었다. 정말 순수하게 물어본 것인지 아니면 내 긴장을 풀어주려고 한 행동인지는 아직도 모르겠다.

---

1 (옮긴이) 아트 가펑클과 함께 사이먼 앤 가펑클로 활동하며 전설적인 듀오로 자리매김했다. 1972년 솔로 앨범을 내면서 단독 활동을 시작한 후 다양한 음악 스타일을 섭렵하며 작곡 활동을 했고, 아프리카 리듬을 차용한 앨범을 발표하는 등 왕성한 창작 활동을 이어갔다.

같은 에피소드에서 윌 페렐은 미국 국기가 그려진 스피도를 착용해서 애국심을 표출하는, 지나치게 열성적인 회사원으로 나왔다. 그가 다리를 뻗는 장면을 보며 미국이 다시 웃을 수 있으며 웃게 될 것이라고 확신했다. 몇 번의 쇼를 한 뒤에 윌과 함께 배경 연기를 하는 스케치를 쓰면서 나는 내가 짤리지 않겠다는 생각이 들었다. 윌 페렐은 타고난 연예인이었다. 그는 덕이 넘치는 수장이었고 내 눈에는 항상 영웅처럼 보였다. 1) 그의 재능은 자신도 모르는 사이에 항상 나와 조국을 치유했고 2) 그는 진정 올곧은 코미디 왕이었다.

첫 번째 시즌 막바지에 브리트니 스피어스가 호스트였는데 옷을 갈아입을 시간이 없어서 콜드 오픈[2]에 나올 수 없게 되었다. 내가 대신 그녀의 역할을 맡기로 해서 5분 정도 준비했다. 스키장 장면이었고 아마 그녀를 위해 준비되었던 옷을 내가 입었을 것이다. 그리고 아마 "라이브 프롬 뉴욕!"[3]이라고 처음으로 외친 것도 같다. 댄 애크로이드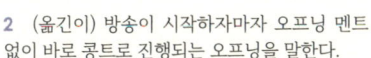 도 같이 나왔었나? 확실하진 않다. 사실 확인을 해봐야겠지만 난 너무 게으르다.

브리트니 스피어스가 내 사무실에 걸린 포스터에 사인도 해주었다. 지금은 그 포스터가 어디에 있는지 모르겠다. 사진 속에 그 포스터가 있다. 그렇다, 내가 뜨개질을 하고 있다.

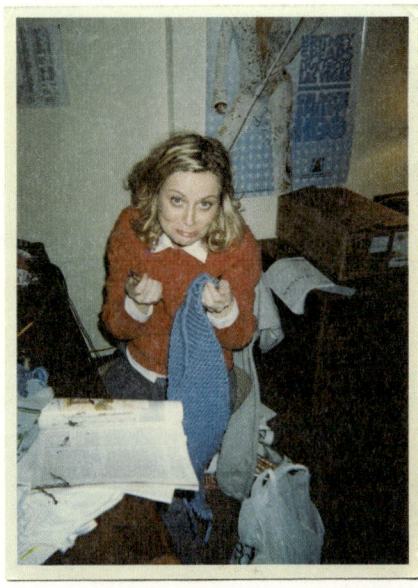

---

2 (옮긴이) 방송이 시작하자마자 오프닝 멘트 없이 바로 콩트로 진행되는 오프닝을 말한다.

3 (옮긴이) 콜드 오프닝 콩트를 하던 캐릭터가 마지막에 이 멘트를 외치면서 <SNL>이 본격적으로 시작되는 것을 알린다. <SNL>의 상징이라고도 할 수 있다.

몰리 섀넌Molly Shannon, 크리스틴 위그Kristen Wiig와 나는 <SNL>에서 일하는 동안 어느 순간부터 저런 사무실을 가지게 되었다. 각자 자신의 이름을 책상에 새겼다.

하루는 크리스 파넬Chris Parnell이 내가 스케치를 쓰는 동안 내 책상 밑에 숨어서 부드럽게 서랍을 건드렸다. 서랍이 살짝 열리자 어찌 된 영문인지 알 수 없어진 나는 책상 아래를 살펴봤다. 그가 둥글게 웅크리고 있었고 나는 깜짝 놀라 머리가 터질 듯이 소리를 질렀다. 우리는 장난을 참 많이 쳤다. 호라시오 산즈는 전화를 걸어서 Gomez Vasquez Gomez라는 이름의 이상한 신사인 척했고 작가 앤드류 스틸리Andrew Steele는 Thruman이라는 변태로 위장해 '엉덩이와 가슴들'의 어마어마한 팬이라는 말을 메모로 남겨놓곤 했다. 윌 포트Will Forte는 작가 에밀리 스피베이Emily Spivey와 나에게 스케치를 쓰러 오라고 전화해놓고는 찾으러 가면 작업실 동료 레오 알렌Leo Allen과 에릭 슬로빈Eric Slovin이 홀딱 벗고는 책상 앞에 앉아 있곤 했다.

식사에 대해 말하자면 우리는 절대 밥을 얻어먹지 못했고 컴퓨터 앞에 남겨졌다. 인턴들은 맥도날드로 달려 가서 어마어마한 양의 끔찍한 캔디를 사오곤 했다. 대부분의 시간을 음식을 주문하고 배달되기를 기다리는 데 투자했다. 30 록펠러 센터 주변의 교통 체증 때문에 수시로 굶주리고 불평불만 해야 했다. 한번은, 슬로빈이 하도 음식을 기다리는 데에 대해 불평을 늘어놓자 짜증난 포르테가 도착한 음식을 바로 집어서 창문 밖으로 던져버린 적도 있다.

마이크 슈메이커의 사무실에서 많이도 울었다. 9/11 이후 몇 년이 지난 후, <위켄드 업데이트>의 리허설을 할 때 그와 관련된 농담을 한 적이 있었다. 잘 풀리지 않은 채로 무대에서 내려온 후 프로듀서 마이크 슈메이커에게 가서 내가 얼마나 농담을 망쳤으며 얼마나 그만두고 싶은지 말하며 질질 짰다.

마야 루돌프와 스피베이의 사무실에서도 참 많이 울었다. 참, 엘리베이터에서도. 그중 몇 번은 지치고 스트레스 받아서, 어떤 때는 거절을 당해 창피해서이기도 했다. <SNL>의 아주 작은 청소 도우미 로사는 30년 넘게 일해 왔다. 영어를 잘 하지 못했는데 우리는 그녀를 사랑했다. 마야와 내가 뭐 때문인지 울고 있었는데 로사가 휴지통을 비우러 들어왔다. 로사는 마야의 어깨에 손을 올리고는 두툼한 스페인 발음으로 "울지 마, 섹시."라고 해주었다.

티나가 크리스 캐탄Chris Kattan과 내가 가난한 백인 커플로 연기하는 스케치를 썼다. 몸을 많이 써야 하는 스케치였고 대형 쓰레기통에 거꾸로 처박혔을 때는 공연 중에 잠시 의식을 잃었다. 깨어난 후에 내 위에 서 있던 캐탄에게 소리를 질렀다. 존 굿맨John Goodman이 호스트였는데 여전히 내가 좋아하는 호스트다. 아무도 나의 이름을 모를 때부터 친절하게 대해주었기 때문이다.

길고 긴 뒤풀이가 끝난 후 밖에서 <위켄드 업데이트> 작가, 그리고 나중에 <팍앤레>의 제작자가 되는 마이크 슈어와 담배를 피우고 있었다. 세스 마이어스도 함께 있었는데, 대부분 내가 귀 기울여 의견을 듣는 남자들이었다. 파티에서 자리를 뜬 애쉬튼 커처가 그의 리무진으로 걸어가며 가볍게 작별인사를 했는데, 나는 미친 빠순이처럼 큰 목소리로 진심을 담아 이렇게 외쳤다. "사랑해요, 애쉬튼! 당신이 최고야!!" 매우 촌스러운 짓이었다. 목소리가 심하게 컸다.

이안 맥켈런 경Sir Ian McKellen1이 호스트가 되었을 때 그가 완벽한 목소리로 "좋은 아침이에요, 배우 여러분!"이라고 말한 덕분에 다들 정신이 번쩍 들었다. 콜린 파렐Colin Farrell은 숙취에 시달렸고 매우 친절했다. 휴 잭맨Hugh Jackman은 놀라울 만큼 친절했고 모두에게 포스터스 맥주를 보냈다. 제시카 심슨Jessica Simpson은 화장을 하지 않은 사람 중에 가장 예쁜 호스트였다. 버니 맥Bernie Mac은 최고로 다정하고 상냥했다.

매튜 맥커너히Matthew McConaughey는 론의 사무실에서 인도 전통 바지를 입었고 나는 크리스티나 아길레나Christina Aguilera와 클럽에서 춤을 췄다. 안토니오 반데라스Antonio Banderas는 호스트 중에서 냄새가 최고로 좋았다.

나는 제임스 간돌피니James Gandolfini가 <위켄드 업데이트>를 찍기 전 긴장했을 때 술을 권했다. 폴 지아메티Paul Giamatti와 함께 촬영 중에 그에게 재밌냐고 물었던 적이 있는데, 그는 웃으면서 이렇게 답했다. "망할 악몽 같네요!"

애슐리 심슨Ashlee Simpson이 노래를 부르다 실수 했을 때 드래치, 마야와 나는 할로윈 코스튬으로 파넬이 했던 스케치인 <Merv the Perv> 의상을 입고 있었다. 우리는 소리를 지르며 톰 브뢰커의 옷장 세트로 달려가서 테이블 아래에 숨었다. 마야는 일체형 옷을 입고 임산부처럼 분장했다. 나는 <킬 빌>에 나오는 우마 서먼처럼 입었고 드래치는 래기디 앤2처럼 입었다. 서로 껴안고 생방송을 하는 순간의 이상한

---

1 (옮긴이) 1939년생 영국 배우. <반지의 제왕>에서 간달프 역을, 영화 <엑스맨>에서 매그니토 역을 맡은 것으로 유명하다. 1991년 기사 작위를 받아 '맥켈런 경'이 되었다.
2 (옮긴이) 1918년 <누더기 인형 앤>으로 유명해진 캐릭터. 지금까지도 미국인들의 사랑을 받는 헝겊 인형 캐릭터이다.

기분에 대해 떠들던 순간이 기억난다. 그러다가 누군가 이렇게 말했다. "적어도 <60분60 Minutes>은 여기 있네." 기억이 잘 나지 않는 사람을 위해 설명하자면, CBS의 탐사보도 프로그램인 <60분>에서 론을 취재하느라 와 있었다. 잭팟 터졌네요, 레슬리 스탈[3]!

호스트가 스티브 마틴, 뮤지컬 게스트가 프린스였던 날이었다. 음향 체크를 마친 프린스가 내쪽으로 걸어왔다. 뮤지션이자 프린스의 오랜 팬이었던 에이미 마일스가 눈물을 터뜨렸다. 나는 프린스에게 몸을 돌리고 어색하게 질문을 던졌다. "올여름 어떻게 보내셨나요?"

U2가 공연할 때는 보노가 오더니 나를 안아주었다. 온몸이 붉어졌고 흥분과 공포로 죽다 살아났다. 몇 년 후 골든 글로브에서 퍼포먼스를 할 때 키스로 되갚아 주었다. 이렇게 계속 순환하는 원을 만들어서 효과적인 시간여행을 할 수 있게 되었다.

시간여행이 나와서 말인데, 열네 살의 나를 연기할 때 포스터에서 빠져 나온 존 본 조비Jon Bon Jovi와 스케치를 한 적이 있다. 세트장은 어린 시절 내 침실과 똑같았고 스피베이와 내가 어떤 헤어스프레이를 화장대에 올려놓을지 상의하고 있었다. 얘기 끝에 화이트레인에서 나온 스프레이를 선택했던 것 같다. 존 본 조비가 20년 전에 <슬리퍼리 웬 웻Slippery When Wet> 공연 때 입었던 옷을 입고 나왔다. 여전히 딱 맞았다. 존 본은 여전히 탄탄했다.

나는 그 장면과 내가 좋아하는 장면들을 에밀리 스피베이와 함께 썼다. 스피베이는 노스캐롤라이나에서 태어나 극단 '그라운들링스'

---

3   (옮긴이) <60분>의 상임 취재위원으로 25년째 뛰고 있는 언론인. 워터게이트 사건 취재로 두각을 드러냈으며 분쟁 지역이나 정치적 불안정으로 격동하는 지역의 군사 지도자를 취재하기 위해 거침없이 뛰어들었던 저널리스트로 유명하다.

를 거친 놀라울 정도로 재능 넘치는 작가이자 배우이다. 날카로운 혀와 타고난 감각이 아주 뛰어났다. 화요일마다 글 쓰는 밤에 옹기종기 모여서 '잼 아웃jam out'이라는 것을 했다. 아주 빠르게 웃긴 뭔가를 쓰는 것이었다. 그 과정에서 케이틀린이 탄생했다. 케이틀린은 과하게 활동적이지만 순수한 마음을 간직한 소녀. 케이틀린은 끝을 모르는 낙천주의자였으며 길다 라드너의 '주디 밀러 쇼' 스케치에 대한 오마주이기도 하다. 스피베이와 나는 길다, 잔 훅스, 필 하트먼의 천재성에 대해 수다를 떨며 시간 가는 줄을 몰랐다. 우리는 원래 노래의 의도와는 다른 이유로 그렉 올맨Gregg Allman의 <I'm No Angel>이라는 노래에 집착하기도 했다. 우리는 <SNL>에서 일하는 동안 그 노래로 스케치를 만들려고 애를 썼다. 결국 배가 남산 만하게 임신한 내가 싸구려 술집에서 조시 브롤린에게 수작을 거는 장면에서 배경음악으로 들어갔다. 그때는 스피베이도 임신한 상태였다. 아마 <SNL>에서 두 명의 임신한 여성이 임신한 여성에 대한 장면을 쓴 유일한 스케치일 것이다.

스피베이와 나는 잘생기고 재능 있는 저스틴 팀버레이크와 함께 했던 순간을 바탕으로 스케치를 썼다. 저스틴 팀버레이크가 호스트였는데 작가실에 찾아왔었다. 우리는 매우 당황했고 실제 일어난 상황을 살려서 대기실에서 벌어지는 일을 스케치로 써보기로 했다. 나는 커다란 오렌지색 아프로 가발을 쓴 요정 분장을 했다. 긴장해서 말을 더듬다가 결국 저스틴의 몸에 올라타 붕가붕가를 한다. 그곳에는 저스틴의 전선생님이자 현매니저인 남부 여성이 있었다. 그녀는 저스틴이 웃통을 벗고 있는 건 좋지 않겠다는 의견을 냈다. 대체 저스틴이 뭐 하러 그런 거추장스러운 사람들을 데리고 다니는지 모르겠다.

한번은 스티브 마틴과 함께 술에 취한 채 은행에 대출 신청을 하러 간 사람을 연기한 적이 있다. 방송에 나가지 못했지만 가끔씩 그가 그 얘기를 하며 말을 걸어줘서 더 좋다.

밤을 새서 스케치를 써 가도 다음 날 아침에 대본 리허설에 올라와 있지 않다는 걸 발견하기도 한다. 스피베이와 함께 두 멍청한 여자애들이 차에 앉아서 창밖에 있는 대형 트레일러 트럭에 대고 "빵빵거려!!"라고 소리치는 스케치를 쓴 적이 있었다. 다음 날 아침, 슈메이커가 우리를 부르더니 스튜디오 8H에 대형 트레일러 트럭을 가져올 방법은 없기 때문에 스케치를 빼야 한다고 말했다. 아마 우리가 창피를 당할까봐 미리 선수를 친 듯하다.

대본 리딩 날은 항상 피곤하면서도 즐거웠다. 세스 옆에 앉아 낙서를 했다. 프레드 아미센은 모두에게 화가 난 척하며 연말 결산이라며 비난의 말을 적었다. 그게 받아들여졌던 이유는 우리가 프레드를 좋아하며 프레드가 우리를 좋아한다는 사실을 다들 알고 있었기 때문이다. 수요일 대본 리딩 하루 전 날, 레이첼 드래치가 허리를 삐끗하는 바람에 바닥에 누워있어야 했던 적이 있다. 호스트였던 조니 녹스빌Johnny Knoxville이 도와주겠다며 주머니에서 몇 가지 약을 꺼냈다. 아무도 거기에 진통제가 없다는 걸 몰랐다. 매우 예쁜 NBC 전담 의사가 올라오자 싱글 남성들이 그녀에게 수작을 걸기 시작했다. 레이첼은 대본 리딩 중반까지 바닥에 누워 있어야 했다.

한번은 성희롱에 대한 미팅을 한 적이 있는데 나는 윌 포트 옆에 앉아서 내내 고추 그림을 그렸다. 끝날 쯤에 참가 신청서를 제출하라고 했는데 실수로 고추가 그려진 종이를 내버렸다. 트레이시 모건Tracy Morgan은 이렇게 말하곤 했다. "분장으로 웃기려고 하지 말고 대사 징크스에 신경 쓰지 마." 모여있을 때 가장 웃긴 사람은 대부분 폴라 펠Paula Pell이었다. 아니면 프레드 아미센이나. 만약 거기에 볼드윈이 없다면 말이다.

<데비 다우너: 우울증 제조기>를 볼 때는 빵 터진 호라시오 산즈의 눈에서 눈물이 솟구쳐 나오는 걸 봤다. 나는 여전히 그 스케치를 정기적으로 보면 경미한 단계의 우울증을 치료할 수 있다고 믿는다.

짐 다우니Jim Downey는 내가 힐러리 클린턴으로 좋은 인상을 남기지 못했다는 사실을 무시하고 드레스 리허설과 생방송 사이에 나와 함께 앉아서 자신이 쓴 장면을 연습하곤 했다. 내가 제대로 연기할 감각을 찾기까지 시간이 좀 걸렸다. 우리는 비디오테이프를 활용해서 인상에 도움이 될 만한 것들을 찾았다. 나는 대럴 하몬드Darrell Hammond의 방에 가서 비디오를 틀어놓고 힐러리 같이 말하는 법에 대

한 조언을 얻었다. 실제로는 아니지만 내가 만든 힐러리 캐릭터에는 정신 나간 듯한 웃음소리를 추가했다. 선거 활동이 진행될수록 나는, 매우 목표 지향적이며 항상 사람들 사이에서 가장 똑똑한 사람이 되는 데 피곤한 나머지 살짝 화가 난 힐러리를 연기하는 일이 좋아지기 시작했다. 나는 그녀가 내 스케치를 봤으면 했고 연기를 하면서 간접적으로 그녀의 삶을 산 기분이었다.

세스와 함께 한 기억은 책 한 권을 다 채울 수 있을 정도다. <SNL>을 떠날 때 나는 도로시가 겁쟁이 사자에게 주었던 것처럼 세스에게 용기 배지를 주었다. 소품부에서 만드는 것을 도와주었다. <업데이트> 시절에 세스는 더 이상 필요 없어질 때까지 그 배지를 주머니에 간직했다고 한다. 지금은 상자에 담아 <레이트 나이트> 데스크에 올려두었다. 티나가 떠날 때는 '기분 좋은 내일'이라고 적힌 개 이름표를 주었다. 최근에 내가 힘든 시간을 겪게 되자 티나는 내게 그 배지를 돌려주었다. 우리가 서로에게 필요할 때마다 그것을 주고받을 수 있는 사이라서 정말 좋다.

<브롱크스 비트 Bronx Beat>는 꿈의 스케치였다. 마야, 스피베이, 그리고 나는 사무실에서 몇 시간씩 즉흥적으로 연기를 하곤 했다. 캐릭터들의 이름은 <SNL> 헤어 스탭인 조디 맨쿠소, 베티 로저스의 이름에서 딴 것이었다. 조디는 특유의 발음과 행동습관이 있었다. 마야와 나는 세트장에 앉아서 그 캐릭터가 되어 수다를 떨다가 곧이어 카메라가 돌아가면서 쇼가 자연스럽게 시작되었다.

나는 스피베이의 사무실에 앉아 많은 밤을 보냈다. 창문 밖으로 담배를 피우면서 엠파이어스테이트 빌딩을 바라보았다.

티나의 사무실에서도 많은 밤을 보냈다. 글 쓰는 모습을 보면서 도와주는 척 했지.

세스의 사무실에서도 많은 밤을 보냈다. 글 쓰는 모습을 보면서 온도나 조명을 조절해주었지.

나는 론의 사무실에 서서 록펠러 센터에서 빛나는 크리스마스 트리를 보았다. 가장 많이 한 말은 아마 "나 너무 피곤해."라는 말일 것이다. 내가 일을 하면서 겪었던 큰 사건들은 모두 그 사무실에서 일어났다. 스티브 히긴스가 그곳에서 내가 고용되었다고 말했다. 론이 그곳에서 내가 <업데이트>를 맡게 되었다고 했다. 내가 내 이름을 말하는 순간 모든 것이 바뀔 거라고 말했다. 그가 옳았다. 론은 "[내가] 나왔을 때 긴장한 적이 한 번도 없다."라고 말한 적이 있다. 그는 나에게 줄 하나를 주었고 그것이 위로 타고 올라가는 줄인지 내 목을 조를 줄인지는 나에게 달려 있었다. 그는 친절한 조언을 주었고 나에게서 최고를 기대했다. 그는 내 치과 치료 비용을 내주는 사람이다. 어느 토요일 아침, 베이글을 덥석 물었는데 론이 사 준 앞니의 치아 보철물이 날아가 버렸다. 나는 급하게 치과에 가서 손을 봤고 <위켄드 업데이트>를 하는 내내 악몽 속에서만 겪었던 이가 다 빠져버리는 상황이 진짜로 실현될까봐 스트레스를 받았다. 론은 친애하는 나의 친구이며 그가 나에게 준 기회에 대해 항상 감사한 마음이다. 론의 비서 중 한 명이 이 부분을 출력해서 보여줬으면 좋겠다. 안 그러면 아마 이 책을 읽지 않을 테니.

매번 돈 파르도Don Pardo1가 내 이름을 호명할 때마다 나는 감사한

---

1 (옮긴이) 미국의 아나운서. 자그마치 39 시즌 동안 <SNL>의 목소리로 일했다. 2014년 96세 나이로 별세했다.

마음으로 고개를 숙였다. 돈은 녹음실을 따뜻하게 유지했고 간식을 쌓아 놨다. 1950년대에 30 록펠러 건물로 차를 몰고 와서 맨 앞에 주차하곤 했다고 얘기하곤 했다. NBC에 녹음하러 와서는 가져온 2달러로 샌드위치와 커피를 사곤 했다. 그는 여전히 방송가에서 일하는 90대 중 한 명이었다. 다른 한 명은 조명 디자이너인 필 하임즈Phil Hymes였다. 케난 톰슨이 <위켄드 업데이트>에서 티나의 자리에 나를 넣으면 어떨지 시험해 볼 때가 있었다. 필은 내 옆에 앉아있던 케난을 쳐다 보더니 "케난, 너는 이거 안 하면 안 될까? 둘이 나란히 앉으면 조명을 쏘기가 힘들 것 같은데."라고 말했다.

드래치와 내가 존경을 담아 마이클 잭슨과 엘리자베스 테일러 연기를 한 적이 있는데, 땅에서 6미터 정도 떨어진 나무 위에 앉아 있었다. 나는 스튜디오 8H를 내려다보며 나의 말도 안 되는 인생에 대해 떠올리며 백만 번째로 웃음을 터뜨렸다. <업데이트>를 시작하기 전에 티나와 나는 서로를 바라보며 우리의 말도 안 되는 인생에 대해 웃기도 했다. 우린 이렇게 속삭였다. "우리가 사람들을 가지고 놀았어!" 가끔씩 나는 티나의 무릎을 쓰다듬곤 했다. 한번은 복도에서 믹 재거Mick Jagger, 톰 페티Tom Petty, 에릭 아이들Eric Idle과 마주쳤다. 내 길을 가로막고 있다는 사실에 어쩔 수 없이 화가 났다. 하지만 감사하는 마음은 나를 떠난 적이 한 번도 없다. 코미디는 죽지 않았다. 여전히 내게 코미디를 하라고 하는 사람들이 있다.

엄마에게도 아내가 필요하다

나는 언제나 일을 했다. 그래서 그런지 두 아이를 가졌을 때도 일을 그만둔다는 생각은 하지 않았다. 대신 조금 덜 바쁘게 일하기로 했고 나에게도 반가운 방향이었다. 그렇게 할 수 있다는 것이 감사했다. 그렇게 하고 싶어도 할 수 없는 사람이 많으니까. 어쨌거나 나는 전업 주부가 될 계획은 없었다. 이것은 전업 주부가 직업이 아니라고 생각한다는 뜻이 아니다. 그저 나에게 맞지 않는다는 뜻이다. 내 모토 기억하는가? "남에게는 좋아도 나에게는 아니다."

워킹맘과 전업맘에 대한 이야기는 굉장히 민감하다. 이 주제는 본질적으로 엿 같다. "모유가 아이들을 거짓말 잘하게 만든다."라든가 "농장에 살지 않는다면 아이는 하나만 가져야 한다."라는 식의 눈에 거슬리며 거지 같은 기사들 없이 일주일도 지나가기 힘들다. 우리는 자신을 고문하고 서로를 고문하고 이것이 결국 여성 대 여성 범죄로 이어진다. 여기에 그런 예를 조금 들어봤다.

1. 전업맘은 누군가에게 자신의 이름보다는 '에이단네 엄마'라는 식으로 소개되지만 그렇게 신경 쓰이는 일은 아니다.

2. 워킹맘이 외부 회의에 참석할 때 사람들은 이렇게 말한다. "여기서 뭐 하세요? 집에 어린아이들이 있지 않나요? 애들은 누가 보나요?"

3. 신참 엄마는 '아이가 건강하게 자라려면' 모유 수유를 해야겠다고 말한다.

4. 워킹맘은 모유 수유를 하는 여성을 보고 이렇게 묻는다. "아직도 그렇게 하세요?"

5. 워킹맘은 너무 바빠서 이메일 답장도 못한다고 한다.

6. 전업맘은 너무 바빠서 이메일 답장도 못한다고 한다.

7. 전업맘은 '아이들이 어린 순간은 다시 오지 않으니까 놓치지 않으려면' 일을 할 수 없다고 말한다.

8. 워킹맘은 '양보단 질'이라고 말한다.

9. 전업맘은 유모가 필요하고 한 명을 고용할 여유는 있지만 고용하지 않는다. 그렇게 함으로써 아이들에게는 돌봐줄 다른 어른이 필요하다는 사실을 부정하고 자신에게는 개인적인 시간과 자기 자신을 돌볼 시간이 필요하다는 사실을 부정한다.

10. 워킹맘은 유모에게 크게 의존하기 때문에 그 사실에 대해 방어적이다. 그래서 딱 한 번 아이를 데려갔던 요상한 음악 수업에 대해서만 끊임없이 이야기한다.

11. 전업맘은 워킹맘에게 접근해서 얼마나 오래 일하냐고 자꾸만 묻는다. 아침 몇 시에 나가서 밤 몇 시에 돌아오는지 정말로 끈질기게 관심을 보인다. 그러고는 이렇게 말한다. "대체 어떻게 다 해내는지 정말 모르겠네요."

마지막 말은 나도 정말 많이 들어봤다. "대체 어떻게 다 해내는지 정말 모르겠네요."라는 말은 내 피를 끓어오르게 하곤 했다. 내 귀에는 "대체 '어떻게' 다 해내는지 정말 모르겠네요."라고 들리지 않았다. "대체 어떻게 다 '해내는지' 정말 모르겠네요."로 들렸다. 내가 일을 너무 많이 하고 그것에 대해 죄책감이 들고 그런 감정이 울컥 치미는 순간 갑자기 내 것이 아닌 쓰레기가 머리를 강타했다. 마치 감정으로 차에 치이는 것과 같았다. 무작위로 공격하는 여성 대 여성 폭력이다. 내 상상 속에서 나는 이렇게 대답한다. "어떻게 해내는지 모르겠다니 무슨 뜻이죠? 정말로 우리 유모가 왔다 가는 시간을 알고 싶으세요? 남편과 육아를 어떻게 나누는지, 아이들에게 급한 일이 있을 때 어떻게 직장에서 협상을 하는지 그런 방법들에 대해 알고 싶으세요?" 가끔은 저 질문에 이렇게 답하고 싶은 충동을 느낀다. "약이요." "로봇이요."

물론 궁극적인 대답은 이렇게 될 것이다. "분명 내가 어떻게 하는지 모르겠죠. 그쪽은 그렇게 하지 않으니까요. 할 수도 없고요. 그쪽은 어떻게 한다고요?"

내가 무슨 짓을 했는지 보이는가? 범죄다!

보이진 않지만 여자들이 따라야 하는 약속이 있다. 나는 아이들과 떨어져 있다는 데 대해서 항상 죄책감을 느끼는 척 연기해야 한다.

(전혀 그렇지 않다. 나는 내 일을 사랑한다.) 집에 있는 엄마들은 지루한 척, 그리고 사회적인 일을 하고 싶어 하는 척 연기해야 한다. (전혀 그렇지 않다. 그들은 자신의 일을 사랑한다.) 이 사실만 받아들인다면 길가에 피가 뿌려질 일이 줄어들 것이다.

다만 이 질문에 진심으로 대답을 해보려 노력해보겠다.

내가 어떻게 하는지 알고 싶은가? 내가 그렇게 할 수 있는 이유는 나에게 아내가 있기 때문이다. 모든 엄마에게는 아내가 필요하다. 내 아내의 이름은 다와 초돈이다.

어떨 때는 머시 카바렐로이고 재키 존슨이었을 때도 있었다. 다와는 티베트에서 왔고 머시는 필리핀에서 왔다. 재키는 트리니다드에서 왔다. 지난 5년 동안 그들은 나와 윌을 도와서 아이들을 돌봐주었다. 우리는 운이 좋았다. 어떤 사람들에게는 선택할 수 없는 조건이기도 하고 가족들의 도움조차 받을 수 없는 처지에 있는 사람도 있다. 모든 엄마에게는 아내가 필요하다. 어떤 엄마의 아내는 그들의 엄마이다. 어떤 엄마의 아내는 그들의 남편이다. 어떤 엄마의 아내는 그들의 친구나 이웃이다. 모든 일하는 사람에게는 누군가 집에 와서 그들이 밖에 나갈 수 있도록 도와주는 사람이 필요하며 그들의 하루에 대해 물어봐주고 먹을 것을 만들어주기도 하는 사람이 필요하다. 모든 엄마에게는 그들을 돌봐주고 더 나은 엄마가 될 수 있도록 도와주는 아내가 필요하다. 나를 도왔던 여성들은 내 부엌에 서서 그들의 삶을 나누어주었다. 그들이 자신의 일을 열심히 함으로써 나도 내 일을 열심히 하는 것에 대해 기분이 나빠지지 않을 수 있었다. 그들은 우리 가족의 일부분이면서 내 아이들의 삶을 더욱 풍부하게 만들어준 정말 멋진 선생님이자 보육자였다. 가장 큰 거짓말과 가장 큰 범죄는 이 모든 것을 혼자 다 한다고 말하면서 그렇게 하지 못하는 사람들을 내려다보는 것이다.

아이들을 지켜보는 눈이 많을수록 더 좋다는 사실에는 다들 동의하지 않는가? 그래야 아이가 길거리로 뛰쳐나갈 가능성을 줄여주지 않겠는가?

음, 내가 우리 아이를 딱 한 번 데려갔던 그 요상한 음악 수업에 대해 말해야겠다.

세상에서 가장 유명한
나의 섹스 조언

섹스는 참 좋은 것이다. 난 섹스가 좋고 참 잘하기도 한다고 말하려고 한다. 여기 나의 세상에서 가장 유명한 섹스 조언이 있다. 글자 그대로 정확히 따르고 아무런 이의도 제기하지 말도록. 이 조언이 나이 든 사람들(엄격하게 하자면 80세 이상)을 위한 조언이라는 것을 염두에 두자. 이 조언은 이성애자와 동성애자 모두에게 적용 가능하니 대명사를 바꾸어 알맞게 적용하도록. 모든 섹스는, 내가 말하는 사례를 포함해 어떤 경우든지 간에, 서로 동의한 성인 사이에서 일어나야 한다. 미리 감사한다.

여성 여러분, 주목.

1. 가짜로 꾸며내지 말자. 아마 피곤하거나/긴장했거나/기쁘게 해주려고 의욕에 찼거나/어떻게 해야 할지 몰라서 그런 건 이해한다. 진짜 좋을 때 해야 한다는 점을 기억하자. 얼마나 오래 걸릴지 걱정하

지 말고 그저 자신에게 진짜로 즐거움이 느껴지도록 해야 한다는 것을 기억하자. 만약 시간제한을 둬서 편안하다면 그렇게 하자. 파트너에게 이렇게 말하자. "나에게 45분 가까이 집중해주었으면 좋겠어. 그런 후에 어떻게 할지 다시 살펴보도록 하자." 신이 우리에게 꾸며낼 수 있는 기술을 준 것은 벌이다. 집어치우고 진짜 나의 것을 보여줘서 신에게 누가 진짜 대빵인지 알려주자.

2. 목표지향적인 섹스는 그만하자. 매번 결승선까지 가지 못할지도 모른다. 걱정하지 말자. 모든 여정이 다 훌륭할 수 있다.

3. 처녀성을 가지고 있는 게 이상하다고 느껴질 때까지 최대한 간직하자. 그다음엔 그냥 끝내버리자. 웬만하면 차 안에서 첫 경험을 하지 않는 게 좋다.

4. 섹스하고 싶지 않은 사람과는 섹스하지 말자. 얼마나 나이를 먹든지 그 사람을 볼 때마다 생각나는 것은 언제나 "저 사람과 섹스했지."일 것이다.

5. 옷을 벗고 상처를 지적하거나 자신의 몸에서 이상하다고 생각하는 부분에 대해 사과하지 말자. 남자들은 알아차리지도 못하거나 신경 쓰지 않는다. 지금 당장 여자랑 잘 참인데! 정신이 없을 뿐이다. 남자들은 시각적 자극에 예민하다. 그러니 배를 보이고 싶지 않다면 가슴에 가짜 수염을 달아서 주의를 분산시키도록.

6. 음담패설을 갈고닦자. 샌드위치 가게에서 이래라저래라 명령하는 아주머니처럼. "호밀빵에 햄이요. 꼭 따뜻하게 구워주세요!" 만약 남자가 음담패설을 못한다면 닥치라고 하자. 아마 좋아할지도 모른다. 만약 음담패설을 싫어한다면 걱정하지 말자. 제대로 하면 꽤 섹시하

지만 안 맞는 사람도 있으니까.
7. 아이들이 부부 침대에서 자지 못하게 하자.
8. 남편과는 때때로 섹스를 해줘야 한다. 아무리 피곤할지라도. 유감을 표한다.
9. 남자를 놀려먹지 말자. 야비하게 굴거나 상처주지 말자.
10. 사진과 비디오를 멀리하자. 영원히 남는 데다가 베이비시터(나)가 그걸 찾길 바라진 않을 테니까.
11. 많이 웃고 사랑하는 사람과 새로운 것을 시도해보자.

　남성 여러분, 여러분을 위한 규칙이다. 집중하자.

1. 여러분이 생각하는 것만큼 오랜 시간을 원하지 않는다. 빨리 하자. 많이 피곤하거든.
2. 여러분의 성기를 기억하고 싶지 않다. 다른 것은 다 기억하고 싶지만 성기는 (제발) 그저 뿌옇게 남기를 바란다. 성기가 너무 크거나 너무 작거나 휘었거나 이상한 게 있다면 기억하게 될 것이다. 아주 이상한 점이 있다면 즉시 알려주자. 그래야 그걸 당신이 알고 있는지 걱정하지 않아도 되니까. 한바탕 웃음을 터뜨리고 하던 일로 돌아가면 된다.
3. 하고 바로 잠에 빠져선 안 된다. 적어도 몇 분간은 깨어 있어야 한다. 기억하자. 만약 잠을 자버린다면 여러분을 바라보며 평가를 시작할 것이다. 당신과 섹스를 또 할지 말지 결정하는 아주 결정적인 순간이다.

4. 섹시함을 유지하자. 영화에서 본 것들을 믿지 말자. 배를 내미는 것은 정말 귀엽지 않다.

5. 포르노와 자위를 자제하자. 포르노도 좋고 자위도 좋지만 섹스를 할 때 몇 가지 문제를 일으킬 수도 있다. 너무 심하게 기술이나 시각적인 자극에 의존하다 보면 당신 침대에 있는 사람의 실제 육체를 알아차리지 못할 수도 있다.

6. 다정하게 하자. 여자에게 섹시하다고 말해주고 부끄럽게 하지 말고 상처주지 말자.

7. 음담패설을 갈고닦자. 다양한 시도를 하면서 계속 하자. '클라이막스'라거나 '촉촉해'라거나 '엄마'라는 단어는 피하자. 가짜 억양으로 말하지 말자.

8. 발기가 잘 되지 않아도 대부분 우리 때문이 아니라는 것을 알고 있다. 걱정하는 표정을 짓는 이유는 그게 앞으로도 계속 될까봐 그러는 것이다.

9. 그룹 섹스는 멀리하자. 계획하는 데만 시간이 너무 많이 드니까. 그 시간에 딴 걸 하지.

10. 마음을 열고 사랑하는 사람과 새로운 것을 시도하자.

11. 보지를 먹지 않는다면 가던 길 가도록.

그 푸딩 내놔

시상식에 몇 번 후보로 오른 적이 있다. 매우 기분 좋은 일이다. 몇몇 시상식에서 진행을 맡기도 했다. 이것도 기분 좋은 일이다. 첫 번째 시상식은 2000년에 있었던 하이 타임스 스토니 어워드High Times Stony Awards이고 가장 최근에는 2014년에 있었던 골든 글로브 시상식이다. 당시 제리 가르시아Jerry Garcia 음모론[1]이나 섹시하게 연출된 대마초 사진 포스터로 가득한 <하이 타임스High Times> 잡지와 UCB는 매우 깊고 진한 관계를 맺은 역사가 있다. 젊은 독자들을 위해 설명하자면, '잡지'란 인쇄한 종이 묶음으로, 손에 들고 페이지를 넘겨가며 읽는 것이다. 아직도 이해가 안 된다고? 흠…. 이렇게 상상해볼까? 맥북을 반으로 접어서 주머니에 꼽고 다니는 모습을 떠올려보자. 아, 요즘엔 맥북 안 쓴다고? 눈꺼풀 스크린에 마음을 찍는 카메라를 쓴다고? 너넨 좋겠다. 또 삼천포로 빠지고 있군.

자, 그냥 인정하고 시작하자. 연기 시상식은 이상하다고. 몇몇 소수의 사람들이 뽑은 작품 중에서 아주 다른 연기들을 나란히 세워 놓

---

[1] (옮긴이) 60년대 히피 사조의 상징이었던 그레이트풀 데드의 창립 멤버. 기타리스트, 가수, 작곡가로 활동했다. 1995년에 사망했는데 그가 정부에 의해서 죽음을 당했다는 음모론이 있다.

고 누구에게 푸딩을 줄지 결정한다. 오해하지 마시라. 위대한 배우들과 함께 거론되면서 내가 한 작업에 대한 가치를 인정받는 일은 무시당하는 것보다야 훨씬 낫다. 무시만큼 최악은 없다. 글렌 클로즈가 로맨틱 코미디 <위험한 정사>에서 마이클 더글러스에게 한 대사가 그 사실을 증명한다. "댄, 저는 무시당하지 않을 거예요." 무시당한 것에 너무 화가 난 그녀는 스토브에 토끼를 집어넣어 버렸다. 만약 나였다면 어떤 짓까지 할 수 있는지는 모르는 게 나을 것이다. 많은 사람들이 내가 미친 짓거리에 얼마나 환장할만큼 초근접해있는지 잘 모르는 것 같다.

    시상식 후보로 오르는 것은 매우 신나는 일이다. 그렇지 않다고 말하는 사람이 있다면 거짓말이거나 고혈압 약을 먹고 있거나 둘 중 하나다. 푸딩을 먹을 수 있는 확률은 다섯 명 중에 하나다! 그런 까닭에 나도 그렇게 자주 받지는 못했다. 들러리일 때가 많았다. 그나저나 사람들이 나를 <내 여자친구의 결혼식>에 나온 배우로 착각할 때가 많다. 그리고 <MADtv>에 나오는 그 여자[1]로 착각할 때도 많다. 크리스 락은 나를 레이첼 드래치라고 부른 적이 있는데 그가 무서운 인종차별주의자라는 것을 다시 한 번 증명했다.

    시상식 후보가 되는 것의 안 좋은 점은 얼마나 애쓰든지 간에 푸딩을 갈망하게 된다는 사실이다. 상을 받는 게 중요하지도 않으며 그저 영광뿐인 허깨비라고 생각하며 몇 날 며칠을 보내지만 수상자의 이름이 불리기 바로 직전, 그 몇 초 동안 내 안의 모든 장기가 소리를 지른다···. "그 푸딩 내 거야!!" 아드레날린이 미쳐 날뛰고 부끄러움만

---

[1] (옮긴이) <MADtv>는 1995년 10월 14일부터 2009년 5월 16일까지 FOX에서 방영되었던 코미디 프로그램. <MADtv> 출연자인 스테프니 위어를 에이미 폴러와 착각하는 사람들이 있다.

남는다. 푸딩을 원하지 않는다고 해도 받지 못했다는 사실은 기분이 좋지 않다. 푸딩에 대해서 요청 받을 인터뷰들에 대해 생각하거나 푸딩을 너무 심하게 원한다고 생각할까봐 지나쳐야 하는 인터뷰들에 대해서도 생각한다. 굶주린 채 시상식을 떠나면서 혼란스러워 한다. 이걸 이겨내려면 '위너'가 호명되는 그 이상하고도 어색한 순간을 분산시킬 판단을 해야 한다. 나는 내가 장악할 수 있는 무언가에 주의를 돌리기로 했다. 그것은 바로…

퍼포먼스! 퍼포먼스! 퍼포먼스다!

에미상 후보로 처음 오른 것은 남북전쟁을 재연한 드라마에서 연기한 '최고의 오르가슴 장면' 부문이었다. 농담이다. <SNL>에서 뛰어난 조연 여배우 코미디 부문이었다. 후보에 오름으로써 내가 존경하던 위대한 여성들의 그룹에 속하게 되었다. 나는 후보가 호명될 때 우리 모두 수염을 달고 있으면 어떨까 하고 생각했다. 그러던 중에 뛰어난 주연 여배우 후보에 오른 사라 실버먼이 같은 생각을 하고 있다는 소식을 들었다. 직접 자신의 수염까지 가지고 왔다는 것이었다. 위대한 정신이라고 생각했다. 허둥지둥 약속을 하고 제대로 먹히길 바라면서 소품들을 모으기 시작했다. 내가 기억하는 게 맞다면 우스꽝스러운 안경, 외알 안경, 안대 등이었다. 알잖나, 모든 소녀들이 레드카펫에서 가방에 꼭 가지고 다녀야 하는 것들 말이다. 여성들에게 쓰겠냐고 물어보고 다니는 동안 얼마나 재미있었는지 모른다. 다들 너도나도 빨리 쓰겠다고 난리였다. 제인 크라코우스키, 크리스틴 위그, 크리스틴 체노위스, 엘리자베스 퍼킨스, 바네사 윌리엄 모두 함께 했다. 바네사의 이름이 마지막으로 호명되자 우리가 모두 멍청한 짓을 한 후 바네사가 머리를 흔들며 "어휴 싫어요, 저는 그런 멍청한 짓거리는 하지 않을 거예요."라고 말한다면 얼마나 웃길까 하고 생각했다. 나는 가는 길에 차 안에서 그녀에게 전화 통화를 하고는 기분이 나아졌다. 첫 번째, 비밀이 있다는 건 언제나 신나는 일이다. 두 번째, 내 뇌가 푸딩 말고 다른 데에 꽂혀 있었다. 우리는 모두 허튼짓을 했지만 프로듀서가 알지 못했고 첫 번째 시상이었기 때문에 우리 얼굴이 화면에 나오지 않았고 침묵 속에서 진행되었다. 어떤 상황이든 개의치 않고 계획을 실행하겠다는 여성들의 의지를 보여주는 경험이었다. 줄리아 루이스 드레퓌스는 다른 부문의 후보였지만 너무나 참여하고 싶어 했다. 정말 즐거운 밤을 보내게 되었고 이런 일들을 덜 심각하게 받아들일수록 더 좋다는 점을 깨달았다. 솔직히 그때 누가 상을 받았는지 까먹었다. (크리스틴 체노위스가 받았다.)

다음 해에는 생후 6주가 된 에이블에게 모유수유를 하고 있었다. 허튼 짓을 생각하기에는 너무 피곤했지만 나의 호르몬은 무대로 뛰어올라서 수상자를 발표하기 전에 상을 낚아채 버리라고 부추겼다. 다행히 몸 안에 옥시토신이 충분히 돌아다니고 있었던 덕분에 푸딩을 내게 주든 말든 누가 상을 타든 신경 쓰지 않았다. (에디 팔코가 받았다.) 지미 팔론이 진행을 했고 끝내줬다. 맨 앞줄에 앉은 나는 좋은 친구가 으레 그래야 하듯이 야유를 보냈다.

의자 위에서 춤을 추다가 발톱이 부러졌다. 그렇다. '위'에서. 나는 마치 타고난 블루칼라 파티 중독자처럼 놀았다. 존 햄과 나는 우리 것도 아닌 에미상을 잡고 있었다. 밤새 우리는 스스로를 루저라고 불러댔고 몇 년 후 위너들은 입장하려면 자선단체에 기부를 해야 들어

올 수 있는 루저들의 파티를 열었다.

다음 날 두 아이의 엄마는 부은 발을 한 채 일어나 절뚝거리며 공항으로 향했다. 오랜 친구였던 브래들리 쿠퍼가 같은 비행기를 타기로 했기 때문에, 나에게는 다행히도 그리고 그에게는 불행히도, 브래들리는 나를 좌석까지 호위해주어야 했다. 다음 날 늙고 당황한 여성을 자리까지 안내해준 브래들리의 행동을 칭찬하는 파파라치 사진들이 나오지 않을까 상상했다.

2011년에야말로 최고의 푸딩 퀘스트가 시작되었다. 에미 시상식 몇 주 전에 마르타 플림튼, 그리고 앤디 릭터와 그의 아내이자 작가인 사라 티레와 저녁 식사를 했다. 앤디와 사라는 내가 1990년대 중반에 뉴욕에 왔을 때 만나서 어울렸던 사람들이었다. 그때 당시에 벌써 결혼한 상태였고 복층 아파트에 살면서 데이비드 세다리스나 데이비드 라코프 같은 사람들이 참석하는 멋진 파티를 열곤 했다. 아직 꿈을 좇는 나에 비해 그들은 진짜 어른이었고 언제나 멋져 보였으며 나에게 항상 친절했다. 저녁 식사 자리에서 우리는 함께 푸딩에서 내 정신을 돌려줄 허튼 짓에 대해 토론했다. 나는 하비 코먼Harvey Korman과 팀 콘웨이Tim Conway가 했던 전설의 퍼포먼스를 회상했다. 두 사람의 이름이 호명되었을 때 두 사람이 각자 자신이 이긴 것처럼 자리를 박차고 일어나는 장면은 내가 정말 사랑하는 특별한 순간이었다. 둘은 무대 위로 올라와 함께 서 있었고 '위너'가 불리는 순간 둘 모두 체비 체이스와 악수하고 뒤로 물러섰다. 아주 단순하면서도 재밌고 서로를 지지해주면서도 어리석은, 좋은 건 다 들어간 퍼포먼스였다. 마르타와 나는 함께 후보로 오른 배우들과 함께 비슷한 것을 해보자고 결심했다. 미인 대회 패러디를 살짝 넣어보자고 했다. 나는 코미디 부문 우수 주연 여배우 후보들에게 메일을 썼다. 로라 리니Laura Linney[1], 에디 팔코Edie Falco[2], 멜리사 맥카시Melissa McCarthy[3], 당연히 모두들 함께 하기로 했다. 내 친구 티나는 당연히 함께 하리라는 걸 알았다. 그때 티나도 모유수유를 하고 있었고 이 시기는 호르몬이 가장 날뛰는 시기였다.

이번에는 제대로 우리가 찍힐 수 있도록 프로듀서에게 적절한 선에서 귀띔을 해두었다. 왕관과 꽃을 사올 사람을 정하고 나자 푸딩에 대한 나의 갈망이 점점 사라져갔다. 나는 웬만하면 내가 가장 먼저 무대에 올라가고 싶었는데, 그래야 가장 큰 웃음을 터뜨릴 수 있을 것 같았기 때문이었다. 하지만 에디 팔코가 알파벳순으로 하면 가장 먼저였고 바꿔달라고 하기에는 너무 이기적일 것 같았다. 운 좋게도 에디 팔코가 시상식 며칠 전에 나에게 먼저 올라가겠냐고 이메일을 보냈다. 나는 내가 선심을 쓰는 척 하면서 속으로는 흥분해서 펄쩍 뛰고 있었다. 롭 로우Rob Lowe[4]와 소피아 베르가라Sofia Vergara[5]가 내 이름을 읽자마자 나는 자리에서 일어나 상을 탄 척 연기했다. 내가 무대 위에 오르고 멜리사와 다른 여성들이 똑같이 따라 하자 관객들이 즐거워하며 동시에 혼란스러워 했다. 우리는 각자 자신만의 개성을

---

1 (옮긴이) 암으로 흔들리는 삶 속에서 유머와 희망을 갖고 살아가는 여자의 이야기를 그린 드라마 <빅 씨(The Big C)>의 주연 배우. 영화 <트루먼 쇼> <미스터 홈즈> <킨제이 보고서> <설리: 허드슨강의 기적> 등에 출연했다.
2 (옮긴이) 뉴욕병원 간호사인 재키의 이야기를 담은 블랙코미디 드라마 <너스 재키>의 주연 배우. 영화 <코미디언> <랜드라인> 등에 출연했다.
3 (옮긴이) 미국 시트콤 <마이크 앤 몰리>, 영화 <내 여자친구의 결혼식> <히트> <스파이> 등에 출연했다.
4 (옮긴이) <팍앤레>에서 크리스 역을 연기한 배우.
5 (옮긴이) 미국 시트콤 <모던 패밀리>에서 글로리아 역을 연기한 배우.

첨가했다. 마샤 플림튼Martha Plimpton6은 미스 버지니아 흉내를 내며 비명을 질렀고 로라 리니는 마르타의 치아에 묻은 립스틱을 닦아주는 척했고 티나는 잭 맥브레이어Jack McBrayer7에게 키스하려고 했다. 우리는 모두 무대 위에 서서 미스 아메리카 대회의 마지막 순간처럼 나란히 손을 잡았다. 행복해서 죽을 것만 같은 순간이었다. 수상자로 멜리사의 이름이 불렸을 때 우리는 모두 진심으로 기뻐하며 소리를 질렀다. 그 여성들과 함께 웃기면서 무대 위에 서있다는 사실이 이기는 것보다 훨씬, 훨씬 기뻤다. 나는 이기지 못했고 멜리사가 이겼지만 그런 건 하나도 중요하지 않았다.

2012년에는 더 재밌는 것을 해야 한다는 압박감을 느꼈다. 계획을 이끌어야 하는 입장에서 땀만 뻘뻘 흘리고 있는 건 별로 좋지 않은 상황이었다. 게다가 10년 만에 처음으로 남편 없이 에미 시상식에 가는 것이기도 했다. 그저 숨고 싶은 마음을 억누르고 나는 루이 C.K. 옆에 앉았다. 루이는 정말로 푸딩에 관심이 없는 사람이다. 내가 그를 좋아하는 많은 이유 중에 하나다. 게다가 항상 솔직하고 훌륭한 조언을 해주며 보트도 잘 탄다.

불안함을 극복하기 위해 나는 사람들이 내 사생활에 대해 묻지 않고 다른 데에 주의를 돌릴 수 있도록 가슴이 튀어나오는 드레스를 입었다. "남성분들, 여기 아래를 보세요!"하고 외치는 듯한 드레스였다. 1년 전에 했던 이벤트 덕분에 사람들은 이번에는 '무엇을 계획하고 있는지' 물어대기 시작했고 나는 우울한 기분에 빠져 사람들의 시선을 의식하게 되었다. 그런데 줄리아 루이스 드레퓌스Julia Louis-Dreyfus8가

---

6 (옮긴이) 느닷없이 아이를 떠맡게 된 23살의 미혼남의 이야기를 그린 드라마 <레이징 호프>의 주연 배우.

7 (옮긴이) 드라마 <30락>에서 케네스 역을 연기한 배우.

8 (옮긴이) 백악관에서 벌어지는 해프닝을 그린 정치 시트콤 <Veep>(부통령이 필요해)의 주연 배우. <올드 크리스틴> <어레스티드 디벨롭먼트> 등에 출연했다.

나를 불렀다. 에미상이 시작하기 2시간 전이었는데 벌써 7시간 전부터 사전 마술쇼를 시작하고 있었다. 시상식에서는 정신 나갈 정도로 강한 조명을 쏘기 때문에 내가 예쁜 여자처럼 보이기 위해서는 마술이 필요했고 그 과정은 딱히 즐거운 시간이 아니었다. 그러던 와중에 줄리아가 "우리 둘 중에 한 명이 상을 탈 것 같은데요. 저랑 같이 퍼포먼스 할래요?" 갑자기 가슴 테이프를 걱정하는 대신 집중할 만한 활동적이고 생생한 일이 생겼다. 줄리아는 수상하는 순간에 포옹을 한 다음에 서로의 수상 소감을 '바꿔치기' 하자고 했다. 수상자가 실수로 상대방의 수상 소감을 대신 읽는 것이다. 그 아이디어에 너무 흥분한 나머지 내가 제발 수상하지 않게 되길 바랐다. 그리고 그렇게 되었다. 전혀 신경 쓰이지 않았다. 궁극의 푸딩 바꿔치기!

2013년 골든 글로브 시상식을 나의 인생 파트너 티나와 함께 진행하는 일은 정말 재밌었다. 가끔씩 티나는 아주 노련한 번지 점프 전문가 같다. 티나가 그저 "우린 할 수 있어, 그렇지?"라고 부드럽게 말하기만 하면 나는 갑자기 다리 위에서라도 뛰어내릴 수 있을 것 같은 기분이 든다. 게다가 두 가지 면에서 마음의 준비를 할 수 있었다. 2013년 첫 날에 세계고아재단의 예술부분 홍보대사로서 아이티의 고아원을 방문했다. 기본적인 사랑과 보살핌이 부족한 아이들의 얼굴을 마주보는 일만큼 중요한 일은 없다는 것을 깨달았다. 매우 중요한 가치에 집중해 있다가 떠나오니 이제는 아주 가벼운 상태가 되었다. 양면적인 가치를 추구하는 것은 때로 매우 강력한 도구가 된다.

우리의 첫 번째 골든 글로브를 함께 준비하면서 티나와 나는 끔찍하게 진행될 상황에 대해 상상하고 미적미적 문자를 보내며 많은 시간을 보냈다. 티나는 훌륭한 재담꾼이고 어느 전장에라도 함께 뛰어들 수 있는 사람이었기 때문에 마음속 깊은 곳에서는 걱정하지 않았다. 티나는 조명의 중요성까지도 빈틈없이 이해하는 사람이다. 우리는 우리의 멋진 친구, <SNL>의 프로듀서 마이클 슈메이커와 아메리칸 스위트 하트인 세스 마이어스에게 도움을 요청했다. 데스크가 없는 대신 3천만 관중이 있는 <위켄드 업데이트>를 준비한다는 듯이 임했다. 리허설을 하는 날, 준비한 유머가 생방송 전에 유출될 수 있다고 하기에 우리는 청바지에 스니커즈를 신고 장비만 있는 무대에서 펀치 라인을 뺀 채로 모놀로그를 했다. 정말 짜릿했다. 그날 밤 무대 밖으로 나와서 나는 내가 긴장했다는 것을 알아챘다. 긴장할 때마다 나오는 내 버릇대로 머리를 뒤로 기울이고 엄청나게 자신감 넘치는 척하고 있었기 때문이다. 뭔가를 시도하기 전에 숨기기 위해서, 혹은 적어도 나를 놀려먹을 사람을 쉽게라도 만들어주기 위한 위장이었다.

우리의 유머는 잘 먹혔다. 쇼는 아주 재밌었다. 티나와 나는 관중 속에 섞여서 배우인 척하자는 아이디어를 냈다. <개 대통령>이라는 가짜 영화를 만들어서 자리를 만들었다. 그리고 우리가 속한 부문을 시상할 때 자리에 앉아 있다가 A급 셀레브리티에게 친한 척을 하기로 했다. <SNL>에서 일하면서 배운 많은 것 중에 하나는 부탁을 해야 하는 사람을 어쩔 줄 모르게 만들지 말아야 한다는 것이다. 그래서 시상식 날 나는 그저 조지 클루니쪽 사람들에게 방송 중에 내가 그의 옆에 앉아도 괜찮을지 확인해달라고 부탁했다. 그들은 조지에게 물어보지도 않고 "물론이죠!"라고 답했다. 나는 조지의 무릎에 앉아도 될지에 대해서는 묻지 않았다. 이런 요청은 막 닥쳤을 때 직접 물어야 한다. 아니면 차라리 때가 되었을 때 그냥 묻지 않고 바로 그의 무릎에 앉아 버리는 게 낫다. 그런 말도 있지 않은가. "조지 클루니의 무릎에 앉을 때는 허락을 구하지 말라. 일단 하고 나서 용서를 구하라."

그래서 나는 조지의 무릎에 앉았다. 그리고 조지는 프로답게 내게 어떤 퍼포먼스를 꾸미고 있냐고 물었다. 나는 최고의 여성 코미디언 부문 후보들을 호명할 때 나를 비추면 완전히 조지에게 흠뻑 빠져 있는 척 연기할 계획이라고 말했다. 우리가 제대로 연기하고 웃으면 아주 재밌을 것 같다고도 했다. 그는 바로 알아듣고는 샴페인을 내밀었다. 나는 만약 내가 상을 받으면 찐하게 키스를 할 가능성이 있다고 말했다. 그는 "꽤 괜찮은 일요일이 되겠군요."라고 응수했다. 카메라가 우리를 비추자 그는 내게 속삭였다. "영화를 만든다는 건 말이죠……"

이것이 바로 사람들이 조지 클루니가 짱이라고 말하는 이유다. 정말 짱이니까!

여기서 얻을 수 있는 교훈? 여자는 강하다. 조지 클루니는 퍼포먼스를 좋아한다. 무언가를 함께 하는 것은 혼자 할 때보다 재밌을 때가 꽤 많다. 그리고 항상 푸딩을 타야 하는 것은 아니다.1,2

---

1 이쯤에서 줄리아 루이스 드레퓌스가 2013년 골든 글로브에스 수상했음을 알려줘야 그녀의 변호사가 흡족해 하겠지.

2 이쯤에서 내가 2014년 골든 글로브에서 수상했다는 사실을 써야 겠다. 그때는 보노의 무릎에 앉아서 진심으로 놀라워했다. 이제는 '푸딩이 정말로 맛있다'는 점을 인정해야 할 것 같다.

* (옮긴이) 에이미 폴러와 티나 페이가 진행한 2013년, 2014년, 2015년 골든 글로브 시상식 오프닝 모놀로그.

위대한 수상 소감!

자유롭게 사용 가능!

① 수상 소감

부어어어어어어요? 다들 오늘밤 기분이 어때요?
저기요, 오늘밤 다들 기분이 어떠냐구요??? 저쪽에 앉아계신 분들은 어떠세요??
이쪽 자리분들 대답 좀 들어봅시다!!! 그쪽 발코니에 있는 분들도 어때요?
덕분에 이 자리에 있게 되었습니다. 이 영광을 여러분과 함께 나누고 싶어요.
간디가 이런 말을 했던 것 같은데요. "이기는 것이 삶의 전부이자 유일한 가치다."
간디에게 엄지 척! 비기에게도 엄지 척! 비기를 빼놓을 수 없죠, 다들.

②

먼저 하느님에게 감사드립니다. 부처님에게도요.
요즘 같은 때엔 하느님보단 부처님한테 좀 더 감사한 것 같기도 하네요.
아니에요. 다 집어치우라고 해요. 둘 다 열간이에요.
솔직히, 전 항상 유대인이 되고 싶었어요. 아이들 이마에 뽀뽀도 많이 하고
말싸움 잘하는 법도 배우니까요. 유대인 이야기가 나와서 말인데,
지금까지 저와 함께 했던 저의 에이전트, 매니저, 변호사, 출판 담당자,
여행 조언가, 비즈니스 매니저, 외과 전문의, 산부인과 전문의, 트레이너, 이웃들,
그리고 모든 프로듀서와 작가들에게 감사 인사를 전하고 싶네요.

③

자, 이제 정치 얘기로 가볼까요? 왜요? 뭐 문제 있어요? 진지하거든요?
정말요. 힘을 합칩시다. 그 뭐냐, 언제쯤 정신차릴 거예요?
세상이 미쳐돌아가고 있다고요. 누가 함께 하시겠습니까?
또 뭐가 있더라? 아, 주얼리 브랜드를 런칭하려고요.
제 악세서리가 로비에 있을 텐데 구매 가능하답니다. 유로만 받아요!
제 앨범이 나온다는 소식을 전하기에도 딱 좋은 타이밍 같네요.
앨범이 나온다고 말하면 누군가 나서서 만들어주겠죠. 미리 고마워요, 디플로.

④

동료 수상 후보자들, 로데스 시론, 낸시 펠로시, 에디 이저드,
<머펫 대소동>에 나왔던 동물, 아무나 흉내 낼 수 없는 배우 매기 스미스까지.
정말 영광이에요.
저를 대신했던 스턴트우먼에게, 이름을 까먹었네요,
그때 찍었던 죽는 장면은 절대 잊지 못할 거예요. 깊은 고마움을 표합니다.
제 인생의 사랑, 조지 클루니. 편지와 전화로 하도 귀찮게 하길래
섹스 한 번 해드렸죠. 감사 인사는 넣어두세요.

⑤

마지막으로,
나의 팀에게 클래식 뮤지컬 <Porgy and Bess>에
나오는 노래 <I loves you Porgy>를 아주 느리고 인종차별적 입장에서
부적절한 버전으로 불러서 경의를 표하고 싶습니다.

피이이이이이이스.

진짜로 즐기고 있는 사람은 우습게 보이지 않는다

NOBODY LOOKS STUPID
WHEN THEY ARE HAVING FUN

불면의 밤

 잠과 나는 사이가 좋지 않다. 좋았던 적이 없다. 항상 잠들고 싶어 하지만 결정적인 순간엔 밀어내곤 한다. 숙면은 나에게 『모비딕』의 흰 고래와도 같다. 에이햅 선장처럼 나도 잠에 완전히 미쳐 있다. 나는 내가 얼마나 잠을 적게 자는지 떠벌리는 것을 좋아한다. 마치 그것이 내가 얼마나 열심히 일을 하는지의 지표가 되는 양 말이다. 밤에 잠에 들지 못해 고생을 하면서도 그렇다. 취침 시간은 두려움과 실망투성이다. 잠 못 드는 몸과 마음으로 혼자 있다 보면 온 세상이 잠에 들고 사라진 듯한 기분이 든다. 정말로 외롭다. 피곤한 상태와 내가 얼마나 피곤한지에 대해 얘기하는 것도 지겹다.

 '자러간다'는 표현은 항상 나에게 엄청난 불안감을 안겼다. 나는 내가 잘 하지 못하는 것을 하는 걸 좋아하지 않는다. 게다가 나는 아주 어릴 때부터 잠과 친하지 않았다. 바닥에 엎드리자마자 내 머릿속은 열리기 시작했다. 정신의 스위치가 켜져서 웅웅거린다. 원래는 스위치가 꺼져야 하는 시간이지만 말이다. 마치 내가 하루 종일 이 순간만을 기다려온 느낌이다.

잠들려고 애써야 할 때는 오히려 가장 생생할 때였다. 마치 뇌가 지금이야말로 스위치를 켜고 일을 해야 한다고 말하는 것처럼 느껴졌다. 심각한 문제다. 좀 쉬어야 하는데 할 일이 너무 많다.

부모님은 어릴 적 이야기로 우리를 에워싸서 삶이라는 레코드판에 깊은 울림을 만들어냈다. 그중 한 가지는 내가 잠을 엄청나게 안 자는 아이였다는 것이다. 내 별명은 '트위티 새'였는데, 3kg도 안 되는 작은 몸집에 커다란 눈이 달린 데다가 두 살 때까지 대머리였기 때문이다. 만화에 나오는 새 캐릭터와 똑같았다고 하는데 여전히 그렇다. 특히 힘든 주말을 보낸 후에는 더욱 그렇다. 부모님 말로는 내가 침대에 누워 밤새도록 눈을 말똥말똥 뜨고 있었다고 한다. 꽤 소름 끼치는 장면 아닌가? 창백하고 민머리에 작은 아기 새가 새장 창살 밖을 뚫어지게 쳐다보며 어른들과 밤새 눈싸움을 하는 모습이라니. 이런 상황이었으니 내가 태어난 후 부모님은 10년 동안 잠을 제대로 자지 못했다고 한다. 나는 지금과는 다른 시대에 태어났다. 여자들은 임신한 채 담배를 피우고 아무도 엽산에 대해 모르는 때였다. 케일을 먹는 사람도 없을 때였다! 비위가 약했던 우리 엄마는 병원에서 살을 빼라는 권고를 받았다. 나를 임신했을 때 겨우 8킬로그램밖에 찌지 않았는데, 항상 자랑스럽게 말하는 사실이자 내가 둘째를 가졌을 때 18킬로그램 찐 걸 가지고 잔소리를 해대던 근거였다. 한 번만 더 얘기하면 이웃집 마당으로 드롭킥을 날리겠다고 내게 협박당하고 나서야 그만 두었다. 엄마도 매우 작게 태어났는데 외할머니는 엄마를 옷장 서랍 안에 놓고 재웠다고 허풍을 떨었다. 옛날 사람들은 아기를 이상한 장소에 놓고서는 얼마나 딱 맞았던지 떠들어대는 것을 좋아한다. 아빠는 구운 감자를 손난로처럼 썼던 이야기를 들려주었다. 잘 모르겠다. 참 이상한 시절이었다. 어찌됐든 나는 아주 작았고 잠을 안 자는 아기로 낙인 찍혔다.

어릴 때 나는 이를 갈고 코를 골았다. 자면서 웃거나 말을 하기도 했다. 자면서 걸어 다니지는 않았지만 내 동생 그렉을 놀라게 한 적은 있다. 우리는 크리스마스 이브에 한 침대에서 자고 있었다. 떨어져서 자기에는 너무나 신나는 밤이었기 때문이다. 그렉은 나보다 3살 어렸고 금방 잠이 들었다. 반면에 나는 두세 시간 동안 머릿속 목록을 훑는 작업을 해야 했다. 가족에 대한 걱정을 하다가 손전등을 켜고 낸시 드류 책을 읽었다. 크리스마스 아침에 다섯 살이었던 그렉이 나를 깨워서 아래층으로 내려갔다. 나는 동생을 쳐다보면서 이렇게 말했다. "좋아, 그렉을 깨우러 가자." 동생은 그 유치원생 눈망울로 나를 쳐다보면서 안절부절못하며 소리쳤다. "내가 그렉이야!" 그때부터 우리 가족은 누군가가 잠꼬대를 할 때마다 "내가 그렉이야!"라는 말을 사용하게 되었다. 우리가 나이를 조금 먹은 후에 맞이한 크리스마스에는 그렉과 내가 밤중에 깨서 집안의 시계를 전부 몇 시간 앞으로 당겨 놓았다. 그러고는 시계가 여덟 시 반을 가리킬 때 부모님을 깨운 다음, 새까만 밤중이라는 걸 두 분이 눈치채기 전에 선물을 열어 보았다.

어릴 때는 친구 집 파자마 파티가 매우 큰 사건이었다. 파자마 파티는 여자아이들의 정상회담이었다. 서로 바싹 붙어 앉아서 무엇이 될지 담소를 나누었다. 꽤 긴장되는 사회적 실험이었다. 지금도 친하다고 생각하는 멋진 친구 두 명이 있다. 2학년 때 크리스틴 유마일을 만났다. 나보다 키가 작았는데 중요한 요인이었다. 반은 이탈리아인의 피가 흐르고 있었고 쉴 새 없이 지껄여 대는 타입이었다. 그 아이는 중학교와 고등학교에서 항상 '가장 귀여운' 여자아이였지만 시기, 질투하는 사람 없이 누구에게나 예쁨을 받았다. 얼마나 놀라운 친구인지 알겠지? 내가 '시스'라고 불렀던 안드레아 마호니는 리더십이 뛰어난 아이였다. 형제, 자매가 많은 아일랜드 가정에서 자랐는데 운동 신경이 뛰어나서 어딜 가든 환영 받았다. 나는 그 둘 사이에 끼게 되어 얻은 것이 많았다. 스누피 침낭을 친구들 사이에 나란히 두면서 이런 여자아이들과 친구라는 사실에 안도감이 들었다. 똑똑하고 성격도 좋았다. 착한 딸이자 자매였다. 내가 어울리는 친구들이 이렇게 멋지다니. 그렇긴 해도 여전히 무리에서 쫓겨나는 등의 어린 여학생들의 통과의례를 거쳐야 했다. 아마 대부분의 여자아이들이 이런 식의 살아있는 악몽을 겪을 것이다. 어느 날 등교해보니 밤새 아이들이 나를 엄청나게 싫어하게 되는 것이다. 대체 무엇이 현실인지 헷갈리는 경계 지대에 도착하게 된다. 이것은 집단적인 집요한 정신 폭력이며 매우 큰 흔적을 남긴다. 나는 몸을 사리면서 이 시기를 지나왔다. 몇 주쯤 지나자 모든 여자아이들이 다시 나를 좋아하게 되었다. 우리는 그런 일이 없었던 척했다.

왕따가 될 수도 있다는 걱정 때문에 잠에 들 수가 없었다. 끔찍한 내 코골이와 매력적이지 않은 잠버릇을 생각하면 더욱 그랬다. 나는 코를 골고 침을 흘리는데다가 입을 활짝 벌리고 잤기 때문이다. 당연히 보기 좋지 않았다. 11살 때는 예쁜 게 중요할 때다. 파자마 파티에서 나는 매번 최후의 생존자가 되곤 했다. 모두가 잠드는 동안 천장을 멍하니 바라보곤 했다. 가끔씩은 까치발로 돌아다니며 친구들의 잠든 모습을 구경하곤 했다. 한참 엎치락뒤치락하다가 슬쩍 주위를 살피고 외투를 찾아 입고 밖으로 나가기도 했다. 낯선 동네에서 일출을 여러 번 보았다. 그러고는 뒤늦게 잠에 들었다가 일어나 보면 텅 빈 집에는 마지못해 새로운 팬케이크 반죽을 섞기 시작하는 친구네 엄마만 있었다.

고등학교 1학년 수업은 아침 7시 30분에 시작했다. 우리가 사는 집에는 욕실이 두 개였고 엄마는 우리 학교에서 특별 수업을 맡고 있었다. 그러니 엄마와 그렉과 나는 동시에 욕조를 사용해야 했다. 나는 최대한 늦장을 부리다가 막판에 준비를 서두르곤 했다. 머리도 다 안 말린 채 나가다 보니 친구네 차를 타고 학교에 가는 동안 머리가 얼기도 했다. 엄마와는 절대 같이 차를 타지 않았다. U2 카세트를 트는 걸 좋아하고 하얗게 표백한 청바지를 즐겨 입는 롭네 차에 함께 타고 가는 걸 좋아했다. 수업 초반에는 점심시간인 10시 20분이 올 때까지 잠과 힘겹게 싸워야 했다. 점심시간에는 미국 십대 청소년에게 필요한 1,000칼로리를 먹어야 했다. 학교가 끝나는 1시 45분에 집으로 달려와서 바로 소파에 파묻혔다. 내가 좋아하는 <제너럴 호스피털>을 보거나 숙제를 해야 하거나 느릿느릿 소프트볼 연습을 하기 위해 걷기 위해서만 일어났다. 나는 항상 피곤했다. 지금도 항상 피곤하다. 요즘에는 어떤 잠이 좋은 잠인지, 얼마나 중요한지에 대한 기사를 읽다가 너무 간절한 나머지 울음까지 난다. 다른 사람들은 전부 잘 자는 것 같아서 정말 화가 난다.

　<SNL>에서 일을 시작하고 나서야 내 수면 문제에 대해서 안심하게 되었다. (미친 소리로 들리겠지, 지금 깨달았다.) 진정한 뱀파이어의 생활이었고 나의 생체 시계에 딱 들어맞는 생활이었다. 당시에는 아이가 없었으니 아주 늦게 일어나고 아주 늦게 자는 생활이 가능했다. 아침 10시는 엄청나게 이른 시간처럼 느껴졌고 새벽 3시는 보통 취침 시간이었다. 7년 동안 이런 생활을 했다. 뉴욕은 한밤중에 깨어있기에 완벽한 도시다. 간호사와 트럭 운전사들과 어울리고, 신문이 배달되는 모습과 운동 매니아들이 아침 조깅하는 모습을 보았다. 술 취한 부잣집 아이들이 클럽에서 쏟아져 나오는 모습을 보았고 나이 든 이탈리아인이 길가에 물을 뿌리는 모습도 보았다. 새벽 4시에 맨 정신으로 있는 경험은 술에 취해 휘청거리는 경험과는 아주 다르다. 확실히 두 가지 다 경험해 봤다. 클럽에 갔다가 밤새 머물면서 끔찍한 밤을 보냈던 기억이 있다. 다음 날 아침에 광고 패러디 촬영이 있었

다. 꽁꽁 얼은 분장실에서 퍼기1처럼 보이기 위해 스프레이로 태닝을 하는 동안 어찌나 피곤하고 몽롱하던지. 그 주에는 존 헤더Jon Heder2가 호스트로 나왔고 블랙 아이드 피스의 노래를 틀었다. 우리는 새벽 6시 뉴저지 고속도로 한가운데에서 춤을 춰야 했다. 전날 밤 잠을 잤던 사람은 존이 유일했다. 케난 톰슨은 왜 이런 짓을 했는지 모르겠다며 자신을 자책했다. 아주 긴 하루였다.

하지만 <SNL>과 함께 한 시간 동안 아이들을 위해 준비할 수 있는 것은 아무것도 없었다.

신생아를 키우는 것은 항상 생명체가 죽지 않을까 걱정해야 한다는 뜻이다. 적어도 처음만이라도. 매시간 아이들이 죽지 않았는지 확인해야 하며 내가 죽이진 않았는지 확인해야 한다. 그렇기 때문에 처음 엄마가 되었다면 절대 잠에 들 수가 없다. 또 한 가지, 휴일도 없다. 토요일 같이 느껴지는 날도 없어진다. 출산 이후에는 진정한 수면 박탈이 찾아온다. 달 위를 걷는 기분이라고 비유하는데 듣기만 했을 때는 무척 멋지겠다고 생각했지만 실제로는 정말 거지 같기 때문에 나는 내내 울었다. 첫 아이 아치가 3개월 되었을 때 <팍앤레>을 시작했다. 그때는 정말 서서 눈을 뜨고 졸았던 적도 있다. 잘 수 있는 짬만 나면 졸았다. 점심시간 20분도 감사했다. 제작 미팅 때도, 차 안에서도 졸았다. 아이 없는 사람들이 브런치에 대해 얘기할 때 분노가 치밀었던 적이 있다. 둘째 아이, 에이블을 가진 첫 해에 백 년은 늙었다. 둘째를 낳고 다시 몸을 되돌리기가 정말 어려웠다. 지금도 침대가

---

1 (옮긴이) 블랙 아이드 피스의 여성 멤버.
2 (옮긴이) 미국의 영화배우. <나폴레옹 다이너마이트> <로마에서 생긴 일> <고스트 팀>에서 주연을 맡았다.

아닌 곳에서 잠자기는 나의 특기다. 비행기에서는 왕처럼 잘 수 있다. 가끔씩은 잠을 자려고 여행가는 날을 기다릴 때도 있다.

아이들 덕분에 진정한 잠의 가치를 깨닫게 되었고 수면 부족을 이겨낼 수 있게 되었다. 나는 <애니>에서 애니가 우리에게 일깨워준 '하루만 기다리면 내일'이라는 진리를 믿으려고 노력한다. 잠은 우리의 인생관 전체를 완전히 바꿀 수 있다. 푹 잠을 자고 나면 매몰차게 이별의 말을 뱉을 수 없고 친구를 너무 심하게 대할 수 없으며, 경기에서 이기거나 일을 구할 수 있을 것이라고 생각할 수 있다. 마흔 정도 성숙한 나이가 되었을 때 수면 센터에 가서 조금 더 나아질 수 있는지 검사해 보기로 했다. 비벌리 힐스에서 많은 시간을 보내는데 세상에서 가장 이상한 동네다. 의사들의 수도이기도 하다. 비벌리 힐스에 있는 병원에 한 번도 가보지 않았다면 제대로 사는 게 아니다. 병원 내부는 모두 페르시아인 억만장자가 소유한 끝내주는 아파트 같다. 나는 예약한 밤 10시에 부유해 보이는 수면 센터에 들어섰다. 지시 받은 대로 하루 종일 카페인 음료를 마시지 않았다. 원래는 차를 달고 산다. 커피 향는 정말 좋아하지만 내 위가 받아들이질 못한다. 엄마와 오후를 보낼 때 차를 마시기도 하고 아치와 진지한 이야기를 할 때도 함께 차를 마신다. 검사 받는 날에는 차도 끊었지만 여전히 잠이 오지 않을까봐 걱정이 되긴 했다.

들어가면 이런 저런 선을 달고 코골이와 무호흡 증상을 기록한다고 했는데 과연 기록이 잘 될지 심각하게 의문이 들었다. 혹시 밤을 꼴딱 샌 사람이 있는지 궁금한 나머지 입 밖으로 꺼냈는데 다정하고 친절한 기술자가 머리를 가로 저었다. 내가 왜 여기에 왔는지 묻기에 경박한 말투로 이렇게 답했다. "제가 코를 곤다고 해서요."

내가 했어야 할 말은 "사는 내내 잘 때 목 졸려 죽는 듯이 크게 코를 곤다는 소리를 들었어요. 집안 전체가 코골이인데요, 빌어먹을 증거로 들이대려고 서로 소리를 녹음을 해서 들려준답니다. 들어보니까 제 몸이 저를 목 졸라 죽이려는 것 같더라구요."

작은 방으로 안내된 나는 세상에서 가장 이상한 호텔을 둘러보았다. 침대 하나와 램프 하나가 있었는데 여러 가닥의 선과 장치와 집게와 죔쇠에서 도무지 시선을 돌릴 수가 없었다. 나는 꼭두각시처럼 장치에 연결되어 기술자와 담소를 나누었다. 그는 매우 좋은 침대 머리맡 매너가 있었다. 이상한 수면 센터를 책임지고 있는 유일한 남자라면 꼭 갖추어야 할 요소다. 기술자가 전극을 연결하는 동안 나는 야한 농담을 던졌다. 나중에 나에게 사용할 거라면서 끔찍하게 생긴 호흡 기계를 설명하는 와중에 나는 그에게 아이들이 있는지 소심하게 물었다. 그는 불을 끄고 문을 닫았고 나는 크게 소리 내어 웃었다. "이런 데서 잠이 올 리가 없어." 그러고는 잠이 들었다. 결국에는. 나머지는 아주 흐릿한 기억인데, 찔리고 다시 기계와 연결되고 뒤집히고 한 기억이다. 8시간 후에 자연스럽게 깼는데 기분이 엿 같아서 매우 실망스러웠다. 기분이 아주 상쾌하거나 적어도 몸이 개운하리라고 기대했기 때문이다. 기술자는 의사가 결과를 알려주러 올 거라고 말했다. 나는 내가 코를 골았냐고 물었다. 기술자는 부드럽게 고개를 저으며 "아주 조금요."라고 답했다.

의사는 내 수면 패턴으로 보이는 초록색 그래프 앞에 나를 앉혔다. 전문가가 아닌 내 눈에도 그다지 좋아 보이지 않았다. 마치 내가 주기적으로 잠을 잘 잔다고 거짓말을 하는 듯한 모양새였다. 평소에 잘 때 얼마나 자주 깨는 것 같냐고 묻기에 "네 번 정도요? 가끔씩은 다섯 번이요."라고 답했다. 의사는 하루에 스무 번에서 서른 번 정도 깬다고 말했다. 내가 약간에서 중간 정도의 무호흡증이 있고 REM수면에는 한 번에 고작 몇 분밖에 도달하지 못한다고 했다. 나는 고개를 끄덕였다. 이건 내가 원래 알던 것을 확인 받는 것뿐이었다. 내가 잠을 잘 못잔다는 사실. 어떤 면에서는 실망스러웠다. "제가 본 경우 중에 최악이네요. 대체 어떻게 지금까지 그렇게 해온 것인지 기적 같군요. 즉시 하와이의 수면 재활센터로 들어가야 겠습니다." 이런 말을 듣지 않을까 살짝 기대했기 때문이다. 대신에 CPAP 기계를 받았을 뿐이다. CPAP, Compression 어쩌고 에이미 폴러의 약자였나? 모르겠다. 미안하다. 설명을 안 들었다. 끔찍한 마스크와 목구멍을 연결하는 장치를 바라보며 설명이 끝나기를 기다리고 있었을 뿐이다. 나는 그 장치를 접시 위에 놓인 야채를 바라보듯이 보았다. 몸에는 좋지만 대부분 땡기지 않는 것 말이다.

나에게는 나를 진정시키는 남자친구가 있다. 내 가슴 위에 손을 올려놓고 지루한 이야기를 들려준다. 내가 원할 때까지 깨어 있겠다고 약속해준다. 처음 함께 자던 밤에 잠에서 깬 나는 코고는 소리에 대해서 사과를 했고 그는 내 목소리를 들으려고 귀에 끼고 있던 귀마개를 뺐다. 내가 겪어본 것 중에 가장 로맨틱한 행동이었다. 그 끔찍한 호흡 기계를 해야 한다는 걸 알지만 선뜻 손이 가지 않는다. 어쩔 수 없이 아주 잠깐 착용했다가 옷장에 처박은 이후로 먼지만 켜켜이 쌓이고 있다.

사용해야 한다는 것을 안다, 알아. 노력하고 있다고. 나는 잠을 잘 못 잔다. 말했잖은가. 그 기계에 익숙해지기 전까지 수면 보조제, 입 벌림 방지 마스크, 특수 베개를 시도해 봐야지. 나도 잠들고 싶다. 정말이다. 깊은 잠에 푹 빠지고 싶다. 신이여 도와주소서.

제3부
있는 그대로의 내가 되자

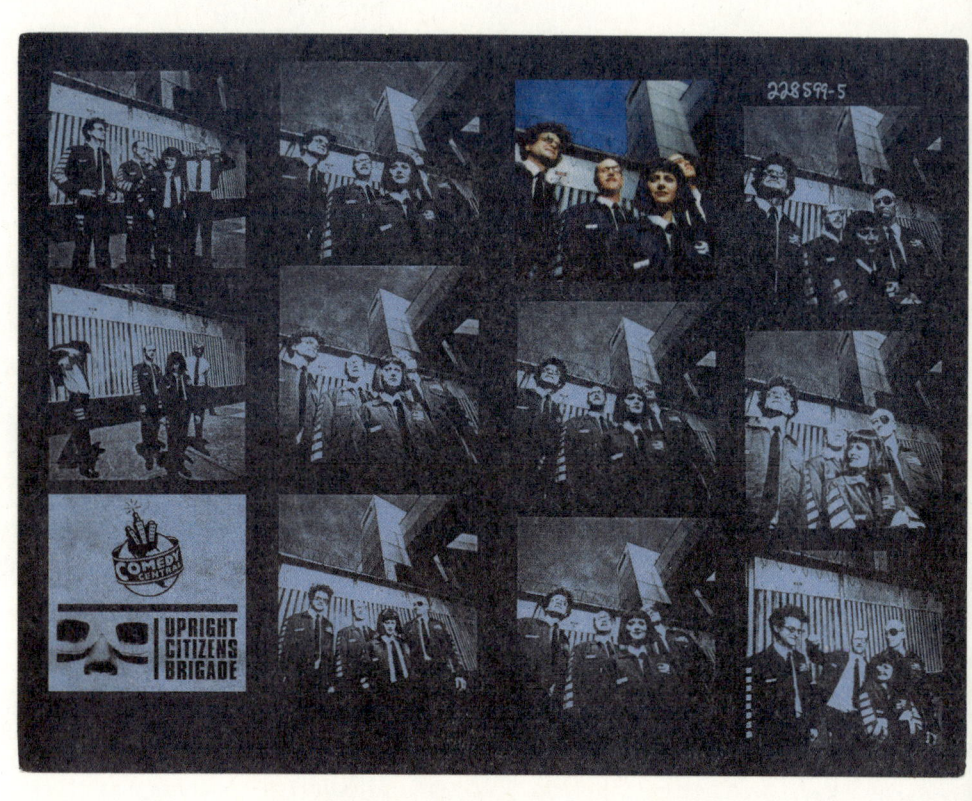

즉흥연기와 사랑에 빠지는 과정
뉴욕

나는 루나 라운지에서 마이크를 들고 관객들에게 안내를 반복하고 있었다. 1997년 후덥지근한 여름밤, 뉴욕 거리의 소음이 문을 뚫고 무대까지 들어왔다. 나는 스물여섯 살이었고 코미디를 하며 살아가고 있었다.

UCB는 월요일 저녁마다 고정적으로 공연을 했고 관객들은 술에 취해 있었고 행복했다. 관객들이 행복한 이유는 재능 있는 젊은이들의 멋진 코미디를 관람했기 때문이다. 더 스테이트The State, 마크 마론 Marc Maron, 재닌 가로팔로 Janeane Garofalo, 잭 갤리퍼내키스 Zach Galifianakis, 루이 C.K., 존 벤자민, 존 글레이저, 사라 실버먼 등. 관객들이 취해 있던 이유는 우리가 대마초를 가져가서 관객 모두에게 피우도록 강요했기 때문이었다. 우리가 가져간 것도 나눠주고 각자 관객들의 백팩을 뒤져서 피우도록 구슬렸다. 루나 라운지에서 공연을 하자는 제안을 받는 것은 정말 엄청난 일이었다. 우리는 소개말과 퍼포먼스를 열심히 연습했다. 대마초와 감자칩을 나눠주는 것도 그중 하나였다. 때는 9/11이 일어나기 전 '국토 안보법'이란 말에 대해 들어본 사람이 아무도 없을 때였지만 줄리아니 시장1이 있을 때라 예술가들이 표현할 권리가 조금씩 제한되고 있다고 느끼던 때였다.

    대형 눈보라가 닥쳐서 주민들이 스키를 타고 5번가로 내려온 지 몇 달이 지나서 나는 1996년 4월 맨해튼에 도착했다. 시카고에 살 때도 쇼케이스 공연을 위해 뉴욕에 온 적이 한 번 있었다. 웨스트 빌리지에 있는 듀플렉스라는 무대가 있는 바에서 공연을 했었다. 관객석에 사람이 있었는지 기억나지 않지만 경영자는 시끄러운 중서부 스케치 그룹과 커다란 소품 가방을 별로 좋아하지 않았다. 우리는 이런 말을 여러 번 들어야 했다. "여긴 시카고가 아니라고!"

    베서와 나는 <빌리지 보이스> 잡지에서 블리커 10번가에 있는 1층짜리 스튜디오 아파트를 발견했다. 웨스트 빌리지는 여전히 살짝 변두리였고 우리의 스튜디오 아파트는 콘도매니아와 킴스비디오 사이에 샌드위치처럼 끼어 있었다. 킴스비디오는 직원들이 게으르고 불평 많기로 악명 높은 힙스터 음반 가게였다. 창문에는 방범창이 달려 있었고 바로 앞에는 쓰레기장이 있었다. 우리가 처음 그곳에 갔을 때 그 집을 빌리려고 스무 명 가량이 줄을 서 있었다. 우리는 서둘러서 끔찍했던 집주인을 만났고 그 어수선하고 지저분한 사무실에서 부모님에게 전화해 공동 서명을 해달라고 부탁했다. 이 백만장자 악덕 집주인이 엉망진창인 책상 뒤에 앉아서 "네 얼굴 좀 보자."라고 말했던 장면이 흐릿하게 기억난다. 잘 보이려고 한 바퀴 빙글 돌기까지 했던

---

1 (옮긴이) 루돌프 줄리아니는 1994년부터 2001년까지 107대 뉴욕 시장을 지냈다. 뉴욕 치안을 안정시켰다는 평가를 받는 동시에 범죄율을 낮추기 위해 시민들의 자유와 권리를 침해했다는 비판도 받는 인물. 9/11 테러 때는 전립선암 투병 중에도 사태를 잘 수습했으며 <SNL>에도 출연하여 시민들과 소통을 잘했다는 평을 받는다. (이 책 154쪽 참고)

것 같다. 매일 저녁 맷과 나는 잔돈을 찾아서 창문 밖에 던져서 쥐를 쫓아야 했다. 우묵한 그릇을 스토브 위에 덮어놓아야 밤에 쥐가 화덕을 타고 올라오지 않았다. 한번은 커튼을 당겼더니 맞은편에서 자위를 하며 이쪽을 엿보고 있는 남자와 눈이 마주쳤다. 남자는 당황하지도 않고 마치 함선 갑판 위에서 작별인사라도 하는 양 손을 흔들었다. 내 인생이 패티 스미스와 가장 가까워진 순간이었다. 너무나 좋았다.

뉴욕에서 보낸 우리의 첫 해는 소품을 나르느라 다 갔다. 뉴욕은 무엇이든 급박하게 필요한 것을 구하기 좋은 도시다. 딜도, 질소, 장난감 총 등. UCB 공연은 스케치와 즉흥극이 혼합된 형태로 진화했고 비디오로 녹화한 퍼포먼스를 틀기 위해 거대한 모니터를 준비했다. 그때는 누군가의 포트폴리오를 유튜브에서 볼 수 있게 되기 전이었기 때문에 중요한 사람들은 직접 공연을 보러 왔고 우리는 방송 제작자가 나타나기를 기다렸다. 의자 위에는 <거프만을 기다리며Waiting For Guffman>2 식으로 테이프를 붙여 놓았다. 우리는 시카고에서 선보였던 공연 두 개를 그대로 가져왔다. 겸손하게 이름 붙이기를 <밀레니엄식 접근법>과 <페레스트로이카>라고 했다. 이 공연은 스케치와 영상과 즉흥극을 합친 형태였다. 나는 걸스카우트에서 노인까지 그 사이에 있는 모든 역할을 연기했다.

우리 넷(나, 이안, 베서, 왈시)은 KGB 바나 트리베카 랩처럼 검은 상자 같은 극장에서 공연을 했다. 대여료와 소품 비용을 제하면 공연

---

2 (옮긴이) 1996년 영화. 전설적인 프로듀서 거프만을 초대해 쇼를 감상하게 할 계획을 가진 감독 코기는 주민들을 데리고 뮤지컬을 만들기 위해 고군분투하는데, 연기는 형편없고 시예산은 터무니없이 부족한 상황에 맞닥드린다. 거장이 꼭 올 것이라 믿으며 의자 하나에 'Reserved'라고 쓰인 종이를 붙여 놓는다.

때마다 적자가 났다. 대부분 공연에는 관객이 열 명 정도 들었다. 친한 친구 다섯 명, 낯선 사람 두 명, 미친 사람 한 명, 그리고 부모님 한 쌍. 그러다가 서프 리얼리티나 루나 라운지 같은 곳에서 공개 무대 공연을 열기 시작했다. 그곳에서 우리와 비슷한 공연자들을 만날 수 있었다. 우리는 커다란 고양이 머리나 공룡 마스크를 쓰고 확성기를 든 채로 워싱턴 스퀘어 공원에서 공연 전단지를 나눠주며 사람들을 귀찮게 했다. 밤에는 공연을 하고 글을 쓰고 꿈을 꾸고 계획을 짰다. 스케치와 즉흥극으로 24시간 일주일이 빽빽했다. 우리를 돌볼 사람은 우리 자신뿐이었다.

코미디를 하기에 매우 흥미로운 시기였다. 스탠드업 코미디는 80년대를 주름 잡았다. 로잰느 바Roseanne Barr나 제리 사인펠드Jerry Seinfeld 같은 코미디언의 스탠드업 코미디는 성공을 거두었고 자신의 이름을 걸고 TV 프로그램을 만들었다. 90년대에도 여전히 코미디를 하다가 방송국에서 '독점 계약'을 제안할 경우 큰돈을 벌 수 있었다. 물론 선택된 소수만 누릴 수 있었지만. 뉴욕과 로스앤젤레스에는 특정한 움직임이 몰려오고 있었는데, '대안 코미디'라고 부르는 파도였다. 어떤 사람들에게 우리는 노트북에서 반쯤 익은 아이디어를 꺼내 읽는 풋내기 공연가들처럼 보였을 것이다. 하지만 우리는 뭔가 다르다고 생각했다. 사람들은 무언가를 밖에 꺼내놓으려 했으며 흥미진진한 냄비 안에 모든 것을 함께 섞으려 했다. 스탠드업 코미디에 음악이 더해졌고, 퍼포먼스 아티스트들은 농담을 했고 음악가들은 스케치를 썼다. 작은 공연장들은 '대안의 밤'을 제공했고 공연자들은 관객을 그전과는 완전히 다르면서도 다양한 것을 섞는 방식으로 마주했다. 어떤 형태라도 가능해 보였다. (소이밤으로 알려진) 마이클 포트노이

Michael Portnoy[1]가 음악에 맞춰 자신의 몸을 뒤틀면 사라 보웰Sarah Vowell[2]은 이야기를 읽고 그러다가 데이브 샤펠Dave Chappelle[3]이 농담을 하는 식이었다. 내가 이해할 수 있는 언어와 내가 참여할 수 있는 코미디라는 느낌이 왔다. 그동안 즉흥극을 연습해온 것은 이것을 위해서였다는 생각이 들었다. 앤디 릭터Andy Richter[4]의 아내인 사라 티레와 함께 갔던 북클럽에서 재닌 가로팔로를 만났다. 나는 재닌의 스탠드업 코미디와 <벤 스틸러 쇼>와 영화 <청춘 스케치>에서 그녀의 연기를 정말 좋아했다. 우리는 뉴욕을 종횡무진하며 삶과 예술과 정치에 대해 이야기꽃을 피웠다. 그녀에게 나의 아이돌이라고 말하고 싶은 욕구를 이겨내고 천천히 우리는 친한 친구가 되어갔다. 뉴욕에서 산다는 것은 생생하고 이상하면서 새로웠다.

"쇼는 끝나지 않았어!" 나는 루나 라운지에서 얼큰하게 취한 젊은 관객들을 향해 마이크에 대고 이렇게 외쳤다. 우리는 마지막 순서로 길가를 가로질러 가기로 했다. 다시 한 번, UCB는 관객들을 데리고 밖으로 나섰다. <Time Out New York>의 코미디 작가이자 우리의 친구인 신시아 트루Cynthia True가 무대 위로 올라왔다. 그녀는 집값이 오른 것에 대해 항의하는 의미로 옷을 벗은 채로 길을 걷기 시작했다. 조용한 반항으로 시작된 것이 이제는 뉴욕 동남부 시위가 되었다. 우리는 인도로 쏟아져 나와서 신시아의 행진을 따르기 위해 모퉁이를 돌

---

1 (옮긴이) 멀티미디어 아티스트. 1988년 그래미 시상식에서 밥 딜런이 <Love Sick>이라는 곡을 공연하는 도중에 자신의 가슴에 'Soy Bomb'이라는 글자를 페인트칠하고 무대로 난입해 이상한 춤을 췄던 사건 후 '소이밤'이라는 별명이 붙었다.

2 (옮긴이) 미국의 작가이자 배우. 미국 역사와 문화에 관한 책을 일곱 권 썼으며 1996년부터 2008년까지 <This American Life> 라디오 프로그램에 에디터로 참여했다. 영화 <인크레더블>의 바이올렛 역의 목소리 연기를 하기도 했다.

3 (옮긴이) 스탠드업 코미디언, 배우, 작가이자 감독. 국내 넷플릭스에서도 데이브 샤펠의 스탠드업 코미디를 볼 수 있다.

4 (옮긴이) 미국의 배우, 코미디언. <코난 쇼>의 감초이자 코난 오브라이언의 오랜 친구.

았다.

그렇게 보낸 뉴욕에서의 몇 년은 정말 운이 좋았다. 두 번째 해에는 솔로 아트라 댄스 스튜디오를 발견했고 우리의 실질적인 집으로 만들었다. 엘리베이터가 없고 바닥이 울퉁불퉁한 5층짜리 건물이었다. 남동생 그렉은 바텐더로 일했다. 우리는 집세를 내기 위해 일주일에 다섯 번씩 공연을 하고 연기 클래스를 열었다. 밤에는 무료 공연인 애스캣_{Asssscat}으로 관객을 끌었다. 완전히 즉흥연기로 이루어진 쇼로, 맨 처음 관객으로부터 나온 한 단어를 가지고 첫 사람이 독백을 시작하면 나머지 사람들이 그 이야기에서 즉흥극을 이어나가는 식이었다. 애스캣이라는 이름은 호라시오, 베서, 맥케이와 다른 이들이 크게 실패했을 때 억양 없는 말투로 "애스캣"이라고 외쳤다는 데에서 나왔다. 이 단어는 엄청난 빈둥거림이라는 뜻을 담고 있었다. 바로 무엇이든 벌어질 수 있는 밤 말이다. 공연은 일요일마다 있었다. 살면서 교회와 가장 가까웠던 시기이다.

우리는 이상한 아르바이트나 다른 공연을 하며 생계를 유지했다. 코난 오브라이언 쇼는 방대한 범위의 젊은 시청자를 대상으로 하고 있었고 코난은 우리에게 <레이트 나이트>의 주간 퍼포먼스를 하도록 해주었다. 방송에서 대사를 여섯 줄 이상 하면 600달러를 받았다. '먼저 웃기기 콘테스트_{Staring Contest}' 같은 코미디 코너를 하면 집세를 낼 돈을 벌 수 있었다. 한번은 커다란 '스펀지 고무 앤디' 코스튬을 입고 몇 시간 동안 달리기를 한 적도 있었다. 같은 날 거기 있었던 닙시 러셀_{Nipsey Russell}은 이렇게 말했다. "할리우드에는 타자기 하나와 복사기 천 대가 있다." 나는 땀 흘리는 머리를 끄덕이며 무슨 뜻인지 알아들은 척 했다. 시카고의 즉흥연기자이자 코난 전속 작가였던 브라이언 스택Brian Stack은 나를 위해 '앤디의 막내 여동생'이라는 캐릭터를 만들어줬다. 이름은 스테이시였고 커다란 교정기를 끼고 코난에게 집착하는 여자아이였다. 나는 비좁은 분장실에 앉아 긴 독백을 암기했는데 마무리는 주로 코난의 테이블에 난입하는 것이었다. 이때 나의 사춘기 연기 레퍼토리에 혀짤배기소리로 말하는 미치광이 특성이 추가되었다. 아담 샌들러와 롭 슈나이더가 방문했다가 나를 보고 <듀스 비갈로Deuce Bigalow>에 캐스팅했다. 1998년 여름부터 촬영장에 출근하는 날마다 기본 일당을 받았다. 첫 장면은 애너하임 구장에서 수천만 명의 엑스트라 배우들과 함께였다. 나의 첫 할리우드 대작 영화 출연이었지만 첫 영화는 아니었다. 내가 스크린에 데뷔한 것은 1998년 전도 유망한 인디 영화감독 루이 C.K.가 만든 <Tomorrow Night>라는 영화에서 '길을 걷다가 호스에 물을 맞는 여자' 역을 맡은 것이었다. 얼마 후, <Ths State>의 마이클 쇼월터Michael Showalter와 데이빗 웨인David Wain이 찌는 듯이 더운 해변 이야기를 담은 컬트 클래식 영화 <웻 핫 아메리칸 썸머Wet Hot American Summer>에 나를 캐스팅했다.

잠시 동안 우리는 <This is Not a Test>라는 브로드웨이 비디오의 온라인 프로그램에 참여했다. 당시 기술 전문가들이 미래에는 어떤 변화가 올지 설명해주었는데 우리는 모두 이해를 하지 못했다. 모든 사람이 결국에는 컴퓨터로 기사를 읽는다나. 나는 코웃음을 쳤다. 오후에는 코미디를 쓰고 인터넷 게시판에 들어가 백인 우월주의자들의 글에 고개를 흔들었다. 그렇게 글을 쓰며 몇 주를 보낸 후 라이트 브라이트Lite-Brite 같이 생긴 느릿느릿한 플래시 그래픽으로 만들어진 데모를 볼 수 있었다. 우리가 결국 잘리게 되었을 때 얼마나 행복했는지, 그때는 이 인터넷인지 뭐시기가 그저 지나가는 유행인줄로만 알았다. 기술을 보는 눈이 이렇게 없었으니 내가 배우가 된 것도 당연한 일이다.

1988년 우리의 매니저 데이브 버키의 끈질긴 시도와 방송국 간부 켄트 알터먼 Kent Alterman의 전망 덕분에 코미디 센트럴에서 스케치 쇼 제안을 보내왔다. UCB는 수요일 밤 또 다른 새로운 프로그램이었던 <사우스 파크>가 끝난 후에 방송될 예정이었다. 둘 중 하나는 아주 인기가 많았다. 베서와 나는 헤어졌는데, 서로를 위하여 나쁘지 않게 이별했다. 맷은 지금의 아내가 된 다니엘 슈나이더 Danielle Schneider와 사랑에 빠졌고 UCB는 우리들의 스케치 쇼를 쓰고 제작하고 출연했다. 그 일에 전력을 다했고 정말 즐거웠다. 필 모리슨 Phil Morrison의 천재적인 감독 아래, 우리에게는 사무실이 주어졌고(사무실!) 세트장도 있었으며(우리한테 세트장이 있다니!) 텔레비전에도(우리 부모님이 볼 수 있는!) 나왔다. UCB가 코미디 센트럴에 출연하자 우리 부모님은 집 지하실

에서 상영 파티를 거하게 열었다. 아버지는 UCB라고 적힌 자동차 번호판을 장만했다.

프로그램은 우리의 멘토 델 클로즈가 만들어낸 롱폼 즉흥극 형식으로 '더 해롤드The Harold'라는 이름의 쇼였다. 장면, 장면은 연결되었고 캐릭터들은 서로 다른 세계에 살았다. 대부분의 쇼가 특정한 주제를 중심으로 연출됐다. 기본적으로 UCB라고 불리는 무리가 지하 벙커에서 일을 한다는 설정이었다. 유나바머, 해리 트루먼, 알버트 아인슈타인, 예수 등을 빼고는 팝 문화나 패러디를 거의 하지 않았다. 우탱 클랜1의 르자RZA가 한번은 옆집 지하에 사는 이웃으로 출연해서 UCB에게 설탕을 빌려주는 연기를 한 적이 있다. 쇼는 세 시즌 동안 지속되었고 그 짧은 기간 동안 나는 카메라 앞에 서는 법, 길고 긴 근무시간을 버티는 법을 배웠다. 그리고 인공 치아를 끼는 게 얼마나 끔찍한지도 알게 되었다.

---

1 (옮긴이) 미국의 힙합 그룹. 미국 뉴욕을 중심으로 활발히 활동했으며, 멤버로는 RZA, GZA, Raekwon, U-God, 고스트 페이스킬라, Inspectah Deck, 메소드 맨, Masta Killa, 올 더티 바스타드로 총 9명이다

우리는 델에게 오프닝 타이틀을 녹음해달라고 부탁했다.

"문명의 새벽부터, 우리는 땅굴을 파기 위해 존재해 왔다. 우리의 유일한 적은 현상 유지이다. 우리의 유일한 친구는 혼돈이다. 그곳에는 정부도 없고 무한한 자원도 없다. 무언가 잘못 된다면 우리가 원인이다. 지구 위의 구석구석이 감시당하고 있다. 무엇을 하든 우리가 지켜보고 있다. 항상. 우리는 강력한 힘은 약해져야 한다고 믿는다. 우리는 사회를 불안정하게 만들어달라는 사람들의 목소리를 듣는다. 앙투안느, 콜비, 트라터, 아데어. 우리는 업라이트 시티즌 브리게이드다."

쇼는 거의 아무도 보지 않았다. 이렇게 끝내주게 이해하기 쉬운 오프닝에도 불구하고 왜 그랬을까 의문이다. 그래도 이 쇼는 우리를 보일 기회를 주었다. 쇼 덕분에 극단을 유지할 수 있었다. 점점 몸집이 커지자 우리만의 공간이 필요해졌다. 우리는 첼시 22번가에 있는 오래된 하모니 극장을 구했다. 원래는 풍자극 극장이었는데 무대를 전부 분해하고 거울을 부쉬버렸다. 대기실에는 사물함이 나란히 배치되어 있었는데 그 안에는 오래된 비키니와 프린스 믹스 테이프가 들어있었다.

생각 없이 욕실 청소에 나선 나는 정말 끔찍하게도 화장실에서 열 개가 넘는 콘돔을 끄집어내야 했다. 1999년 코미디 극장을 열고 몇 년이 지난 후에도 한낮에 누군가 들어오면 우리는 당황하곤 했다. 잘 차려입은 신사가 로비로 느긋하게 걸어와서 코미디 전단지에 관심이 있는 척하다가 금방 나가곤 했다. 22번가 건물은 지금은 유명해진 재능 있는 젊은이들의 사랑방이 되었다. 나는 이 극장에서 밀레니엄의 끝을 축하했고, 엄청난 공연도 보았고, 싸웠고, 울었고, 뒹굴었다. 9/11이 터진 후에는 다 같이 모여서 코미디를 한다는 것이 번화가의 커다란 건물에서 일하는 것이 아니라서 다행이라는 이야기를 했다. 2002년 건물 주인이 법규 위반으로 고소를 당했고 건물은 문을 닫았다. 당황한 우리는 다시 모여서 대책을 세웠다. 그러면서 깨달았다. 그곳은 그저 공간이 아니고 사람들이었다는 것을.

1년 뒤 우리는 22번가에서 몇 블록 떨어진 곳에 150석짜리 극장을 구했다. 조금 더 화려했지만 그리스티디스 슈퍼마켓 아래에 있어서 쇼핑 카트 끄는 소리와 쓰레기 오물이 계단 밑으로 흘러서 머리 위로 떨어지는 참사를 견뎌야 했다. 나는 <SNL>에 있을 때도 이곳에서 계속 스케치를 쓰고 공연을 했다. 2003년 뉴욕 대규모 정전사태 때는 극단 발전기가 돌아가는 덕분에 동료들과 무대 위에서 잠을 잤다. 2007년 할리우드 작가 파업 때는 예전 스케치들과 우리가 직접 만든 <SNL> 에피소드를 공연했다. 마이클 세라 Michael Cera가 호스트였고 뮤지컬 게스트는 요 라 탱고였고, 우리는 객석에 앉아있던 론에게 생일 케이크를 주었다. 극장 문을 열고 들어갔을 때 무대에서 공연이 진행 중이면 세상의 법칙이 계속 돌아가고 있다는 안정감이 든다. 동시에 죽어서 내 장례식에 참석한 것 같은 기분도 든다. 결국 좋으면서 안 좋다는 얘기다.

그 후로 꾸준히 극단이 성장했다. 2005년에는 LA에 우리의 첫 번째 극장을 열었다. 같은 해에 <애스캣>이라는 공연을 브라보 채널에서 한 시간 스페셜로 방영했다. 즉흥극이 TV에서도 흥할 수 있다는 것을 증명하기 위한 시도였고 티나, 드래치, 앤드 리처 등의 배우들이 함께 했다. 2006년 뉴욕에 트레이닝 센터를 열었다. 드디어 쓸 만한 사무실과 강의실이 생긴 것이다. 2008년에는 웹사이트인 UCBComedy.com을 열었다. 2010년에는 공인 연극 학교가 되었다. 2014년에는 뉴욕에 14개의 강의실과 피크닉 테이블이 있는 UCB 트레이닝 센터를 열었고, LA에도 새로운 공연 공간을 열었다. 각 극장마다 평균적으로 매일 밤 네 가지, 일주일에는 스물네 가지 공연을 했고 모두 10달러 이하였다. 계속 자랑해야지.

작년에 우리는 티켓을 400,000개 이상 팔았고 4,000개가 넘는 공연을 제작했으며 11,000명이 넘는 학생들을 가르쳤고 216명의 직원을 고용했다. 델은 1999년 폐기종과의 오랜 싸움 끝에 숨을 거뒀다. 델이 죽기 전 날, 병실에서 위칸식 의식을 했는데 빌 머레이와 해럴드 래미스Harold Ramis가 참석했다. 델은 초콜릿 마티니를 마셨고 다음 날 세상을 떠났다. 델은 항상 언제 마무리를 지어야 하는지를 알았다. 그가 샤르나에게 마지막으로 남긴 유명한 말이 있다. "항상 가장 웃긴 사람 되는 것도 이제 지겨워." 그는 시카고의 Goodman 극단의 <햄릿> 제작에 사용될 수 있도록 자신의 두개골을 기증했다. 델은 UCB를 위해 계속 수련하는 방법에 대한 구체적인 지침을 영상 메시지로 남겼다. 매우 번뜩이며 감동적이었고, 언제나 그렇듯이 알아듣기 쉽진 않았다. 그는 우리의 모토인 "생각하지 마Don't think"라는 말을 해주었다. 그를 기리기 위해 우리는 델 클로즈 마라톤을 시작했다. 매년 52시간 동안 즉흥극 마라톤을 열어서 전국에 있는 즉흥연기 그룹이 모두 참여할 수 있도록 했다. 15년 후에는 일곱 개의 무대에서 400개가 넘는 그룹이 쉬지 않고 56시간 동안 즉흥연기를 펼치게 되었다. 우리의 무료 즉흥 공연인 <애스캣>은 이제 18주년이 되어간다.

UCB와 함께 한 나의 이십대를 다 쓰자면 책 한 권을 다 채우고도 남을 것이다. 바라건대 누군가 써 줬으면 좋겠다. 내가 쓰기는 너무 끔찍하고, 게다가 그때의 내 기억은 마약으로 흐릿하고 너무 장밋빛이다. 내가 할 수 있는 건 신속한 사진 제공이다. 그때 사진 속의 나는 어리고 날씬하니까. 이것만은 말할 수 있다. 뉴욕은 외로워지기 쉬운 곳이다. 우리는 어려운 시기를 꼭 붙어서 서로가 덜 외로울 수 있는 집을 만들었다. UCB 커뮤니티는 다정한 공동체였고 최고로 웃기는 사람들로 가득했다. 이안, 베서, 왈시와 내가 결코 한 번도 돈을 목표로 움직이지 않았다는 사실이 자랑스럽다. 우리는 절대 급여를 받지 않았고, 아티스트에게 요금을 받지 않았고 '최소 2잔 음료'를 강요하지도 않았다. 아티스트들은 공연의 방식을 이해하는 관객 앞에 설 것임을 알고 리허설 및 공연을 했다. 관객들은 적은 돈을 내고도 훌륭한 코미디를 볼 수 있었다. 어떤 유명인이 등장할지 알 수 없었지만 무대에 올라오는 사람들 중 몇몇은 언젠가 유명해지리라는 사실은 항상 알고 있었다.

UCB의 모토는 "생각하지 마."였다. 델의 지시문에서 시작된 말로, 기업에서 하는 앞뒤 다른 말을 받아 쳤던 대사였지만 이제는 우리 학교와 극단의 기본 원칙이 되었다. 생각하지 마. 네 머릿속에서 벗어나. 계획 세우지 말고 그냥 시작해. 극단은 사람들의 것이다. 공간을 운영하고 회사를 더욱 강하게 만들고 있는 알렉스 시드티스Alex Sidtis와 수잔 홀Susan Hale의 것이기도 하다. 또한 무대 위에 섰던 수백 명의 사람들과 그 사람들을 지켜봤던 더 많은 사람들의 것이다. 무대 위에 올라갈 시간만을 기다리며 수련하던 학생들의 것이기도 하고, 무대를 짓는 데 힘을 보탰던 직원 및 인턴들의 것이기도 하다. 생각하지 마. 그냥 해. 우리는 그렇게 했다.

행진할 준비가 된 신시아가 트렌치코트를 벗더니 아름다운 알몸으로 튼튼해 보이는 레인부츠를 신었다. 재닌은 원하지 않는다면 갈 필요가 없다고 당부한다. 우리는 모두 내가 준비해온 폭죽을 보며 웃었다. 한 남자가 불을 구하러 우리쪽으로 다가왔다가 자기 앞에 있는 벌거벗은 여성을 보고 미처 제대로 반응하지 못했다. 뉴욕은 이미 모든 것을 보았지만 나는 이제 막 시작이었다. 모두 줄을 서서 나를 보고 응원하려 했다. 우리는 모두 젊었고 자유로웠으며 활짝 열려 있었다. 신시아는 도시를 걸었고 내 마음속 카메라는 내가 사랑하고 존경하는 사람들의 얼굴을 훑었다. 그들의 머리 위에서 나무 위까지 올라갔다. 그리고 지붕 위에서 춤을 추다가 달을 향해 올라갔다. 나는 나의 부족tribe을 발견했다. 즉흥연기를 함으로써 나는 우리가 살 수 있는 집을 짓는 데 동참했다. 끊임없이 즉흥적으로, 내가 계속해 온 것처럼 그대로 만들어냈다.

S.S.S.S.C.A.I.

long form comedy improvisation

Dec. 11 Friday 9:30pm
Dec. 13 Sunday 9:30pm

featuring the Upright Citizens Brigade

FREE! (but donation requested)

...and Broadway)

TONY TURNS FIVE!

CHAOS THEORY

PHOTOGRAPH BY ERIC OGDEN

UPRIGHT CITIZENS BRIGADE

...comedy conspiracy for the next millennium

"Best Live Sketch In New York These Days!"
— TIME OUT NEW YORK

"Surreal, Edgy Originality!"
— NEW YORK POST

"Truly Spellbinding!"
— NEW YORK MAGAZINE

"A Group With Personalities And A ... e So Strong They We... By Their Outlandi..."
— THE NEW YOR...

"BIG DIRTY HANDS" — EVERY S... Solo Arts 36 West 1...

ASSSCAT improvisational comedy — EVERY SU... also at So...

reservations for all shows, ca...

CHRISTIAN COALITION #1	[cast]		Radio Head drives by cranking out
music - radio head "Creep"			
NAIL IN HAND	[besser, ian]		besser screams in agony
UCB #5 SPAINISH WORDS	[amy]		amy says, "Mano."
music - midnight star "electricity"			
BUCKET OF TRUTH	[walsh, amy, ian]		walsh turns on tv / walsh yells, "It's true."
music - tv noise			
UCB #6 NATIONAL COCKFIGHT '95	[amy, ian, besser]		besser and ian rooster / walsh says, "...a golf course."
ASS PENNY	[ian, besser]		ian says, "...in my ass!" / walsh shows penny collecti...
BROWNIE AND NUT #2	[cast]		besser picks up amy and runs
VIDEO #4			
FORTUNE COOKIE #3			
CHRISTIAN COALITION #2			
music - ministry "NWO"			
JUNGLE #3			

The days of h...

...the restructuring of society begin

3:00 – 5:00 PM N.O.R.M.L. SEMINARS "THE IMPACT OF MARIJUANA PROHIBITION ON CIVIL LIBERTIES, FAMILIES, AND RACIAL MINORITIES," LED BY DEBORAH SMALL (EXPERT ON RACE AND THE DRUG WAR)

OTHER PANELISTS INCLUDE: NANCY LORD JOHNSON (EXPERT ON FDA AND INTERNATIONAL LAWS) AND MONICA PRATT & MIKKI NORRIS WILL TALK ABOUT FAMILIES AND THE DRUG WAR, USING SLIDE SHOW FROM HR95)

6:00 PM EXPO CLOSES
7:00 PM JUDGES LOUNGE CLOSES
7:30 PM LAST BUS TO MELKWEG

MELKWEG:THE MAX:OPENING CEREMONIES:HOSTED BY WATERMELON
8:00 PM DOORS OPEN
8:30-10:00 PM MUSIC BY DJ HEPCAT
10:00-10:15 PM VIDEO PRESENTATION OF "CANNABIS CASTAWAYS" FOOTA...
10:15-10:45 PM STONER COMEDY BY "UPRIGHT CITIZENS BRIGADE"
10:45-12:30 AM SPECIAL MUSICAL PERFORMANCE BY PATTI SMITH
12:30-2:30 AM MUSIC BY DJ HEPCAT

MELKWEG:THE OLD ROOM:SMOKER'S REUNION PARTY "THE GRASS OF 2000"
8:00-10:00 PM MUSIC BY LOCAL DJ'S NOAH AND JEWLS

file://C:\WINDOWS\TEMP\HTMLZ\ELPD111.TMP   11/3/00

UPRIGHT CITIZENS BRIGADE

CITIZENS BRIGADE:
MILLENIUM APPROACHES
Second City E.T.C.
1608 N. Wells
(312) 642-8189

UPRIGHT CITIZENS BR...
PERESTRO...
ImprovOlympic
3541
(312)-8...
SATUR...
OPEN...

ImprovOlympic Theater
3541 N. Clark Ave.
(312)880-0199

Saturdays 8:30pm
OPENS
MARCH 4TH

THE REAL REAL WORLD

...the true sto
MTV tried to

Anne Frank
The Diary of a Young Girl:
UNEXPURGAT

2 Scandals for the Price of ONE!!

a shocking account of y
love in a "secret anne

direct
JOE AU

- media web interruption
- The Standup Circus Act
- Hong Kong Danger Duo
- Massage Volunteer
- Astronaut Prejudice
- Porkchop Doctor & Lil' Squirty
- The Title Brothers present "The Wom
- Gags In the Future
- Stage Combat
- Little Donny
- Alien Interruption
- The Improv (Abortion) Song
- UCB Focus Group: the Average American vs. the Alternative Am
- Blue Man and STOMP guy
- Black Muslim Robot Rant
- Chef Therapy
- Gangsta Rap Audition
- The Wedding Present Party
- The Comedy Indicator: "Cunt Kills"
- Jesus vs. Jordan — the new religio
- Fans In The Background of Newscas
- Rape Pitch and Movie Trailer
- The Candy Story with Marlboro Man
- Hootenanny & the Funbunch
  a. Dad's new idea   b. Nitrous Oxide

UPRIGHT CITIZENS BRIGA

A BUCKET OF TRUTH
BIG BLACK "KEROSENE" JEFF RICHMOND "E.C. SONG"
MIDNIGHT STAR "ELECTRICITY" HURRICANE "How
LYLE LOVETT "All My Love is Gone" FAREWELL My Co
SUICIDAL TENDENCIES "I don't give a fuck" DISNEY etc.
MINISTRY "NWO" BOREDOMS "THALIDOMIDE CAR" therap
MEDICINE "AOUCH" SOUSA MARCH

CHIEF ENGINEER OF SOUND AND LIGHT OPERATIONS
ERIC ESCINOZI

VIDEO/SOUND OPERATIVE
KAREN HERR

PUNCH YOUR FRIEND IN THE FACE
SHELLAC "My Black Ass" "A Minute" "Song Of The Minerals"
Altered States Led Zeppelin "Whole Lotta Love" Chrome
Kansas MIDNIGHT COWBOY JESUS LIZARD "" Cole
Alan Parson's Project "Sirius" DEVO "Mechanical Man"
SIR MIX-A-LOT "Monster Mack" FLAMING LIPS "Go Walking Among Us"
BOING WATER The Good, the Bad, and the Ugly

VIA FAX & MAIL   March 23, 1998

Ms. Amy Poehler
c/o William Morris Agency
1325 Avenue of the Americas
New York, NY 10019
Attn: Mike August

Re: The Upright Citizens Brigade

Dear Amy:

This is to confirm that Comedy Partners is exercising its first option pursuant to paragraphs 4 and 5 of the agreement dated as of May 1, 1997 between you and Aardvark Productions for ten (10) episodes based on the Pilot you submitted to us.

Congratulations!

Yours truly,

Joan S. Aceste

cc: E. Katz
       K. Alterman

JOAN S. ACESTE Vice President, Legal & Business Affairs
CENTRAL

UPRIGHT CITIZENS BRIGADE

ADAIR	ANTOINE	COLBY	TROTTER
Matt Besser	Ian Roberts	Amy Poehler	Matt Walsh

additional material: ERIC ZICKLIN
PUNCH YOUR FRIEND IN THE FACE directed by Ned Crowley
A BUCKET OF TRUTH directed by Joe Auxilary

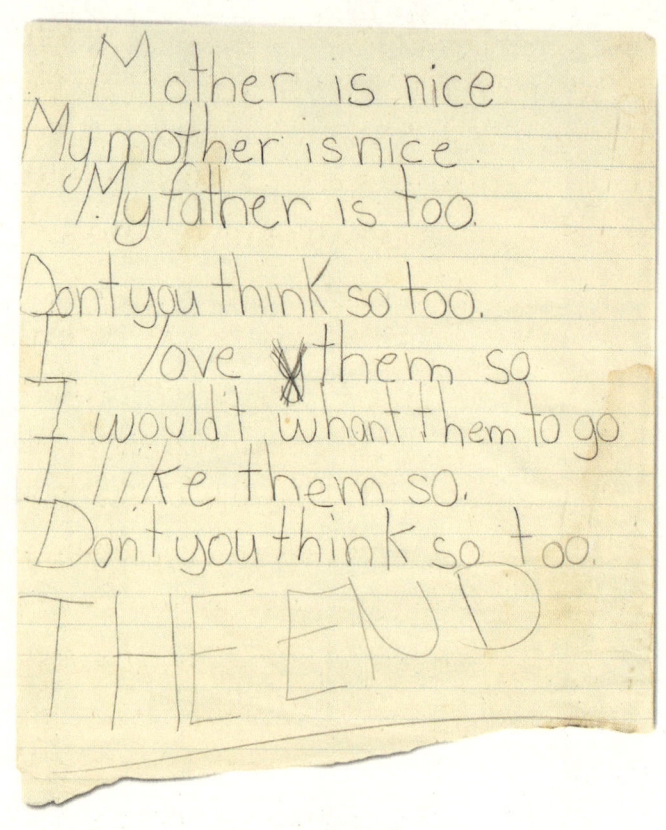

엄마가 좋다
우리 엄마가 좋다
우리 아빠도 좋다
두 분도 그렇게 생각하죠?

엄마 아빠를 사랑하니까
어딘가로 가지 않았으면 좋겠다
엄마 아빠를 좋아하니까
두 분도 그렇게 생각하죠?

끝

부모님은 그냥 다 아신다

아일린 프란시스 밀모어는 1947년 2월 7일 매사추세츠 워터타운에서 태어났다. 세 자매 중 장녀였다. 어머니 헬렌은 성 패트릭 고등학교에서 비서로 일했고 아버지 스티븐은 소방관이자 제2차 세계 대전 참전 용사였다. 아일린은 보스턴 주립 대학교에 갔고 우수한 학생이 되었다. 농구 경기장에 가던 학교 버스에서 지금의 남편(우리 아빠), 윌리엄을 만났다. 아일린는 치어리더 단장이었고 윌리엄은 농구팀 에이스였다. 아일린은 윌리엄의 머리를 두드리며 옆에 앉아도 되냐고 물었다. 그 후 스물세 살에 결혼하고 스물네 살에 나를 낳았다. 마흔한 살 때 특수 교육학에서 박사 학위를 땄다. 초등학교부터 시작하여 고등학교 특수 교육까지 31년 동안 교육을 하며 살아왔다. 살면서 가장 흥분되었던 순간은 샐리 필드[1]와 엘리베이터를 함께 탔을 때였다. 최근 암스테르담을 여행하면서 처음으로 대마초를 피우는 사진을 보내왔다. (내가 시켰다.) 그녀는 친절하고 수다스러우며, 아름다운

---

[1] (옮긴이) 미국의 배우. <포레스트 검프> <미세스 다웃파이어>에 출연했으며 드라마 <브라더스&시스터즈>'에서 아들을 이라크 전쟁으로 떠나보내는 어머니 역으로 에미상을 수상했다. 수상소감으로 자신이 용감한 어머니들 중의 한 명이라는 것을 자랑스럽게 생각한다면서 만약 어머니들이 세상을 지배한다면 이 세상에는 전쟁같은 것은 없을 것이라고 말했다.

시를 쓴다.

윌리엄 그린스티드 폴러는 1946년 9월 21일 버지니아 주 웨인스보로에서 태어났다. 어머니 안나는 그의 아버지인 윌리엄과 첫 결혼을 했지만 그가 태어난 후 윌리엄은 떠나버린다. 생후 5년 간 그는 위탁 가정에서 길러졌다. 안나는 칼 폴러와 재혼했고 윌리엄과 여동생을 입양하고 매사추세츠로 이사했다. 안나와 칼에게는 아들이 둘 있었다. 윌리엄은 아일린(우리 엄마)을 만난 첫 날, 집에 와서 할머니에게 "결혼할 여자를 만났어요!"라고 말했다고 한다. 윌리엄은 초등학교 교사이자 재정 전문가였다. 살면서 가장 흥분했던 순간은 보스턴 셀틱스[1] 선수인 로버트 파리시와 케빈 맥훌과 엘리베이터를 함께 탔던 순간이다. 내 결혼식에서 아빠와 아빠 친구들, 삼촌들은 모자를 쓰고 지팡이를 든 채 깜짝 탭댄스 공연을 펼쳤다. 그는 다정하고 말이 많으며, 팔씨름을 잘한다.

두 분은 결혼한 지 거의 40년이 되었다. 여기에 그들이 가르쳐준 것들을 적어본다.

엄마
- 그가 너와 함께 한다는 데에 감사할 수 있도록 행동하렴.
- 네 가슴은 나만큼 크지 않지만 나이가 먹을수록 그게 다행으로 여겨질 거야.
- 항상 사람들에게 잘하고 있다고 말해주렴.
- 항상 지저분한 지갑을 가지고 다니렴.
- 죄책감은 쓸모가 있단다.
- 네가 최고로 똑똑해, 네가 최고야.

---

1 (옮긴이) 미국 매사추세츠 주 보스턴을 연고지로 하는 프로농구팀.

- <몬티 파이썬>은 정말 재밌어.
- 동생에게 잘하렴.
- 너무 깊이 잠들지 말렴. 아이가 너를 깨울 때마다 공격받은 것처럼 소리를 지르렴.
- 춤추기를 즐기렴.
- 남자 친구를 만들렴.
- 더 많은 여자 친구를 만들렴.
- 여자 친구들이 네 인생의 어떤 남자보다 오래 남을 거야.
- 남편을 사랑하고 절대 하찮게 여기지 마라.
- 아이들을 사랑하고 아이들이 네가 한 것보다 더 뛰어나기를 바라렴.
- 섹시한 엄마는 되고 싶지 않을걸.
- 주기적으로 머리를 염색하렴.
- 우리한테 있는 아일랜드인 특유의 눈썹은 어떻게 할 수가 없단다.
- 산후우울증, 불안증, 피부암은 우리 집안 유전이란다.
- 아이들의 상태를 묻되 가끔씩은 "별로 좋지 않아요."라는 말을 무시해.
- 네 일을 사랑하렴.
- 열심히 공부하고 잘 쓰고 잘 읽는 방법을 익히렴.
- 시를 외워보렴.
- 선생님께 공손하렴. 선생님들은 자기들을 싫어하는 아이들을 좋아하지 않아.
- 와인은 항상 가져오렴.
- 집밥이 그렇게 중요하진 않아.
- 침대에서 TV를 봐도 돼.
- 운동경기를 즐겨보되 징크스가 있다면 방에서 나가 있으렴.
- 조심하렴.

poem & story
Parents ~~Mothers~~ Parents
Although sometimes mad they get. I would always bet. That they do it from love. If so happens they punish you. And you wish you could punish them too. They do it out of love, They may yell at you and make you mad, But when they yell It. makes them sad (I think) That why Parents are the best. Mine are better than all the rest. THE END

시와 이야기
부모님 부모님
두 분은 가끔 화를 낸다.
나는 알고 있다.
우릴 사랑해서 그런 거다.
그러면 우리에게 벌을 주는데
우리도 부모님을 벌주고 싶어진다.
우릴 사랑해서 그런 거니까
우리에게 소리를 지르고
우릴 화나게 하겠지.
하지만 부모님이 소리를 지를 때
두 분은 슬프다.
내 생각에는
그게 바로 부모님이 최고인 이유다.
우리 부모님은 나머지보다 더 최고다.

끝

아빠

- 네가 원하는 것을 요구해.
- 자유투 던지는 방법과 땅볼 수비하는 방법을 알아두면 좋아.
- 살다 보면 항상 합법적이지 않은 일들도 곳곳에 있기 마련이란다.
- 집 안의 현금은 숨겨두렴.
- 팁은 충분히 주되 계산하는 것에 대해 생색은 내는 거야.
- 네가 원하는 것을 먹어.
- 계속 시도해봐.
- 아무 이름도 기억하지 마라.
- 여자아이들은 남자아이들이 하는 건 다 할 수 있어.
- 경험이 바탕이 된 지식은 책에서 얻은 지식만큼 중요해.
- "네 엄마가 나보다 똑똑한데, 난 아무렇지도 않아."
- 너무 힘들게 일하지 마라.
- 네가 혼란스러운 유년기를 보냈다고 해도 안정적인 가정을 꾸릴 수 있단다.
- 모두에게 그들이 얼마나 버는지 물어보렴.
- TV를 크게 틀고 집안의 불이란 불은 다 켜놓으렴.
- 소름끼치는 아빠가 되고 싶지 않을걸.
- 울어도 괜찮아.
- 싸워도 괜찮아.
- 만나는 사람 모두에게 그만하라고 할 때까지 딸내미가 무슨 일을 하는지 말하지.
- 우리 가족은 위가 안 좋고 심장 문제가 있고 우리가 부정하는 것을 흘려듣는 버릇이 있어.
- 딱 한 번 예외인 경우를 빼고는 아이를 때리지 마라.
- 아내의 가족을 사랑해야 한다.
- 전문가의 말을 듣지 마라.
- 뭐든지 적당히 하는 게 좋아.

팁을 깜빡하지 말자

내가 자란 동네는 확실히 블루칼라 노동자가 많았고, 거기에 교사들과 간호사들과 세일즈맨들이 간간히 섞여 있었다. 나와 내 친구들은 부모님이 차 할부금과 수업료 때문에 다투는 소리를 들으며 잠에 들곤 했다. 어느 정도 크면 당연히 아르바이트를 찾아봐야 했다.

16살이 되었을 때 나도 아르바이트를 시작했다. 벌링턴 집 근처에 발 전문의가 있는 병원의 보조 비서가 되었다. 짧은 흰색 치마, 꽉 끼는 블라우스, 하이힐을 신어야 했다. 이렇게 입으면 십대 간호사 같아 보였다. 섹시하게 들리지만 실제로는 절대 아니었다. 내가 십대였을 때 유행하던 패션은 정말 끔찍했다. 그때는 다들 영화 <워킹걸>에 나오는 멜라니 그리피스처럼 입고 다녔으니 우리가 전부 아르바이트를 구한 것도 어쩌면 매우 당연하다. 헤어스프레이가 대유행이었던 80년대 스타일은 커다랗게 부풀린 머리, 거대한 어깨 패드, 무거운 귀걸이, 두꺼운 벨트, 딱 붙은 쫄바지였다. 그렇게 입으니 내 실루엣은 마치 뒤집힌 삼각형 같았다. 게다가 감자 같이 둥근 내 얼굴과 두꺼운 눈썹을 더하면 여러분의 상상이 와장창 깨질 것이다. 나의 십대 간호사 이야기로 환상을 꿈꾸기 전에 명심할 것.

어쨌든, 다른 간호사 한 명과 나는 속옷 차림으로 뛰어다니며 장난으로 키스를 하곤 했다.

아 잠깐만, 사실은 전화 응대를 하고 서류를 작성했다. 그 일의 좋은 점은 대기실에 몸을 내밀고 이렇게 속삭이는 부분이었다. "의사 선생님께서 이제 봐주실 거예요." 매우 고상한 말이라고 항상 느껴졌다. 비슷한 말로는 "도움이 되어서 제가 더 기뻐요."와 "해외에 나갔다가 지금 막 돌아왔어요."가 있다. 가끔씩 발목 인대 손상이나 평발로 인한 사고가 있었지만 보통 대부분의 환자들은 더 이상 자신의 발톱을 자를 수 없는 노인들이었다.

나는 꽤 뛰어난 웨이트리스였다. 서빙은 특정한 재능이 필요한 일이다. 기억력이 좋아야 하고 사람들 사이를 빠르게 연결해야 한다. 손님을 대하는 방법뿐만 아니라 부엌을 다루는 방법도 배워야 한다. 어떤 미친 인간을 무시하고 어떤 미친 인간의 말을 들을지 파악해야 한다. 서빙하는 일이 좋았던 이유는 퇴근 시간이 되어 정산을 마치면 내가 할 일이 다 끝나기 때문이었다. 맡았던 자리를 닦고 식당 보조에게 넘기면 나의 임무는 끝이었다. 일을 집까지 가져가지 않아도 되었다. 가끔씩 내가 실수로 14번 테이블에 다이어트 콜라를 가져다주지 않는 악몽을 꾸다가 식은땀을 흘리며 깰 때만 빼고.

나의 첫 서빙은 1989년 여름이었고, 대학교에 가기 몇 개월 전이었다. 열일곱 살이었고 힘든 시기를 보내고 있었다. 교과서를 사기 위해 채드윅에서 아이스크림을 펐다. 채드윅은 아이스크림과 두툼한 감자튀김을 파는 동네 식당이었는데, 매사추세츠 주의 잘 사는 동네였던 렉싱턴에 있었다(포니로 치자면 이글턴1). 렉싱턴은 '세계로 울려퍼

---

1 (옮긴이) <팍앤레>의 배경이 되는 인디애나폴리스주에서 주인공들이 사는 포니는 가난한데 반해 옆동네 이글턴은 매우 부유한 동네로 그려진다.

진 총성1'의 고향으로 유명하다. 반면에 벌링턴은 쇼핑몰의 고향이었다. 렉싱턴은 알고 보니 레이첼 드래치의 고향이었고 훨씬 나중에 나는 그녀가 같은 상가에서 나보다 몇 년 전에 일했다는 사실을 알았다. 만약 우리가 마주쳤다면 어땠을까! "케첩을 결혼시켜.2" 같은 농담도 할 수 있었겠지. 얼마나 아쉬운지. 지금도 렉싱턴 고등학교와 벌링턴 고등학교는 추수감사절에 경기를 하는데 그때마다 드래치와 나는 욕 문자를 보내곤 한다. 드래치는 나를 벌링턴 쓰레기라고 부르고 나는 그녀에게 메르세데스를 몰고 호수에나 가라고 말한다. 우리 동네에서는 누군가를 모욕하는 가장 좋은 방법이 돈 많고 똑똑하다고 말하는 것이었는데, 이제 와서 되돌아보니 조금 근시안적이었던 것 같다.

에이, 뭔 상관이야. 벌링턴이 짱이다! 붉은 악마 고고!

여름 아르바이트는 종종 낭만적인 경우도 있다. 먼 미래에 풀어놓을 만한 추억이 생기는 시기이기도 하다. 하지만 채드윅은 아니었다. 힘들고 육체적인 노동뿐. 채드윅에서의 일은 쌓고 닦고 푸고 들어 올리는 일뿐이었다. 교대 시간이 올 때쯤이면 식당의 탈부착 가능한 부품들은 모두 꺼내서 닦아야 했다. 비닐로 된 좌석을 모두 문질러야 했다. 이 작업을 처음 할 때는 시시포스의 형벌처럼 느껴졌지만 폐쇄된 공간에서 일하는 것의 만족에 대해 알게 되었다. 나는 폐점 후에 야식으로 아이스크림을 먹어볼까 하고 산책 나온 사람들을 지켜

---

1 (옮긴이) 1975년 보스턴에 주둔하고 있던 영국군이 콩코드 인근으로 행군을 하던 와중에 렉싱턴에서 미국 식민지 민병대와 맞닥뜨렸고, 이때 어느 쪽에서 발사한 것인지 모를 총성이 한 방 울렸다. 이 총성은 근대사에서 가장 중요한 정치적 혁명 중 하나가 시작되는 신호탄이 되었다.
2 (옮긴이) 반쯤 남은 케첩 병을 또다른 반쯤 남은 케첩 병에 쏟아서 합치는 것을 'marry the ketchups'라고 표현한다.

보는 일에서 재미를 느꼈다. 어두워진 조명을 가리키면서 닫았다는 것을 명확히 알리기 위해 의자를 쌓았다. 아주 유쾌하게도 분명하고 명확했다.

채드윅은 옛날 식당을 흉내 낸 복고풍 가게였다. 메뉴는 단번에 쓴 듯한 필기체로 적혀 있었다. 직원 유니폼은 스티로폼으로 만든 밀짚 모자와 러플 달린 흰색 셔츠에 나비 넥타이였다. 어린아이들이 카운터를 타고 오르는 와중에 쟁글 뮤직이 자동 피아노에서 요란하게 울려 퍼졌다. 식당 콘셉트가 복고라면 그곳에서 드러났던 양육 방식은 의심할 나위 없이 현대적이었다. 엄마와 아빠들은 메뉴판에 있는 모든 음식을 바둥대는 다섯 살짜리 아이에게 끈질기게 낭독해 주었다. 마치 아이스크림 맛마다 다른 방식으로 그들의 사랑하는 방식을 표현할 수 있는 것 마냥.

식당에는 내가 흥미롭게 생각하는 공연 이벤트가 있었다. 생일을 맞이한 손님이 오면 축하 이벤트로 직원이 가서 천장에 달린 드럼을 치고 커주 피리를 불면서 식당 안의 모든 손님이 노래를 부르도록 유도하는 일이었다. 다른 직원들은 소 방울을 흔들거나 피리를 불었다. 나는 의자 위에 서서 큰 목소리로 선언하곤 했다. "여러분, 오늘 채드윅에 와주셔서 너무나 기쁩니다. 특히 케빈이 와주어서 너무 좋네요. 오늘은 케빈의 생일이니까요! 자, 드럼을 쳤으니 케빈에게 생일 축하 노래를 함께 불러주세요!"

그 흥미는 오래 가지 않았다. 언제쯤 그 열기가 가라앉았는지는 확실하지 않다.

아마 '내장 파괴자'라는 메뉴 주문이 잦아지는 동안이었을 수도 있다. '내장 파괴자'는 거대한 스테인리스 그릇에 아이스크림을 잔뜩 쌓아올린 메뉴로 들것에 운반을 해야 했다. 서빙하는 사람은 거대한 아이스크림의 무게를 견디느라 잔뜩 찡그린 얼굴로 메뉴를 주문한 변태에게 거대한 수저까지 가져다주었다. 나는 항상 살짝 취해 있는 데다 한때 마약 중독자였던 항상 투덜거리던 아르바이트생과 고통스러운 표정을 교환하곤 했다. 요리사는 항상 자신의 성향을 차 범퍼 스티커에 써놓곤 했다. "물론 저는 성질이 더럽습니다. 맨날 불앞에 이렇게 가까이 있는데 행복하기는 힘들죠."

하지만 십대 청소년이야말로 최악이었다. 특히 남자아이들. 줄지어 들어온 남자아이들은 너도 나도 목젖을 튕기며 생일 파티를 열겠다고 선언했다. 채드윅에서 고객 평가 제도를 도입하는 바람에 나는 거짓말을 하며 땀을 흘려대는 남자아이들의 얼굴에 대고 비행승무원처럼 미소를 지어야 했다. 몇 명의 미친 소리를 들어주는 동안 나머지는 아이스크림을 주문하곤 했다. 나는 대학에 가게 되어 그곳을 떠나게 되었을 때 정말 안도했다. 떠나야 할 때였다. 게다가 때마침 휘핑크림 값을 청구하는 걸 까먹기 시작했다. 아이스크림 스쿱을 사용하는 데 실패했다. 한 손님은 내가 드럼을 '너무 세게' 친다고 말했다. 그 말이 맞았다. 나는 화가 나 있었다. 나는 사라지고 싶었다. 피리를 반납할 때를 아는 것은 참으로 중요하다. 그날 밤은 종업원들끼리 주차장에 세워진 차 위에서 맥주를 마시며 팁을 세는 것으로 마무리되었다. 남자 종업원들은 나비 넥타이를 풀어헤쳤는데 갑자기 고달프고 잘생겨 보였다. 나는 헐렁한 청바지로 갈아입고 몇 개 남은 동전을 쓰레기통에 버렸다. 나는 미래를 갈구하고 있었다. 보이지 않는 인생의 뷔페가 내 앞에 펼쳐지는 듯했다.

　채드윅에서 드럼을 치는 동안 나는 많은 것을 배웠다. 괜찮은 사람은 팁도 괜찮게 남긴다는 것을 배웠다. 종업원을 대하는 자세가 그들의 성격을 알 수 있는 좋은 지표라는 것도 알았다. 초콜릿 칩 아이스크림은 푸기가 그지 같다는 것도 알았다. 부엌에서 일하는 대부분의 사람들은 서로 서로 섹스를 한다는 것도 알았다. 아르바이트에 대해 불평을 늘어놓는 끔찍한 십대 백인 남자 아이들을 목 졸라 죽이지 않기 위해 용을 썼던, 아이를 셋이나 키우던 방글라데시 남자 종업원은 빼고.

　나의 다음 식당 일은 보스턴에서 대학을 다니는 동안 '파파라치'라는 곳에서였다. 곧바로 끌렸는데 아이스크림보다 한 단계 올라갔기 때문이었고 또 한 가지 이유는, 내가 파파라치를 정말로 좋아하기 때문이다!! 다른 사람이 뭐라고 욕하든 상관없다. 나는 파파라치가 멋지고 다들 대단한 사람이라고 생각한다. 나는 내가 보고 싶은 사람의 사진을 언제든지 볼 수 있어야 한다고 생각한다. 식당 파파라치에서 나는 브래드 스틱과 올리브 오일의 세계를 알게 되었다. 우리는 전문가처럼 흰색 유니폼을 입고 '카파타피 파스타'에 대해 설명했다. 나는 바텐더와 사귀면서 와인 시음회에 참여했다. 멋진 복근이 생겼고 The The 음악을 틀어놓고 청소를 하곤 했다. 바텐더가 다른 사람과 잔다는 사실을 알았지만 신경 쓰지 않았다. 마치 진짜 어른이 된 느낌이었다. 파파라치에서 나는 내가 꽤 뛰어난 웨이트리스라는 것과 돈 벌기가 쉽다는 것과 다들 코카인을 하고 있으며 아무래도 바텐더가 다른 사람과 자는 것에 대해 내가 신경 쓰고 있다는 것을 깨달았다.

칼루치 레스토랑은 시카고에 있는 지점이었고 나의 첫 메이저리그 진출이었다. 유니폼은 맵시 좋은 버건디 색상 조끼와 꽃무늬 넥타이였다. 나는 가벼운 마술까지도 할 수 있을 법한 전문적인 웨이트리스처럼 보였다. 이탈리안 파인 다이닝이 유행일 때라서, 칼루치는 상류층 사람들이 월스트리트에서 번 돈을 쓰러 오기 딱 좋은 곳이었다. 그곳에는 아이스크림 파트가 없었다. 모든 것이 두툼한 넥타이와 더 두툼한 지갑을 가진 기업가들에게 맞춰져 있었다. 연회장과 조리 준비실이 있었고 얄미운 이탈리아인 셰프가 홈메이드 그라파에 대한 세미나를 했다. 나는 나의 첫 이백 달러짜리 와인을 땄다. 나는 스매싱 펌킨스의 디아시[1]를 위한 외부 파티에서 음식을 나르고 제임스 이하[2]와 담배를 폈다. 빌리 코건이 디아시의 거실에서 노래를 불렀는데 나는 옷장 속에서 노래를 들었다. 한번은 레스토랑에서 익숙한 목소리가 들려서 보니 오프라가 한 무리의 제작자들과 이야기를 나누고 있었다. 내가 정확히 기억하는 게 맞다면 오프라가 선물을 나눠주고 있었다. 왠지 다이아몬드 귀걸이일 거라고 생각했다. 진짜로 그랬다면 좋겠다. 나는 왠지 오프라가 모든 직원들에게 다이아몬드와 캐시미어 잠옷을 줄 것만 같았다. 칼루치에 있는 동안 나는 티라미수에 코코아가루를 뿌리는 방법과 코디얼 음료[3]를 두 잔에 똑같이 따르는 법을 배웠다. 주머니에 돈을 꽉 채우고 다니면 위험하다는 것도 배웠다. 내가 하고 싶은 직업이 아닌 데도 너무 잘하게 되었다

---

1 (옮긴이) 스매싱 펌킨스의 세 번째 멤버이자 베이시스트. 1999년에 팀을 탈퇴했다.
2 (옮긴이) 빌리 코건과 함께 스매싱 펌킨스를 시작한 기타리스트.
3 (옮긴이) 냉장 보관 기술이 발달하지 않았던 시절, 유럽에서 과일을 오랫동안 먹기 위해 착즙한 과일 원액을 설탕과 함께 가열해서 농축시켰다가 섭취했던 음료.

는 것과 내가 유일하게 코카인을 하지 않는 사람이라는 것도 알게 되었다.

나의 마지막 서빙은 뉴욕의 최고급 레스토랑 아쿠아그릴이라는 곳이었다. 1996년이었고 막 뉴욕으로 온 참이었다. 일을 구해야 했기에 소호 거리를 걸어 다니며 '구인' 광고가 붙은 창문을 찾았다. 그때쯤에는 '서버'라고 불리었고 화려한 거리에서도 길 찾는 법을 잘 알게 되었다. 아쿠아그릴에 들어선 나는 이 새로운 레스토랑을 순조롭게 출발할 수 있도록 도우려고 했다. 레스토랑 주인은 재능도 있고 사랑스러웠지만 오픈 전 미팅은 좀 부담스러웠다. 나는 배우로서 생계를 마련하고 싶었고 학자금 대출도 갚아야 했고 건강 보험도 들 수 있었으면 했다. 그러려면 실제로는 매우 긴 시간이 필요할 터였지만 어쩐지 눈앞에 가까이 와 있다는 생각도 들었다. 아쿠아그릴은 노란색 벽과 신선한 해산물이 있는 아름다운 공간이었다. 결국 나는 돈을 아끼는 방법을 배우게 되었다. 동부 해안과 서부 해안에서 나는 굴이 어떤 차이가 있는지 손님들에게 설명하는 법을 배웠다. 그리고 엘렌 바킨Ellen Barkin, 데이비드 바이른David Byrne, 루 리드Lou Reed 같은 사람들의 시중을 들었다. 얘기를 할 때마다 루 리드와 점점 친해졌다. 나는 음식 비평가 루스 라이셜의 시중도 들었다. 그녀는 가발을 쓰고 가명으로 레스토랑을 이용하곤 했다. 레스토랑은 매우 좋은 리뷰를 받았는데 이렇게 쓰여 있었다.

"멋지고 시크하고 시끄럽고 이국적인 도시, 뉴욕에서 괜찮은 레스토랑은 매우 희귀하다. 너무 희귀한지라 아쿠아그릴에서 유쾌한 종업원을 발견했을 때 나는 실제로 매우 불편했다. 그 사람들은 미소를 짓지 않는 순간이 있기는 한가?"

　내 미소 때문에 불편했다고! 나는 신경 쓰지 않았다. 내가 <뉴욕 타임스>에 실렸는데! 레스토랑이 오픈하고 얼마 후에 나는 그만두었다. 코난 오브라이언의 <레이트 나이트>에 격월로 나가는 것과 단편적으로 나가는 코미디 센트럴 방송으로 어떻게든 살 수 있기를 바라면서. 레스토랑 업계를 떠났지만 나는 여전히 식욕이 넘쳤다.

　미래를 향해 목표를 조준하자 군침이 돌았다.

경력 관리는
나쁜 남자친구를 다루듯이

한번은 뉴욕으로 향하는 암트랙 열차에서 잠들었다가 털썩 하는 소리에 깜짝 놀라 깬 적이 있다. 누군가가 열차에서 내리려고 준비하던 도중에 대본 하나를 내 무릎 위로 떨어뜨린 것이다. 눈을 뜨자 미안한 표정으로 미소 짓고 있는 사업가가 보였다. 마치 우리가 친구인 양 나를 바라보고 있었다. 나는 몹시 열 받았다.

그 대본의 제목은 <집어 던져버렸으니 알 길이 없다>. 내가 화가 난 이유는 몇 가지가 있었다. 나는 누가 날 깨우는 것을 좋아하지 않는다. 불면증 환자로서 눈을 뜨고 있는 게 얼마나 힘든지 모른다. 잠에서 깨자마자 보통 사람처럼 말할 수 있는 사람들이 얼마나 대단해 보이는지. 아마 그런 사람들은 자면서 몸부림치거나 코를 '용처럼' 곤다는 소리를 한 번도 들어본 적이 없겠지. 내가 화가 난 또 한 가지 이유는 누가 말 거는 것을 싫어하기 때문이다. 뉴욕에서 사는 동안 나는 길에서 말을 거는 낯선 사람에 매우 예민해졌다. 길을 걷다가 누가 "죄송한데 뭐 하나 여쭤봐도 될까요?"라고 물으면 나는 바로 손을 올리고 단호하게 "아니오!"라고 말한다. 아무도 내게 물어볼 필요가 없다. 낯선 사람과 대화할 이유는 없다. 직접 만든 CD를 내게 줄 필요도 없고 비행기에서 내게 말을 걸 필요도 없고 더 비싼 스페셜 음료를 추천해줄 필요도 없다. 나이를 먹으면서 낯선 사람과의 경계선을 만들면서 진짜 즐거움을 얻게 되었다. 내 시간을 소중하게 생각하지 않는 치즈 판매원에게 그 사실을 알려주는 것을 즐긴다. 마사지사에게 내 욕구보다 그녀 자신의 욕구를 우선으로 하고 있다고 알려주는 것을 좋아한다. 가족들에게 그들을 즐겁게 해야 한다는 압박감이 있다고 말하는 것은 어려울 수 있지만 택배 기사에게 나의 개인 공간을 존중해달라고 말하는 것은 쉽다.

  누군가 나에게 무작위로 대본을 건넸다는 것은 이미 내가 실망을 시켰다는 뜻이다. 나는 사람들을 실망시키는 일을 좋아하지 않는다. 누군가는 이것을 '상호의존적인 행동'이라고 할 텐데 소시오패스나 체스 게임을 하는 러시아 컴퓨터가 아니고서야 모든 사람이 이렇게 행동하지 않는가. 게다가, 대본을 보는 순간 내가 더 많은 대본을 써야 한다는 사실과 머릿속 잡생각을 정리해야 한다는 사실과 열차에서 더 이상 잘 수 없다는 사실이 떠오르고 말았다.

  봤는가? 나는 여러분이 생각하는 것만큼 착한 사람이 아니다.

  얼굴이 알려진 배우로 산다는 것은 종종 장래가 창창한 젊은이가 갑자기 말을 걸어올 수 있다는 뜻이다. 좋은 경우는 그들이 나에게서 영감을 얻었으며 나의 발자취를 따라 걷고 싶다고 말할 때이다. 그럴 때면 마음이 따뜻해진다. 딱 적당할 만큼 부풀어 오른 자존감 덕분에 그날 밤에는 도리토스 한 봉지를 다 해치우고 결국 바지에 손을 넣고 곯아떨어진다. 나쁜 경우에는 무언가를 건네받는다. 아니면 뭔가를 해달라고 요청받거나. 아니면 언젠가 유명해질 거라면서 자신의 이름을 까먹지 말라고 큰 소리로 엄포 놓는 사람을 만나거나.

좋은 경우든 나쁜 경우든 진실은, 대부분의 사람이 매우 오랜 시간 동안 삽질을 하고 또 한 후에야 '유명해'지거나 '좋은 직업'을 갖게 된다는 것이다. 길에서 누군가에게 대본을 건네주어서가 아니라. 사람들은 여전히 자신이 소다 가게에서 발견될 것이라고 믿는다. 요새는 소다가 뭔지 아는 사람도 별로 없는데 말이다. 모두들 자신이 영화 <수 시티>에 나오는 좋은 사람이 될 것이라고 믿기를 원한다. 세심한 타투 아티스트로 남고자 했으나 마지못해 영화배우가 되었던 사람 말이다. 사람들은 15년 동안의 기다림이나 친구들과 함께 맡은 방송의 작은 배역에 대해서는 듣고 싶어 하지 않는다. 조금이라도 유명해져야 누군가 일을 소개해주고 그럼 돈을 조금 받고 열심히 일해서 더 나아지기 위해 시간을 투자하고 또 더 노력해서 인맥을 만들고 친구를 사귀고…. 저어어엉말 지루하다. 연예인이 되면 다들 열여덟 살이 되는 해에 엄마에게 '1년 안에 현금으로 바꿀 것'이라고 적은 백만 달러짜리 수표를 준다는 이야기를 믿는 쪽이 훨씬 흥미롭다.

나는 오디션을 잘 본 적이 없다. 긴장이 심하게 될 때 나는 준비는 덜하고 대신 무리해서 괜찮은 척 연기를 한다. 그쪽에서 날 거절하기 전에 내가 먼저 거절해버리려고 한다. 오디션을 보러 가서는 거기 있다는 사실에 화가 난 척하다니 매우 혼란스러운 인간이다. 정확히 코엔 형제에게 오디션 봤던 날이 기억난다. 나는 내가 거지같이 못했다고 생각하는 바람에 역시나 거만하게 굴었다. 그런데 오히려 그 행동이 그들의 마음에 들었던 모양이다. 코엔 형제는 매우 친절했다. 내가 느끼기로는 그랬는데, 나는 그 모든 친절을 차단해버렸다.

내가 안전지대를 벗어나 오디션에 목을 걸기까지는 꽤 오랜 시간이 걸렸다. 전문학교에는 대형 뮤지컬 프로덕션의 작은 역할들로 가득했다. <브리가둔>에 나왔던 저 여자 이름이 뭐였더라. 저 얼굴 <한여름 밤의 꿈>에서 본 얼굴 같은데? 저 여자는 다른 연극에 나왔던 여자야. 대개 작고 웃긴 역할이었다. 위험 부담이 적은 만큼 적당히 만족스러운 역할이었다. 나는 잔잔하고 안락한 구역에서 파도를 탔고 나의 자존심은 안전한 선택의 침낭 속에서 아늑하고 따뜻하게 보호되었다. 그러다가 시카고에 온 후에 모든 것이 뒤집히기 시작했다.

나는 '즉석 오디션'을 보기 시작했다. 아무런 정보도 없이 에이전시가 가라는 대로 가서 보는 오디션이었다. 최악의 오디션은 '바이트 앤 스마일'이라고 부르는 것이었다. '웬디스' 같은 음식점에 들어가서 무언가를 먹은 후 웃는 연기를 하는 것이었다. 아무 말도 하지 말아야 하며 그저 카메라를 향해 연기하면서 누군가 마음에 들어 하길 바라는 것이 다였다. 나라면 절대 하지 않을 오디션이었지만 어쩐지 마음은 침착했다. 첫째, 내 이는 제대로 맞물리지 않아서 클로즈업에서 절대 살아남지 못할 것이다. 둘째, 내 얼굴은 대칭적으로 보기 좋지 않아서 나는 내 성격이야 말로 나의 가치라고 생각했다. 시카고의 캐스팅 감독이 나에게 무언가를 한입 물고 웃어보라고 했을 때가 기억이 난다. 나는 최선을 다해 연기한 후 나가려고 했는데 캐스팅 감독이 잠깐 기다리라고 하며 테이프를 틀었다. 나는 흥분하기 시작했다. 내게서 가능성을 보기라도 한 걸까. 마침내 내가 가장 좋아하는 드라마인 <로앤오더>에서 블루칼라 백인 여성 방화범 역할을 맡게 되는 걸까!

 그 대신에 감독은 의자에 앉아서 '살면서 가장 창피했던 순간'에 대해 말해보라고 했다. 나는 왜 묻느냐고 물었다. 그녀는 내 대답을 녹음하고 싶다고 답했다. 나는 다른 이야기를 하면 안 되냐고 물었지만 그녀는 고개를 저으며 살면서 가장 창피했던 순간에 대해서만 말해달라고 했다. 나는 싫다고 답했다. 그 뒤로 거기에서 연락은 오지 않았다.

 여기서 잠깐 메모 : 모든 사람들이 항상 '가장 창피했던 순간'에 대해 공유하라고 한다. 나는 여러분에게 대답하지 않아도 된다고 말하고 싶다. 말하지 않아도 되고 트위터나 인스타그램에 올리지 않아도 된다. 책에 쓰지 않아도 되고, 안전하지 않다고 생각되는 사람 혹은 마음을 보호받지 못하는 상황에서 공유하지 않아도 된다.

 더 많은 즉흥 오디션이 이어졌고 의미 있는 역할은 없었다. 내가 맡은 거의 모든 역할은 내가 하던 공연을 알던 사람이 있거나 나를 완전히 다른 사람으로 본 결과였다. 내가 UCB에 있을 때라서 앤디 릭터가 <코난 쇼>에서 뭔가 해보지 않겠냐고 제안했다. <코난 쇼>에 나간 덕분에 <듀스 비갈로>에서 역할을 맡을 수 있었다. UCB 방송과 친구들의 도움으로 <SNL>에 오디션을 볼 수 있었고 <SNL>에서 만난 사람들 덕분에 <팍앤레>을 만들 수 있었다. 자, 몇 년 동안 열심히 일하고 얻은 아주 미미한 진보는 보스턴 푸드 코트에서 내가 웃긴 얘기를 하자 갑자기 론 마이클스 Lorne Michaels가 어딘가에서 듣고 있다가 성큼성큼 걸어와서 "내가 하는 작은 프로그램에 당신이 꼭 있어야 겠어."라고 말하는 상상만큼 즐겁지 않았다.

<SNL>에 있을 때 옛 친구와 저녁을 먹은 적이 있다. 영화 <베이비 마마>가 막 개봉했고 한창 택시에 내 얼굴이 붙어 있다든가 이런저런 토크쇼에 불려 다닌다든가 하는 그렇고 그런 언론의 푸시를 받고 있던 때였다. 친구는 나만큼이나 웃기고 재능 있는 친구였는데 배우가 되는 길을 선택하지는 않았다. 친구는 여기저기에서 내 얼굴이 보인다며 기분이 꽤 이상했다고 말했다. 사람들이 진짜로 내 이름을 알아보기 시작했다고 말하면서 "믿어지니?"라고 물었다. "응Yes"이라고 대답했다. 나는 내 대본을 열차 안에 있는 누군가의 무릎 위에 떨어뜨린 것이 아니라 이 순간을 위해 10년 넘게 이 일에 매진해왔다. 나는 되물었다. "너는 믿어지니?"

물론 나는 운이 좋았다. 경력과 열정이 항상 맞아 떨어지지는 않는다. 수없이 많은 뛰어난 사람들이 자신이 원하는 직업을 얻지 못한다. 수없이 많은 재능 없는 사람들이 백만장자가 되고 영화를 찍는다. 각오와 재능에는 차이가 있다. 열심히 일하는 게 능사는 아니다. 접점을 만드는 데 최선을 다하고 일자리를 좇을 수는 있겠지만 그러다가 갑자기 너무 많은 것을 바라게 된다. 갑자기 내가 얼마나 처절하게 그것을 원하는지 다들 알아버리면 그것을 내게 주고 싶어 하지 않는다. 여섯 살 먹은 아치조차도 원하는 장난감을 얻기 위해 너무 관심 있는 척하지 않는 법을 배우고 있다. 얼마나 절실히 원하는지 알려지면 네 살 먹은 동생이 눈 깜짝 할 새에 뺏어 가리라는 것을 익혔기 때문이다. 무언가를 원하지 않는 척하는 방법은 잘 먹힌다. 일생일대의 노력이 필요한 것이라면 정말로 신경 쓰지 말아야 한다.

어쩌면 불교신자들은 이것을 매우 건강한 태도라고 할지도 모르겠다. 원하는 것을 생생하게 이미지화하고 사진을 잘라 붙이고 만트라처럼 계속 계속 반복하라는 조언이 많다. 수많은 책과 잡지에서는 비전 보드를 만들라고 조언한다. 늦은 밤 TV 광고에서는 "무엇이든 가능하다"고 설교한다. 긍정적인 단언이 우리가 마시는 차 포장지에 쓰여 있다. 나는 새로운 아이디어를 소개하고 싶다. 적게 신경 쓰라. 모순되는 감정을 연습하라. 원하는 것을 흘려보내는 방법을 배우라. 꿈이든 목표든 나쁜 남자친구를 대하듯이 해야 한다.

핵심은 여기 있다. 여러분이 원하는 일은 여러분을 신경 쓰지 않는다. 다시 연락하거나 부모님에게 소개해주지도 않을 것이다. 여러분이 있든 말든 다른 사람들과 대놓고 놀아날 것이고 여러분의 생일도 까먹고 차를 빌려가서 망가뜨릴 것이다. 원하는 일을 너무 자주 불러대면 여러분을 뻥 차버릴 것이다. 절대로 자신의 부인을 떠나지 않을 것이며 난봉꾼이라는 사실을 다들 알지만 여러분 혼자만 모른다.

여러분이 원하는 일은 절대로 여러분과 결혼하지 않을 것이다.

자, 이 비유를 확장시키기 전에 직업과 창의력을 구분하자. 창의력은 열정과 연결되어 있다. 내면의 빛에 따라 움직이게 된다. 사랑하는 일을 할 때 그 기쁨이 뿜어져 나온다. 작은 목소리가 이렇게 속삭인다. "이 일이 좋아. 또 하자. 내가 잘하는 일이니까 계속 하자." 이런 순간에는 우리의 삶에 윤활유가 생기고 혼자라는 느낌을 떨쳐낼 수 있다. 아주 달콤한 순간이다. 창의력은 나쁜 남자친구가 아니라 아름다운 미소와 포옹으로 달래주는 정말로 따뜻하고 인자한 라틴계 여성이다. 조금이라도 더 친절하게 군다면 그녀는 더 큰 감동을 줄 것이며 어쩌면 맛있는 음식을 요리해줄지도 모른다.

반면에 일은 그렇지 않다. 지금까지 해온 경력은 기회와 일자리로 연결된다. 공식적인 평가와 과거의 후회가 섞여 있다. 미래에 대한 돌진과 경제적인 불안감도 섞여 있다. 경력은 내가 모든 일을 잘 제어하고 있다고 믿게 속이고 다시 그렇지 않다는 현실을 일깨워서 즐거움을 앗아간다. 경력은 여러분을 절대로 채워주지 않으며 진정으로 온전한 내가 되지 않게 만든다. 경력에 기대는 것은 아침으로 케이크를 먹고 한 시간 뒤에 왜 울기 시작하는지 이상히 여기는 것과 같다.

한번은 뛰어난 작가 데이비드 사이먼David Simon[1]과 함께 방송에 나간 적이 있다. <더 와이어The Wire>는 최근에 본 드라마 중에서 정말 최고였다. 시즌 5까지 모든 에피소드를 두 번씩 봤다. 어버이의 날에는 아지즈 안사리Aziz Ansari가 오마 리틀Omar little의 사인을 액자에 넣어서 준 적이 있다. 사인 밑에는 이런 글도 있었다.

'에이미, <더 와이어> 대사.'

---

[1] (옮긴이) 드라마 <더 와이어>의 총괄 프로듀서이자 수석 작가이다. <더 와이어>는 무수한 평론가들에 의해 역대 최고의 티비 시리즈로 평가 받는 HBO의 드라마이다. 오바마 대통령도 데이비드 사이먼과의 대담에서 <더 와이어>의 애청자임을 고백한 적이 있다.

아이들 그리고 블러드 다이아몬드 외에 이것이 내가 마지막으로 불 속에서 구해내고 싶은 것이다. 젊고 영리한 사람이 패널 자리에 서서 데이비드와 나에게 우리가 어떻게 지금 하는 일에 도전할 '용기'를 발견했는지 물었다. 우리 둘 다 우리의 일이 '용기'가 필요한 일이라고 하니 잠시 발끈했다. 우리는 내일 당장 모든 것이 사라진다면 뭘 해서 먹고 살지 종종 생각해본다는 것을 인정했다. 데이비드는 그가 경력을 시작했던 리포터로 돌아가고, 나는 UCB 극단에서 즉흥극을 가르치고 어린이 미인 대회를 위한 안무를 가르치러 갈 수 있겠지. (아주 나중에 가보고 싶은 길이다.) 어느 쪽이든 우리는 둘 다 양면적인 태도가 성공의 열쇠라는 것에 동의했다.

다시 한 번 말하지. 양면적인 태도가 바로 열쇠다.

자신의 일에 대해서는 신경 써야 하지만 결과에 대해서는 그러면 안 된다. 얼마나 잘했는지, 내 기분이 어떤지에 대해서는 신경 써야 하지만 사람들이 내가 얼마나 잘했다고 생각하는지, 사람들이 내 모습을 어떻게 생각하는지에 대해서는 신경 쓰지 않아야 한다.

이것이 얼마나 어려운지 잘 안다. 내가 남들보다 특별히 잘한다고 말하는 것이 아니다. 나도 여러분과 똑같다. 혹은 여러분이 나보다 나을 수도 있다.

여러분은 절대로 경력의 산에 오르기 시작해서 정상에 올라 이렇게 소리칠 수 없을 것이다. "해냈다!" 다 했다거나 완성했다거나 성공적이었다고 느끼는 순간이 아주 드물 것이다. 내가 아는 대부분의 사람은 한편으로는 무시해야 하고 다른 한편으로는 사기를 치는 것 같은 복잡한 감정을 다루는 데 애를 먹는다.

우리의 자존심은 상석에 앉아야만 직성이 풀리는 괴물이다. 나는 내 자존심이 다른 사람들의 자존심과 마찬가지로 얼마나 무례하고 시끄럽고 배고픈지 깨달았다. 얼마나 많이 얻는가는 중요하지 않다. 항상 더 원하게 될 테니까. 성공은 화학조미료 덩어리다.

양면성은 야수를 길들이는 데 도움이 될 수 있다. 생각해보자. 일은 나쁜 남자친구다. 여러분이 기대지 않을 때 여러분을 좋아할 것이다. 보채지 않을 때 여러분에게 보상을 할 것이다. 다른 것(열정, 우정, 가족, 건강)이 더 중요하다는 듯이 행동할 때 여러분을 쫓아올 것이다. 만약 일이 나쁜 남자친구라면, 언제라도 다른 사람과 잘 수 있다는 사실을 기억하는 편이 건강하다.

나의 코미디 와이프

티나 페이는 나의 코미디 와이프다. 우리가 알고 지낸 지도 20년이 되어간다. 둘 다 가난한 싱글일 때 만났는데 지금은 둘 다 돈이 열나게 많고 전 세계 곳곳에 남편을 두고 있다. 사람들은 우리를 '코미디 팀'이라고 여기곤 하는데 아니라고 하고 싶지 않다. 코미디 세계에서 가장 강력하고 재능 있는 사람과 나를 연결시키는 것을 마다할 이유가 어디 있나?

나를 티나로 오해하는 사람도 많다. 최근에는 운전면허를 갱신하러 갔는데 아프리카계 미국인 여성이 사라 페일린을 흉내 내보라고 했다. 헷갈려서 그랬는지 혹시 인종차별주의자라서 그랬는지 모르겠지만 내 기분은 좋기만 했다. 티나는 내 친구이기도 하고 정말 잘 나가기 때문에 나를 티나라고 부를 때마다 행복하다.

티나는 내가 <SNL>에 들어갈 때 도움을 주었고, 함께 <위켄드 업데이트>에서 최초로 여성 공동 뉴스 캐스터를 해보자고 제안하기도 했다. 보이는 것만큼이나 즐거운 일이었다. 우리 부모님과 세상 사람들이 지켜보는 앞에서 공연을 했고 매번 서로를 바라보며 우리가 해내고 있는 일을 생각하며 웃음을 터뜨렸다. 티나는 내가 얼마나 많이 왔는지 상기시켜 주는 존재다. 티나는 항상 나를 잘 안다. 티나와 함께하면 나는 그 어느 때보다도 강해진다. '너무' 강해지는 것 같기도 하다. (쉴 새 없이 으스대며 입을 움직이게 된다.)

우리는 서로와 경쟁하지 않고, 자기 자신 하고만 경쟁한다.

가끔씩 세상에 내가 겪는 기분을 세밀하게 알아주고 이해해줄 사람이 단 한 명 있다면 그것은 티나라는 생각을 한다. 음, 주디 판사님도 있기 한데, 그 분 전화번호는 내가 모르니까. 아이를 키우며 TV에 나온다는 것, 그리고 여성으로 존재한다는 것 자체가 대개 치열한 일이다. 그런 삶을 함께 걸어갈 친구가 있다는 것이 얼마나 행운인지 모른다.

티나는 글을 써서 사랑을 표현하곤 한다. 그녀가 나를 위해 얼마나 많은 특별하고도 멋진 글을 써주었는지 셀 수 없다. 내 기억에 <SNL>에서 티나는 항상 컴퓨터 앞에 앉아 누군가를 위한 글을 쓰곤 했다. 티나는 자신의 책에서 한 챕터를 할애해서 나에 관한 글을 썼다. 내가 그 글에 대해 얼마나 떠벌리고 다녔는지 모른다. 그에 보답하기 위해 아마도 세상에서 가장 게으른 시가 아닐까 싶지만, 티나 페이로 7행시를 써보았다.

T 20년 전 우리는 만나자마자 친구가 되었고, 우리의 관계는 로데스 시
   콘의 나이만큼 오래되었지. 로데스처럼 우리도 스스로를 '마돈나의 딸들'이
   라고 생각하지.

I 즉흥연기를 할 때 티나는 가장 빛이 나지. 우리는 함께 수백 번이 넘는
   즉흥연기를 했지. 아마 그중에 열 번은 매우 잘했을 거야. (요거 매우 훌
   륭한 성공률인 거 알지?)

N 한 번도 같은 남자에게 끌려본 적이 없었지. 매우 중요!

A 티나는 뭐든지 다 잘 하지.

F 티나는 훌륭한 엄마지.

E 엘리자베스가 티나의 진짜 이름이지만 나는 베티라고 부르지.

Y YOLO! (You Only Live Once, 인생은 한 번 뿐) *

* 티나, 이거 더 재치있게 좀 만들어줄래? 미리 고마워.

우리는 시상식이든 뭐든 다 진행하면서 이 바닥을 주름 잡지. 우리는 우
리가 옳다고 생각하는 대로 행동하고 아무도 우리를 막을 수 없어. 마음
에 안 드는 것들은 좆까라 그래!!

T — <u>T</u>WENTY YEARS AGO WE MET AND BECAME INSTANT FRIENDS. OUR RELATIONSHIP IS THE SAME AGE AS LOURDES CICCONE, AND LIKE LOURDES WE THINK OF OURSELVES AS "MADONNA'S DAUGHTERS."

I — <u>I</u>MPROVISATION IS WHERE TINA SHINES. WE HAVE DONE HUNDREDS OF IMPROV SHOWS TOGETHER AND PERHAPS TEN WERE VERY GOOD. ← THIS IS AN EXCELLENT RATIO.

N — <u>N</u>EVER BEEN ATTRACTED TO THE SAME GUY. <u>IMPORTANT.</u>

A — <u>A</u>BLE TO DO ALL THINGS WELL.

F — <u>F</u>AMILY. TINA IS A GREAT MOM.

E — <u>E</u>LIZABETH IS HER REAL NAME BUT I CALL HER BETTY.

Y — <u>Y</u>OLO! (YOU ONLY LIVE ONCE) *

* Tina, please punch this up. Thank you in advance.

We host ALL the shit and RUN THIS TOWN cuz we COME CORRECT and NOBODY gonna stop us FUCK ALL Y'ALL HATERS!!!

정말 자랑스러워

　여자가 마흔 살이 되면 두 가지 문제와 마주친다. 젊은 남자들은 내가 자랑스럽다고 말하고 나이 든 남자들은 자기와 섹스를 할 수 있다고 알려준다. 이 두 가지 모두 칭찬이라고 하는 것이겠지만 종종 나라는 여자를 화가 나게 만든다. 나보다 열다섯 어린 남자가 날 보고 자랑스럽다고 말하는 건 좀 아니라고 생각한다. 지가 내 알코올 중독 치료사도 아니고 시간여행 중인 우리 아빠도 아니라면 말이다. 나이 든 남자는 섹시하고 파워풀할 수 있지만 세 번 이혼한 연예인 변호사가 뼈가 앙상한 손을 내 무릎에 올려놓는다면, 나는 그의 귀에 대고 이렇게 속삭이고 싶다. "미쳤냐? 이 노인네야."
　남성과 여성이 다르다는 새로운 이론에 대해 들어봤는지 모르겠지만 요즘 정말로 유행 중이라고 한다. 내 삶 대부분은 남자로 가득 찬 방에서 보냈고 그들이 소통하는 여러 가지 방식을 배워왔다. 일반적으로 1년 동안 남자들이 서로 공유하는 대화의 양은 내가 여자 친구들과 발렛 파킹을 기다리며 나누는 대화의 양과 맞먹는다. 언젠가 '애스캣'이라는 이름의 즉흥극 공연을 한 적이 있다. 젊은 코미디언들이 나와서 독백을 하는 공연이었는데, 매번 관객이 던지는 말에 따라 주제는 달라졌다. 한 남자가 이혼했다고 고백하는 것으로 시작한 공연이 있었다. 끝난 후 그 코미디언과 나머지 열 명쯤 되는 남자들과 분장실에서 맥주를 마셨다. 이런 성비는 코미디 업계에서 드문 것이 아니다. 남자로 가득한 방에서 유일한 여자가 되거나 유일한 여자 두 명 중에 하나가 되거나. 분명히 거의 모든 작가실이 대부분 그렇다. <SNL>과 <팍앤레>만 빼고. (각 프로그램의 수석 작가인) 세스 마이어스와 마이크 슈어가 진정으로 여성을 사랑하는 진짜 남자인 덕분에 둘 다 여성 작가가 다른 많은 쇼보다 훨씬 많다. 다시 분장실로 돌아가자. 그들 중 한 명이 아까 그 코미디언에게 이렇게 말했다. "어이, 네가 결혼했었다는 걸 이제 알았네." 코미디언은 "응."이라고 대답했고 다른 한 명은 "허."라고 말했다. 그러자 코미디언은 다시 "응."이라고 답했고 잠깐의 침묵이 이어졌다. 그 코미디언이 숨을 깊게 쉬더니 "털어놓게 해줘서 고마워, 친구들."이라고 말했다. 정말로 뭔가를 나누었다고 느낀 것 같았다. 남자들이 서로 대화하는 방식이 이렇다. 가까이에서 보면 참으로 놀랍다.

반면 남자들은 여자들과 뭔가를 공유할 때 가끔씩 걷잡을 수 없이 부적절할 때가 있다. 여러분 중에서 길을 가다가 낯선 고추를 본 적이 몇 번이나 있는가? 손들어 보자. 지하철에서는? 밤샘 파티에서는? 나는 언젠가 친구 케리와 함께 대낮에 길을 걷는데, 어떤 남자가 지금 몇 시냐고 물은 적이 있다. 시계를 보기 위해 내려다봤더니 그 남자가 성기를 손으로 쥐고 있었다. 우리는 키득거리며 소리를 지르고 도망쳤다. 그때가 아마 열 살 정도였을 것이다. 고등학교 때 심하게 취한 상태에서 한 남자가 나에게 수작을 부린 적도 있었다. 대학교 때는 나에게 거절당한 남자에게 쌍년에다가 레즈비언이라는 소리를 들었다. 종종 지하철에서 자위하고 있는 남자를 본 적이 있다. 나는 강도를 당해봤지만 강간을 당하지는 않았다. 아는 사람이 나를 밀치고 침을 뱉은 적이 있다. 차가 막히는 도로 위에서 열이 받은 남자가 차를 세우게 하더니 창문으로 머리를 찔러 넣은 후 "내 얼굴에 싸버릴 거라고" 말한 적이 있다. 그리고 나는 내가 매우 운이 좋았다고 생각한다. 이게 '매우 운이 좋은' 것이라니. 어휴.

많은 여성들, 그리고 일부 남성들까지도, 얼마나 운이 좋았는지 혹은 좋지 않았는지에 대한 자신만의 이야기가 있다. 그런 경험을 겪고 나면 힘으로 상대를 좌지우지하려는 사람에게 경계심을 드러내지 않기가 어렵다. 그래서 이 이야기를 하게 되었다. 이 이야기를 공유하는 이유는 바로 그늘진 권력의 사용 예와 내가 그것을 어떻게 거부하려고 했었는지의 예시이기 때문이다. 또한 여러분이 어디에 있든 누구든 간에 끔찍한 인간이 여러분을 껴안으려 할 때 그것을 멈추기가 참 어려울 수 있다는 것을 보여주기 때문이다.

누군가를 기리는 행사에 공연을 요청 받았다. 나는 존경하는 분을 위해서 공연을 하게 되어 매우 기뻤고 열심히 퍼포먼스를 준비했다. 공연을 완벽하게 만들기 위해 잔뜩 긴장한 프로듀서와 일을 하려면 그들의 에너지와 맞붙어야 하고 그들의 감정을 감당해야 한다. 나는 수많은 이메일을 무시함으로써 그것들에 맞서고자 했다. 이 모든 상황이 그저 지나가기를 바라면서. 하지만 그게 통하지 않을 때는 바빠 죽겠는데도 '예스'라고 말했던 나 자신에게 한 시간 넘게 화가 났다.

난 너무 바쁘다고! 왜 사람들은 그걸 몰라주지! 쿵쾅거리며 화를 낸 후에는 뒤늦게 프로듀서에게 전화나 이메일을 보냈다. 최대한 간략하고 최대한 빠르게.

결국 내 스피치에 대해 프로듀서에게 이야기했다. (아주 간략하게, 위에서 말했듯이) 그리고 행사에 참석할 준비를 했다. 리허설을 하라고 하기에 준비해온 공연을 리허설 했다. 리허설은 잘 끝났다. 꽤 많은 웃음소리가 들렸다. 프로듀서는 유쾌한 60대 신사였는데 나에게 행사에 참여해주어서 고맙다며 마음을 푹 놓으라고 말했다. 미안한 마음이 든 나는 그동안 까다롭게 굴었던 나에게 욕을 했다.

실제 공연을 위해 무대에 나가기 직전에 음향 담당자가 막바지로 내 마이크를 조정했다. 그런 다음 나는 무대로 나가 준비한 공연을 펼쳤다. 퍼포먼스는 잘 흘러갔다. 내가 했던 공연 중에서 점수를 매기자면 B 마이너스 정도 될까? 나는 이제 존경하는 코미디언들 앞에서 B 마이너스 정도의 공연을 하고, 또 그게 TV에 나간다고 해서 하루 종일 자책하지 않는 인생의 단계에 이르렀다. 이 문장이 내가 타이핑한 문장 중에 가장 감동적인지 가장 우울한 것인지 모르겠다. 어쨌든 그랬다. 그런데 내가 막 클라이막스에 다다르려는 순간 갑자기 조명이 꺼지더니 마지막 대사가 잘렸다. 내가 가장 벼르던 부분이고 리허설 때도 반응이 좋았던 부분이었다. <SNL>에서는 항상 나쁜 리허설을 원했었다. 생방송에서 리허설 때의 웃음이 터지길 기다리면서 퍼포먼스를 하는 것만큼 최악은 없었기 때문이다. (결국 터지지도 않고.) 나는 여기에 '유령 웃음 증후군'이라는 이름을 붙였다. 최고의 드레스는 비판자를 만나기 마련이다. 갈 곳이 내려갈 곳뿐이니까.

나의 드레스는 대사를 내뱉는 게 아니라 너무 일찍 잘리도록 만들었
다. 나는 쿵쾅거리며 무대 밖으로 나와서 프로듀서쪽으로 곧바로 달
려갔다.

"좋은 공연이었어요." 프로듀서가 말했다.

"제 마무리가 잘렸어요." 내가 말했다.

"아무도 눈치 못 챘어요."

"저는 알죠."

"진정해요. 잘 끝났으니까요."

"진정해."는 나에게는 정말 견디기 힘든 말이다. 또 다른 견디기 힘
든 말로는 "웃어."가 있다. "웃어."라는 말도 정말 효과가 없다. 화가
난 나에게 진정하라거나 웃으라고 하는 것은 원숭이 보호구역에 생
일 케이크를 가져다 놓는 것과 같다. 자기 코나 생식기를 물어 뜯어
달라고 들이대는 짓이다.

내가 자주 사용하는 전술이 하나 있다. 꽤 잘 먹힌다. 누군가 무례
하게 굴 때, 권력을 남용할 때, 상대를 존중하지 않을 때 아주 명백한
방식으로 그 사람을 호명한다. 예를 들면 "그쪽이 행사 담당자 아닌
가요? 이 상황에서는 담당자가 저를 도와줘야 하는 대목인데 왜 이
렇게 무례하게 구는지 모르겠네요?" 마치 상대가 자기 역할을 까먹
은 배우인 것처럼 구는 것이다. 상대에게는 자신의 입장에 대해 주의
를 주고 나 자신은 잠시 가라앉히는 시간을 벌 수 있다. 그래야 눈물
을 터뜨리거나 상대의 멍청한 안경을 부러뜨리는 등 어리석은 짓을
하지 않을 수 있으니까. 우는 것이 잘못됐다는 뜻은 아니다. 말로 토
머스Marlo Thomas와 <Free to be… You and Me> 동료들은 '눈물이 슬픔

을 지워준다'는 것을 상기시켜 주었다. 그저 가끔은 화는 화로 남아야 하기 때문이다. 눈물은 화를 다른 성격의 무언가로 변하게 할 때가 있다. 그래도 만약 논쟁을 하다가 울음이 터졌고 누군가가 왜 우느냐고 묻는다면 이렇게 말하면 된다. "네 말이 하도 틀린 것투성이라 울음이 나는 것뿐이야."

다시 돌아와서, 나는 프로듀서에게 사과하라고 말했고 그는 "그러게, 좀 골치 아픈 스타일이군."이라며 빠져나가려 했다. 다행히도 그 말이 평소처럼 거슬리지 않았다. 이십대 때는 그런 말을 들으면 감정이 요동쳐서 심장과 위장이 뒤틀렸다. 누군가 나를 좋아하지 않는다는 생각은 감당하기 어려운 법이다. 마치 지는 사람이 되는 기분이니까. 지금은 그때만큼 신경 쓰지 않는다. 정말 기분이 좋다. 드디어 복통 걱정 없이 매운 음식을 먹게 되는 기분이다. 뭐 그런 비슷한 기분이다. 이제 나는 내 배를 아프게 하지 않는 사람들을 위한 위장을 가지고 있다. 적어도 그렇게 되려고 노력 중이다.

나는 위층으로 올라가서 약 5분 정도 화를 냈다. 그러고 난 후 화가 파도처럼 내 몸을 휩쓸고 지나가는 것을 지켜보았다. 감정은 지나가는 폭풍우와 같아서 자꾸 자신에게 이 비가 영원히 내리지는 않을 것이라고 말해주어야 한다. 그냥 잠깐 앉아서 창밖으로 쏟아져 내리는 것을 지켜본 다음 머리를 내밀고 비가 그쳤는지 확인하면 된다. 내가 모든 화를 지나보냈을 때 방문을 부드럽게 두드리는 소리가 들렸다.

"에이미, 잠깐 얘기 좀 해도 될까요?"

나는 '사과하러 왔나 보군' 하고 생각했다. 즉시 나는 내가 화가 나지 않았다고 결심했다. 뿐만 아니라 그가 쉽게 빠져나가게 두자고 결심했다. 나머지 공연도 보고 싶었고 술도 마시고 축하도 히고 싶었다. 나는 어깨에 긴장을 풀고 화해의 미소를 지으며 문을 열었다. 프로듀서가 들어오더니 묻지도 않고 자리에 앉았다. 그 태도가 내 눈에 들어왔다.

"문제가 생겼어요."

"네?"

"소리가 이상했어요. 마이크가 제대로 작동하지 않았어요."

"아…."

자, 그는 사과하러 온 것도 아니었고 더 나쁜 소식을 들고 왔다는 것을 깨달았다. 나의 상담사와 거친 사업가들로부터 몇 가지 배운 것을 시도해 보기로 했다. 나는 의자에 기대앉았다. 음 뒤로 몸을 젖히고 앉았다 lean-back. 내 두 번째 책에 대해 상상한 적이 있는데 베스트셀러 작가인 셰릴 샌드버그[1]와 공동 저자로 『린 백』이라는 제목으로 쓰면 어떨까. 나는 다리를 풀고 눈을 마주쳤다. 나는 곧바로 이것이 내 문제가 아니라고 결정했다. 이 결정을 내린 후의 안도감이 따뜻한 코코아처럼 내 심장으로 퍼져나갔다. 너무 자주, 우리 여성들은 우리가 고쳐야 할 것이 아닌 혼란과 씨름하려 한다.

"음, 안 됐네요." 내가 말했다.

"어찌해야 할지 모르겠군요." 그가 말했다.

내가 배우고 연습해온 것이 한 가지 더 있었다. 그냥 조용히 그 자리에 앉아 있는 것이다. 정말 무지하게 어렵다. 한번은 <SNL>에서 스

---

[1] (옮긴이) 페이스북의 최고 운영 책임자. 여성의 사회적 지위에 관한 책인 『린 인』의 저자이기도 하다.

케치 리허설을 하면서 크리스토퍼 워큰Christopher Walken 옆에 앉아서 말을 걸어보려고 몇 번 시도했던 적이 있다. 그는 매우 상냥한 사람이었지만 나는 왠지 방해가 된다는 기분을 느껴야 했다. 나는 그저 앉아서 조용히 있는 실험을 시작했다. 몹시 고통스러웠다. 한 3분이나 버텼을까, 나는 과자 봉지를 읽는 척이라도 해야 했다. 말하지 않는 것은 나에게 고문과도 같다. 그래도 나는 계속했다.

"흠…." (안다, 알아. 정확히 하자면 말한 거지.)

"다시 해줄 수 있나요? 관객 없이요. 방송에 제대로 내보야 하지 않겠어요?"

"안 되겠는데요." 나는 조용하고 단호하게 말했다.

"음…. 어떻게 해야 할지 모르겠군요."

나는 침묵했다. 지금까지 잘 하고 있잖아, 그치?

"정 그러시면 ADR을 해볼 순 있겠네요." ADR은 녹화된 장면에 목소리를 입히는 작업을 말한다. 내가 무슨 짓을 하는지 알아챘는가? 바로 방금 전에 내가 수습할 문제가 아니라고 상기해 놓고는, 나서서 제안을 하기 시작했다.

"그거 좋겠네요. 정말로 다시 하지 않아도 괜찮겠어요? 확실히 하기 위해서요."

자, 그는 내가 거절했음에도 불구하고 여전히 질문을 했다. 가빈 드 베커Gavin de Becker가 『범죄 신호Gift of fear』1라는 멋진 책에서 언급한 적이 있다. "안 된다.no"라는 단어가 '협상의 시작이 아니라 대화의 끝이' 되어야 한다고 일갈했었지. 나는 이 책에 무지하게 집착한다. 얼마나 많이 인용해대는지, 내가 『범죄 신호』에 대해 연설할

---

1 (옮긴이) 가빈 드 베커는 범죄 예측 및 심리 분야 전문가로, 헐리우드 스타, 운동선수, 정부기관, 정치인 등의 보안을 책임지는 가빈 드 베커 주식회사를 운영하고 있다. 이 책은 범죄를 예측하고 예방하는 방법 등을 담고 있다. 범죄 심리학 분야에 관심이 있다면 매우 흥미롭게 읽을 수 있는 책.

때마다 친구들은 눈알을 굴려댄다.

나는 다시 "안 된다."라고 말했다. 다시 무대로 돌아가서 텅 빈 공간에서 퍼포먼스를 하고 싶지 않다고 이미 말했다.

그럼 그렇게 되어야 하지 않은가? 응?

아니었다.

대신에 프로듀서는 일어서더니 이렇게 말했다. "미안해요. 꽤나 신경이 곤두섰네요. 좀 안아드려도 될까요?"

여기에서 내가 "안 된다."라고 말했다고 할 수 있다면 좋겠다. 친구들에게 그날 밤 일에 대해 다시 얘기할 때 그가 나를 안도록 내버려두지 않았다고 거짓말을 했었다. "아니오, 안 됩니다."라고 말했다고 얘기했다. 친구들은 내 얘기를 들으며 모두 고개를 끄덕였다. 다들 내가 그 남자가 나를 안게 놔두지 않았다고 믿었다. 나는 성공한 독립적인 여성이니까! 나는 강하다! 나는 비밀스럽게 거의 모든 새로운 사람들을 싫어한다.

하지만 나는 그가 나를 안도록 두었다. 그 소름끼치는 인간이 나를 안게 두었다. 나는 그저 가만히 앉아있었고 그가 다가와서 내 뻣뻣한 몸을 안는 동안 내 팔은 옆구리에 딱 붙어 있었다. 순간 내 머릿속에는 그가 나를 안게 내버려두면 그의 기분이 나아질 테고 그러면 이 모든 게 다 지나갈 것이라는 생각뿐이었다.

만약 남자 공연자였어도 그 프로듀서가 포옹을 했을까?

내 생각에도 그렇지 않았을 것 같다. 어느 경우든, 절대 끝나지 않는 문제다.

"예스 플리즈"
를 위한 약간의 여백

모든 사람들이 대부분의 시간을
두려워하며 보낸다

EVERYBODY IS SCARED
MOST OF THE TIME

공원을 만듭시다

레즐리 노프를 연기하는 것은 보이는 것만큼이나 재밌다.

내가 시청자로서 실제로 보고 싶은 드라마에 출연하게 되었다. 평생 보물처럼 여길 친구들도 만났다. 매주 개그를 치고 우는 것이 허락되었다. 나는 아직 <팍앤레>에 심정적으로 너무 가까워서 한 발자국 물러나 이야기를 하기가 참 어렵다. 이 책이 출간될 때쯤이면 드라마는 일곱 번째이자 마지막 시즌을 마쳤을 것이다. 마지막 쇼는 125번째 에피소드다. 나는 여전히 <팍앤레>라는 그림에 코를 박고 있을 것이다. 안 봐도 뻔하다. 그렇기 때문에 나는 지난 6년 동안 해왔던 것을 이번에도 해보려고 한다. 일단 쓴 다음, <팍앤레>의 제작자 마이크 슈어에게 좀 더 낫게 만들어달라고 넘기는 일 말이다. 계속해 보자….

어떤 연기를 하든지 매번 길 끝에 서 있다는 느낌이 든다. 운이 좋을 때는 모퉁이를 돌면 뭐가 나올지 미리 알 수도 있다. 다른 작업으로 이끌어주는 길이 분명하게 보인다는 것은 엄청난 특권이며, 다음 좋은 일로 넘어가는 다리를 누군가 내어준다는 것은 매우 드문 일이다, <SNL> 이후에 나의 다리[1]는 마이크 슈어였다. 다음 좋은 일은 바로 <팍앤레>였다.

마이크와 나는 <SNL>에서 함께 일했다. 마이크는 내가 들어가기 전에 티나 페이와 지미 팔론이 진행하던 <위켄드 업데이트>의 작가였다. 마이크는 하버드를 나온 매우 똑똑한 사람인데, 웃긴 만큼 인정도 많은 사람이다. 불의를 참지 못하며, 약자와 좋은 싸움을 하는 사람들의 편에 서는 것을 좋아한다. 보스턴 레드삭스에 대한 애정이 이런 그의 성격을 잘 보여준다. 레드삭스가 월드시리즈에서 우승하는 게임을 마이크, 세스 마이어스를 비롯한 보스턴 출신 작가들과[2] 함께 본 적이 있다. 마이크는 그때 받은 문자와 이메일을 모두 모아 책으로 만들었다.[3] 마지막 페이지에는 레드삭스 우승을 축하하는 상담사[4]의 문자 메시지까지 발췌해놓았다.

마이크는 래퍼 서믹스어랏의 <Baby Got Back>의 가사를 다 외웠다. 어떻게 알았냐면 내 결혼식 때 춤을 추다가[5] 전화를 받는 척하면서 그 노래를 불렀기 때문이다. 말할 필요도 없이 그는 재주가 정말 많다.[6]

마이크가 <SNL>을 떠나기 전, 세스를 포함해 우리 셋은 그의 사

---

[1] 마이크의 노트: 우리 할머니는 내가 엔지니어가 되길 바라셨는데, '다리'라고 불리다니 살면서 엔지니어에 가장 가까이 가본 말이네. 그런 의미에서 고마워.

[2] 마이크의 노트: 정확히 말하자면 같이 본 게 아니었지. 넌 뉴욕에 있었고 난 LA에 있었잖아. 그래도 네가 매시간 전화해서 내 보이스메일에 "오티이이이이이즈!!(보스턴 레드삭스의 다비드 오티즈 선수)"라고 소리를 지르곤 했지.

[3] 마이크의 노트: <누군가 무언가를 했다: 2004년 보스턴 레드삭스 이야기>였지. 2003년 9월부터 2004년 12월까지 친구들이 레드삭스를 언급하며 보냈던 모든 문자, 이메일을 다 모았지. 출력해서 철한 다음 친구들에게 선물했어. 세스 마이어스는 그거 받고 울고 난리였어.

[4] 마이크의 노트: 연락 안 한 지 2년은 됐는데, 승리가 내게 얼마나 중요한지 아는 분이었지.

[5] 마이크의 노트: 전세계의 모든 인간이 HD 비디오카메라를 주머니에 넣고 다니기 전이라서 정말 다행이라고 생각해.

[6] 마이크의 노트: 사실 두 가지 재주밖에 없어. 이메일 편집하기와 춤추면서 <Baby Got Back> 부르기.

무실에 앉아서 리키 저베이스^{Ricky Gervais}의 영국판 <더 오피스>의 센스 넘치는 크리스마스 파이널을 보았다. 우리는 모두 입고 있던 후드를 눈물로 적셨다.[7] 그 당시에 마이크가 이미 미국판 <오피스>를 만드는 데 합류했었는지는 기억이 나지 않는다.[8] 그저 내가 미국판 <오피스>는 망한 아이디어라고 생각했던 것만 기억난다.[9] 중간에 그렉 다니엘스, 마이크 슈어, 스티브 카렐이 합류한다는 소식을 들었지만 그래도 잘 모르겠다고 생각했다.

그러다가 드라마가 시작했고 정말 대박이 났다.

2008년 초에 마이크와 그렉이 날 부르더니 <SNL>을 떠난 후 지금 계획 중인 드라마에 나올 의향이 있느냐고 물었다. 그렉은 NBC와 새로운 드라마 시리즈를 만들기로 협상을 했고 마이크와 함께 <오피스>의 스핀오프를 만들 것이라는 소문이 돌았다. 어떤 것을 만들지 막연했지만 어쨌든 함께 무언가를 만든다면 얼마나 재미있을지 많은 이야기를 나누었다. 그렉은 새로운 시리즈의 에피소드를 13화까지 무조건 보장해준다는 조건으로 NBC와 협상을 했다. 대부분의 드라마는 파일럿 에피소드를 먼저 만든다. 파일럿이 완성되면 의문의 인물들이 한 방에 모여서 이 드라마에 어떤 장점이 있는지 파악하고 미래를 점치면서 시리즈 제작 여부를 결정한다. 시리즈 제작이 보장된다면 이런 불가사의하고 고통스러운 파일럿 과정을 거치지 않아도 된다는 뜻이었다. 게다가 첫 번째 에피소드는 슈퍼볼 후에 방영될 예

---

[7] 마이크의 노트: 돈이 사무실로 돌아와 팀에게 키스하는 장면에서 의자에서 벌떡 일어나서 저절로 손이 하늘로 올라가더군. 레드삭스가 슈퍼볼에서 승리했을 때처럼 말이야. 너는 박수 치며 환호 했었지. 방 안에 있던 사람 전부 순수한 기쁨의 카타르시스를 느꼈어. 조금 시간이 흐른 뒤에 나도 사람들을 그렇게 기분 좋게 만들 수 있는 것을 만들고 싶다고 생각했던 것 같아. <팍앤레>에서 시도했던 로맨스와 감정적인 스토리라인이 바로 내가('나와 나머지 작가들이'라고 말해야 겠지) 그 선을 넘고자 했던 노력의 결과였지.

[8] 마이크의 노트: 그때는 아니었어.

[9] 마이크의 노트: 나도 그렇게 생각했어. 다들 그랬지, 정말 다행히도, 그렉 다니엘스만 빼고!

정이었다. 모두가 탐내는 방영 시간이었다. 정말 흔치 않은 엄청난 기회였고 어느 배우에게라도 홈런급 기회였다. 그 타이밍에 나는 임신을 했고 다 망했다고 생각했다.

마이크와 그렉은 <팍스 앤 레크리에이션>이라는 드라마의 바탕을 만들기 시작했다. 그리고 몇 달 후 나의 '민감한 상황'을 무시하고 아이디어를 무조건 던져보기로 결정했다.[1] 마이크는 자기 집 발코니에서 줄담배를 피우며 내게 전화를 걸었다. (자세한 통화 내용은 책에 싣지 말라고 부탁했다.[2]) 자신이 그렉과 함께 창조한 레즐리 노프라는 캐릭터에 대해 말해주었다. 레즐리는 원대한 꿈을 품고 있는 말단 공무원이다. 최근에는 오바마의 선거 캠페인인 '예스 위 캔'에 감명을 받았다. 단 한 명이라도 의지가 있다면 변화를 만들 수 있다고 믿는다. 레즐리는 세상을 바꾸고 싶어 하며, 언젠가는 대통령이 되겠다는 꿈을 꾼다. 가장 뼈대가 되는 설정은, 레즐리가 마을에 생긴 커다란 구덩이를 공원으로 만들고 싶어 한다는 것이었다.[3,4]

드라마는 <오피스>에서 활용되었던 다큐멘터리 형식을 도입하기로 했다. 당시에는 다큐멘터리나 모큐멘터리 형식을 접해본 적이 없었다. <SNL> 전에 멀티 카메라로 촬영하는 방송에만 출연한 경험만 있었다. '멀티캠' 방송에서는 스튜디오 관객과 서너 대의 카메라 앞에서 촬영했고 사람들의 웃음소리를 들을 수 있었다. <치어스>나 <사인필드>처럼. 가끔은 관객 없이 찍기도 했지만 일주일에 한 번은 '관객

---

[1] 마이크의 노트: 여기에 살을 좀 보태서 말하자면, 그렉과 내가 일반적으로 느꼈던 감정은 : 폴러냐 망작이냐, 임신이라니 뭔 일이야!

[2] 마이크의 노트: 망할, 폴러!

[3] 마이크의 노트: 마지막을 바라보고 있는 지금 시점에서 이런 식으로 보니까 엄청 흥미롭네. 시작할 때는 그렇게 단순했었지. 무에서 유를 창조하고 싶어 하는 한 여자.

[4] 바로 앞 각주에 대한 마이크의 노트: 아니야, 안 울고 있거든. 닥쳐.

초청의 밤'이 있어서 관객들을 초대해서 배우들이 호응과 웃음을 얻을 수 있는 날이 있었다. 내가 처음으로 방송에 출연한 것은 1996년 <스핀 시티>의 한 에피소드의 아주 작은 역할이었다. 마이클 J 폭스를 만나지 못했지만 리차드 카인드는 친절했다kind. 2년 후 저드 애퍼토Judd Apato 감독의 '정신 나간 시트콤'으로 불리는 <프릭스 앤 긱스>의 파일럿에 출연한 적이 있다. 주연은 데이비드 크럼홀츠, 케빈 코리건, 안드리아 마틴, 오스틴 펜들튼이 맡았다. 하지만 시리즈로 제작되지 않았다. 시리즈로 제작되는 것은 결코 쉽지 않았다.

 나는 싱글 카메라 형식의 방송에 경험이 조금 더 많았다. 싱글 카메라는 한 대의 카메라로 한 장면을 여러 각도에서 각각 촬영하는 것을 의미한다. 다시 말해서, 두 사람이 말하고 있다면 한 사람의 어깨 너머로 보이는 사람의 연기만 촬영을 한 다음, 다시 조명이나 카메라의 위치를 새롭게 조정한 다음 상대방 쪽을 촬영하는 식이었다. 극도로 지루하고 느린 작업이었다. 오랜 시간이 걸리고 조명도 다시 재조정해야 하고 전통적인 영화를 찍는 느낌이었다. 몇 년 전에 싱글 카메라로 <North Hollywood>라는 작품의 파일럿을 찍은 적이 있었다. 역시 시리즈로 진행되지 않았다. 그래도 되돌아보면 왜 제작되지 않았는지 알 것 같다. 케빈 하트, 제이슨 시걸, 재뉴어리 존스 같은 머저리 무리가 출연을 했고 누가 봐도 재능 없는 저드 애퍼토가 감독을 맡았으니까. 그렇다. 나는 저드 애퍼토의 실패작 두 개의 공통분모다. 내가 있는 저드 애퍼토 작품 : 깡통. 내가 없는 저드 애퍼토 작품 : 2백조 달러.5

---

5 마이크의 노트: 대략 그러네.

마이크와 그렉은 새로운 모큐멘터리 형식에 대해 설명해 주었다. <스파이널 탭>[1]과 영국판 <오피스>와 전혀 다르게 오리지널한 무언가의 혼종 같이 느껴졌다. 연극을 하는 것처럼 각 장면들을 리허설했고, 모든 장면을 여러 번 거꾸로 연기했다. 카메라 두세 대가 움직임을 발견하고 배우가 움직이는 것을 따라다녔다. 배우들은 언제 카메라에 찍히는지, 카메라가 어디에 있는지 모를 때가 많았다. '스파이 샷'은 순간적인 장면에 친밀감을 높이는 효과를 주었다. 배우들은 '토킹 헤드'처럼 카메라를 쳐다보면서 반응을 보이거나 직접 카메라에 대고 말할 수도 있었다. 대부분 이야기를 발전시키거나 캐릭터가 느끼는 감정의 다른 면을 보여주기 위해 활용되었다.[2, 3] 카메라 감독들은 매우 가깝거나 아주 멀리 떨어져 있었지만 액션의 역동적인 한 부분이었다. 8~9장을 하루 12시간 안에 다 촬영했다. 장편 영화의 두 배에 달하는 양이었다. 메이크업 수정은 거의 하지 않았고

---

1 (옮긴이) <이것이 스파이널 탭이다>는 모큐멘터리라는 장르를 처음 시도 영화로 롭 라이너의 데뷔작이다. 영화는 스파이널 탭이라는 헤비메탈 밴드가 미국 순회 공연을 하면서 겪는 해프닝을 다루고 있다.

2 마이크의 노트: 모큐멘터리에서 캐릭터가 카메라를 보는 이유는 여러 가지가 있다. <오피스>의 마이크 스캇 같은 경우에는 막 창피한 짓을 했는데 문득 카메라가 있다는 사실을 눈치챘을 때이다. 대부분 표정이 '어, 오' 하는 표정이지. 벤 와이어트(<오피스>의 짐 헬퍼트와 마찬가지로)는 "내가 지금 어떤 인간들이랑 일하는지 믿어져요?"라는 듯한 표정을 짓는다. 앤디 드와이어는 카메라가 마치 자신의 절친인 양 바라보며 좋아하는 걸 공유하려 한다. 이런 식이다. 여기에서 요점은, 레즐리라는 캐릭터를 만들 때 그녀와 카메라의 관계도 설정해놓았다. 레즐리는 정치적 야망이 있는 캐릭터였다. 보통 그런 캐릭터는 a. 카메라에 나오는 걸 좋아하나 b. 사소한 실수나 부적절한 행동이 카메라에 잡히는 순간 경력을 다 망친다는 것을 안다. 초반에 레즐리는 카메라와 그런 양면적인 관계를 가지고 있었지만 시간이 가면서 에이미는 점점 카메라를 보지 않게 되었다. 그것에 대해서 우리가 대화를 한 적은 없지만(작가진이 그런 식으로 쓴 것도 아니었지만) 자연스럽게 그렇게 되었다. 시즌 2 후반으로 가면서 왜 그렇게 되었는지 생각해보았는데, 레즐리가 사적으로든 공적으로든 생각, 동기, 감정에 있어서 차이가 없는 캐릭터로 진화했기 때문이었다. 에이미가 레즐리를 아무것도 숨기지 않는 한결같은 캐릭터로 만들어놓았다. 어떤 상황에서도 레즐리는 자신이 한 말이나 행동에 대해 부끄러워하지 않았고 창피해하지 않았다. 정말 대단하다고 생각했고 그 순간부터 레즐리를 쓸 때 북극성처럼 생각하게 되었다. 자신이 하는 일에 대해 절대 부끄러워하지 않는 것이 레즐리 캐릭터를 쓸 때의 사명이 되었다. 내 생각에, 그건 꽤나 거친 캐릭터 특성이다. 이게 가능했던 이유는 그 캐릭터를 표현한 배우가 최상급으로 진실하고 성실했기 때문이다. (이 부분에서 끝내길 바라겠지만 안 돼, 에이미. 책 쓴 사람이 얼마나 멋진지 말하는 것 같고 너무 비행기 태우는 것 같겠지. 그래도 자르지 마. 솔직한 얘기니까. 다들 견뎌낼 수 있을 거야.)

3 에이미의 노트: 네가 대빵이니까, 뭐.

조명도 조금씩만 조정했다.[4] 즉흥연기, 애드리브가 장려되었고 수용되었다. 만약 새로운 것을 시도하려 한다면 카메라가 움직여서 잡아냈다.

마이크가 말하길, 한번 이런 식으로 찍고 나면 아마 다른 방식으로는 찍고 싶지 않아질 것이라고 했다. 확실히 그랬다. 마이크가 보낸 스크립트를 보고 5분 만에 레즐리 노프가 나를 위해 만들어진 캐릭터 중 최고라는 사실을 깨달았다.[5] 나의 좌우명은 "재능 있는 친구들과 함께 스스로 자랑스럽게 생각하는 일을 하자."였다. 다른 좌우명으로 "계속 일하지 않으면 정부가 내 보트를 압수할 거야."가 있다. 둘 다 내가 "예스 플리즈"라고 말하게 된 계기이다.

남편 윌과 많은 이야기를 나누었다. 결국 드라마에 도전해보기 위해 LA로 이사를 했는데, 그렇게 동의해준 윌에게 언제나 감사한 마음이다. 일반적인 드라마와 달리 여섯 개의 에피소드를 연달아 찍었다. 일반적인 과정은 파일럿을 찍고 한 달 동안 편집하고 몇 달 동안 고려의 기간을 거쳐 점지를 받은 후, 다음 에피소드를 쓰고 찍는 식이었다. 내가 임신한 상태였기 때문에 출산 예정일을 고려해서, 우리는 모두가 갈망하는 슈퍼볼 시간대를 기꺼이 포기한 유일한 방송이 되었다. 촬영을 시작하기 직전의 나는 우울하고 진이 다 빠져서 참담하고 슬픈 기분이었다. 여전히 〈SNL〉에서 나왔다는 사실에 슬퍼하고 있었고 순탄치 않았던 출산 후유증을 겪고 있었다. 게다가 여전

---

[4] 마이크의 노트: 첫 촬영을 하는 주에 우리의 훌륭한 스태프들에게 보통 하던 대로 일을 하면 잘될 수 있다고 말했지. 메이크업 아티스트와 헤어스타일리스트에게는 사소한 흠 때문에 세트장으로 뛰어들 필요 없다고 했어. 사진 스태프와 조명 스태프에게는 최대한 빨리 조명을 옮기고 너무 완벽하게 그림자를 제거하려고 하지 않아도 된다고 말했지. 이 스타일의 요점은 배우들이 카메라 앞에서 연기하는 시간을 최대화하는 것이었어. 극대화된 코미디를 위해 할리우드 매직 따위는 포기할 수 있는 배우들만 있다면 가능한 스타일이었지. 다시 말해 거만하지 않으며, 웃기기 위해서라면 결점이 보이거나 완벽해 보이지 않더라도 상관없는 사람들이었지. 내가 우리 배우들을 좋아하는 이유 중에 하나야. 배우 한 명, 한 명이 다 이런 방식을 좋아했어.

[5] 마이크의 노트: 내 생각에 너를 위해 쓰인 최고의 캐릭터는 〈인디펜던스 데이〉의 제프 골드블럼 역이나 〈올리버〉의 나쁜 노인 역 같은데…. 나 잘하고 있어?

히 알 수 없는 도시인 LA에 정을 붙이지 못하고 있었다.[1] 우는 시간이 많았다. 내가 웃기지 않다는 생각에 겁을 먹었다. 뉴욕이 그리웠고 새로 태어난 아기가 있는 집이 그리웠다. 내 남편에게 나는 좋은 아내가 아니었다. 얼굴은 둥그렇게 부었고 몸도 부풀었다. 한 달이 넘는 시간 동안 한 캐릭터에 감정이입을 하도록 요청 받은 것은 꽤 드문 일이었다. 나는 마이크와 그렉에게 내 연기가 너무 시끄러울 수 있다고 경고했다. 마치 차에 타서 시동을 걸자마자 최대 음량으로 터져 나오는 라디오 소리처럼 말이다.

캐스팅이 시작되자 흐릿했던 상이 점점 선명해졌다. 라시다 존스, 오브리 플라자, 아지즈 안사리가 일찍이 합류했다. 크리스 프랫과 닉 오퍼먼은 나중에, 레타, 짐 오헤어, 폴 슈나이더까지 <팍앤레>의 첫 번째 미니 시즌에 합류했다. 추후 롭 로우와 아담 스콧까지 합류하면서 주요 출연진이 완성되었다. 처음 촬영을 할 때의 기억은 많이 나지 않는다. 에피소드를 진행하면서 조금씩 나의 리듬을 느끼기 시작했다. 출연자들은 모두 재능이 넘쳤고 나중에는 가족 같이 느껴졌다. 나는 긴장될 때마다 습관처럼 마이크의 얼굴을 찾았다. 지금에 와서 분명히 기억나는 것은 파일럿 에피소드에서 했던 사소한 장면이다. 비가 내리고 있었고 레즐리가 서서 사무실 창문 밖을 내다보고 있었다. 내레이션에서 레즐리는 공원 프로젝트가 얼마나 품이 많이 드는지, 얼마나 오랜 시간이 필요한지, 그리고 그럼에도 불구하고 그럴 만한 가치가 있다고 이야기한다.

---

[1] 마이크의 노트: 아무도 알 수 없는 도시야. 알려고 하지도 마. 차이나타운이잖아.

21 레즐리 토킹 헤드
B-roll : 레즐리가 공원 부서 사무실 창가에 서서 밖을 내다보고 있으면 그녀의 시선을 따라 화면이 따라간다.
레즐리 : 저는 공원 부서에서 6년 동안 일했어요. 스스로 자랑스럽게 생각하는 일들을 해왔죠. 작년에는 고양이 때문에 골치 아팠던 어린이용 모래상자를 소독하기 위해 앞장서서 시내 전역에서 소독차를 진두지휘했죠. 몇몇 영유아 엄마들의 눈물 날 정도로 감동적인 간증이 있었다고 들었어요. 그런데 이 구덩이는, 밑바닥부터 완전히 새로운 공원을 지을 수 있는 기회예요.
(잠시 생각에 잠겼다가) 이건 저의 후버댐[2]이 될 거예요.

이 장면을 촬영할 때 창 밖에서 가짜 비를 만들던 소품 스태프를 바라보며 서 있었던 기억이 난다. 방송될 때는 레즐리가 창문 밖을 바라보고 있는 장면에 내 목소리로 내레이션이 흘러나왔다. 나는 그렉과 마이크가 읽어주는 내레이션을 들으면서 이게 바로 나의 새로운 일이라는 사실을 깨달았다. 내 귀에 아주 작은 목소리가 우리가 해낼 수 있을 거라고 속삭였다. 나는 그 말을 믿었다.

우리는 거의 해내지 못했다. 첫 해는 참 힘들었다. 비평가들은 우리를 <오피스>에 비교했다. 물론 불친절하게. 평점은 괜찮았지만 훌륭하진 않았다. <데드라인 할리우드>는 우리의 파일럿 테스트 결과를 실었는데, 누군가 여러분의 일기에서 최악인 부분만 발췌한 것에 지나지 않았다.[3] 설문에 따르면, 많은 사람들이 '공원 여자가 구덩이로 굴러 떨어질 때' 가장 좋아했다. 사람들이 주요 캐릭터가 구멍으로 떨어지는 모습을 보고 싶어 한다는 것은 좋은 징조가 아니었다. 우리는 다시 모였다. 약간의 변화를 주기로 했다. 어떤 부분이 잘 먹

---

2 (옮긴이) 세계 대공황 시절 미국이 타개책으로 설립한 미국 최대 규모의 댐.
3 마이크의 노트: 좋은 비유야. 나는 미식평론가가 레스토랑 부엌으로 쳐들어와서 반쯤 익은 음식을 먹고 쓴 리뷰 같다고 생각했는데. "닭고기가 덜 익었다!" 그 비열한 플레이(미리 흘렸다는 점과 우리에게 코멘트를 듣지도 않고 기사로 찍어낸 점 둘 다)에 좋은 점이 있었다면 코멘트 섹션에 루이 C.K.가 우리를 변호해주었고 시즌 2에서 레즐리의 남자친구로 출연한 것뿐이지.

했는지 파악하고 그것을 계속하기로 했다. 우리가 필사적으로 일에 매달리는 동안 방송 관계자들이 왔다 갔다. 몇몇은 우리를 좋아했다. 몇몇은 비행 중에 취소해놓고는 땅에 닿기 전에 마음을 바꾸기도 했다. 비평가들은 다시 드라마를 보기 시작했고 몇 가지 새로운 점을 발견했다.

우리는 묵묵히 우리가 할 일에 집중했다. 우리가 제어할 수 있는 일, 즉 드라마를 만드는 일에 집중했다. 우리는 일을 했다. 명심하자. '중요한 것에 대해 말하기'는 중요한 것이 아니다. '중요한 것을 하기'가 중요한 것이다.

시즌 2에서부터 우리는 탄력을 얻기 시작했다. 비평가들은 추천 목록에 우리를 추가했고 몇몇 시상식의 수상 후보로 오르기도 했다. 다들 우리가 평점의 희생양이 되지 않으리라는 것을 깨달았다. 우리는 옆에서 함께 하던 NBC 방송이 죽고 새로운 방송이 시작되는 걸 보면서 계속 하던 일을 잘해나가도록 해야 했다. 공정하게 말하자면, 우리는 종종 생명 유지 장치에 의존해야 했다. 다음이 있을지 모르는 채 한 시즌을 마쳐야 했다. 마이크는 작가들에게 항상 큰 움직임을 만들고 캐릭터를 진화시키고 변화를 주라고 주문했다. 롭 로우와 아담 스콧이 합류하면서 더 좋아졌고 취소될 확률도 낮아졌다. 우리는 그저 계속했다.

마이크가 매해 여름 7월이 되면 전화를 걸어서 다음 시즌 레즐리의 스토리라인을 귀띔해주었다. 난터켓 섬에 임대한 집의 앞 베란다에 앉아 벌레를 잡으며 이야기와 단편적으로 구성된 에피소드들을 듣는 시간이 얼마나 즐거웠고 안심이 되었는지 말로 표현할 수가 없다. <SNL>에서 몇 년 간 나만의 소재를 만들어내기 위해 애를 쓴 후라서 그런지 이 드라마는 누군가 나를 골라서 신에게로 데려가는 느낌이었다.[1] 레즐리는 시의원 선거에 출마했고 사랑에 빠졌다가 깨졌고 자기 마을을 위해 싸웠고 친구들과 와플을 먹었다. 나는 처음으로 드라마를 쓰고 감독했다. 루이 C.K., 메간 멀러리Megan Mullally[2], 프레드 아미센Fred Armisen[3], 패트리시아 클락슨Patricia Clarkson[4], 윌 아넷Will Arnett[5], 데틀레프 슈렘프Detlef Schrempf[6] 같은 사람들과 일하게 되었다. 그들과의 섹스 이야기도 있지만 그건 다음 책을 위해 남겨두도록 하자.[7,8]

2시즌 중반에 나는 다시 임신을 했다. 매우 흥분되었고 놀라웠다.[9] 이렇게 된 이상 배가 제대로 부풀어 오르기 전에 더 많은 에피소드를 촬영할 수 있게 동의하도록 NBC를 밀어붙여야 했다. 카메라가 사

---

[1] 마이크의 노트: 우리 할머니는 내가 신이 되길 바라셨는데, 이 비유는 살면서 내가 신에게 가장 가까이 가본 말이네. 그런 의미에서 고마워.

[2] (옮긴이) <윌 앤 그레이스>의 카렌 역, <팍앤레>에서 론의 전부인 태미2(도서관 사서) 역을 연기한 배우. 닉 오퍼먼과 메간 멀러리는 실제 부부 사이이다.

[3] (옮긴이) <SNL>의 크루이기도 했던 배우. 드라마 <포틀랜디아>의 남자 주인공. <팍앤레> 시즌 2 에피소드 5에서 베네수엘라에서 온 공원부서 부국장역으로 출연했다.

[4] (옮긴이) <팍앤레>에서 론의 첫 번째 부인 태미1 역을 연기한 배우. 영화 <도그빌> <파 프롬 헤븐>, 드라마 <식스 피트 언더>에도 출연하였다.

[5] (옮긴이) 지금은 에이미의 전남편이지만 2010년 <팍앤레> 시즌 2 에피소드 13에 레즐리의 소개팅 상대로 출연했을 때는 결혼한 상태였다.

[6] (옮긴이) 1985년에 NBA에 데뷔하여 현재는 은퇴한 프로 농구선수. <팍앤레>에서는 현실에서와 마찬가지로 인디애나 페이서스 소속 스몰 포워드로 나온다. 시즌 2 에피소드 22, 시즌 3 에피소드 16, 시즌 4 에피소드 2에 출연했다.

[7] 마이크의 노트: 너의 진짜 인생 7년 "할까, 말까" 데틀레프 슈렘프와 함께 한 대하소설은 백 권이 넘을 거야.

[8] 바로 앞 각주에 대한 마이크의 노트: 농담이야. 데틀레프는 결혼했을걸, 아마도. 안녕, 데틀레프! (분명히 지금 이거 읽고 있을 거야.)

[9] 마이크의 노트: 나도 그랬어. 아마도 똑같은 느낌은 아니었겠지.

방팔방에 깔린 촬영 스타일 덕분에, <팍앤레>에서는 임신한 배를 장바구니 몇 개로 가릴 수 있는 처지가 아니었다. 우리는 시즌 2 촬영을 마치고도 계속 촬영을 해서 내년 초를 위해 저축을 해두었다. 만약 아담 스콧이 위대한 배우인지에 대해 누군가 의심한다면, 임신한 여성과 사랑에 빠진 척 하는 그의 연기를 보게 할 것이다. 절대 쉽지 않은 일이다. 내가 힙합으로부터 배운 한 가지가 있다면 상대방 배 속에 든 것이 자기애가 아니라면 섹시할 건덕지가 없다는 것이다.

시즌 3은 조직할 권리를 위해 싸우는 이야기였다. 드라마는 중간 시즌으로 밀렸는데 방송사에서 자신감이 있을 때 하는 선택은 아니었다. 시즌 3의 큰 줄거리는 정부가 파산해서 업무가 정지되었고 에이미와 레즐리 둘 다 일에 복귀할 수 없어서 낙담하게 된 시기다. 그 기간 내내 마이크는 침착하게 내가 할 수 있는 일에만 집중하라고 조언해 주었다. 정신 차리고 보니 우리는 살아남게 되었다.

시즌 4는 레즐리가 시의원 선거에 출마하는 이야기였다. 멋진 배우 폴 러드Paul Rudd1와 캐트린 한Kathryn Hahn2이 잠시 합류했다. 레즐리가 이겼다. 우리 모두가 이겼다. 우리는 계속해 나갔다.

시즌 5와 6은 레즐리 노프가 새로운 일을 하며 겪는 좌절을 그렸다. 벤과 레즐리가 마침내 결혼하고 임신하는 시즌이기도 했다. 앤과 크리스가 떠나는 것을 받아들이고 앤디와 에이프릴은 진짜로 원하는 것을 찾고, 도나는 사랑을 만났고, 톰은 새로운 벤처 사업을 시작했다. 제리는… 뭘 했더라?

---

1 (옮긴이) 드라마 <프렌즈>에서 피비의 남편 마이크 역을 맡았던 배우. 영화 <앤트맨>의 앤트맨! <팍앤레>에서는 시즌 4에서 레즐리와 시의원 선거에서 경쟁하는 바비 뉴포트로 출연했다.
2 (옮긴이) <팍앤레> 시즌 4에서 바비 뉴포트의 선거 사무장 제니퍼 바클리로 출연했다.

샘 엘리엇Sam Elliott3, 미셸 오바마4, 지누와인Ginuwine5이 카메오로 출연해 주었다.

우리가 이 모든 에피소드를 만들었다는 게 믿기지 않는다. 아니, 물론 난 항상 우리가 해낼 것이라고 믿었지만. (이건 정말 기적이다.)

시즌 5는 레즐리가 남자친구인 벤을 만나려고 워싱턴 D.C.를 방문하면서 시작한다. 벤은 그녀를 깜짝 놀라게 하기 위해 레즐리의 최고 이상형인 부통령 조 바이든과의 만남을 주선한다. 우리는 그 장면을 백악관 내부에 있는 부통령 집무실에서 촬영했다. 바이든 부통령은 매력적이고 유쾌했으며 진짜 프로였다. 레즐리가 살짝 기대서 키스하려는 포즈를 취했을 때 움찔하지도 않았다. 그는 즉흥극에서 오랫동안 지켜졌던 약속을 지키고 있었다.6 건물 밖으로 걸어 나오면서 강력한 수상 후보로 거론되던 우리의 드라마가 에미상 베스트 코미디 후보에도 오르지 못했다는 소식을 들었다. 우리는 당황했다. 다들 알다시피 얼마나 내가 푸딩을 원하지 않든 간에 주변에서 네가 푸딩을 받을 거라고 자꾸 말하다 보면 점점 푸딩을 원하게 되는 게 사람 아닌가. 그렇지만 마이크는 화를 내는 대신 이렇게 말했다. "벤이 레즐리에게 프러포즈하는 장면을 써야겠어." 그러고는 호텔 방으로 돌아가 이 대본을 썼다.

---

3 (옮긴이) <팍앤레> 시즌 6 에피소드 4에서 론의 도플갱어 론 던 역으로 특별 출연하였다.

4 (옮긴이) <팍앤레> 시즌 6 에피소드 22에 특별 출연하였다.

5 (옮긴이) 미국의 싱어송라이터. 알앤비 장르를 기반으로 힙합, 펑크, 소울 등을 혼합한 형태의 음악을 추구한 아티스트. <팍앤레>에서 도나의 사촌으로 나온다. 시즌 7 에피소드 7에 특별 출연하였다.

6 (옮긴이) 앞에서도 설명했듯이 즉흥연기의 세계를 설명하는 대표적인 약속은 "Yes, And"이다. 구글에 'Yes, And'만 검색해도 바로 즉흥연기의 기본 규칙이라는 설명이 나올 정도로 함께 하는 함께 연기하는 상대방에 대한 신뢰의 토대가 되는 규칙이다.

INT. 레즐리와 벤의 새 집 – 다음 날 – 3일째
레즐리와 중개업자 마사

마사 : 정말로 다시 생각해보지 않겠어요?
레즐리 : 죄송하지만 안 되겠어요. 남자친구가 한동안 돌아오지 않을지도 모르거든요. 그러니…. 안 될 것 같아요. 그냥 한 번만 다시 둘러보고 싶었어요.
마사 : 보증금은 돌려드릴 수 없어요.
레즐리 : 알아요.
마사 : 그리고 3백 달러 위약금도 내셔야….
레즐리 : 알았어요. 마사, 알았다고요.

레즐리가 슬픈 표정으로 집을 둘러보다가 갑자기 뒤를 돌아본다.

레즐리 : 잠시 만요, 혹시….

벤이 서 있다.

레즐리 : 뭐야? 자기! 왜 여기 있어?

벤이 한쪽 무릎을 꿇고 앉는다. 레즐리를 올려다보더니 그녀의 손을 잡는다.

레즐리 : 맙소사, 뭐 하는 거야?
벤 : 내 미래에 대해 생각을 해봤어.

벤이 반지 상자를 연다. 레즐리가 숨을 멈춘다.

벤 : 난 정말 깊게, 말도 안될 정도로 너와 사랑에 빠졌어. 다른 모든 것 중에서도 난 너와 함께 있는 것을 원해. 영원히. 그러니까, 레즐리 노프, 나랑,
레즐리 : 잠깐만!!!!!

벤이 동작을 멈춘다.

레즐리 : 잠깐…. 이 모든 걸 기억해야 해. 잠깐만 기다려 봐. 제발.

벤이 가만히 있다.

벤 : …레즐리 노프, 나랑
레즐리 : 아니, 아니, 잠깐만. 조금만 더. 제발. 나 다 기억하고 싶어. 정말 사소한 것까지 전부. 지금 바로 이 순간, 내 삶이 얼마나 완벽한지 말이야.

레즐리는 주변을 둘러본다. 벤이 미소 짓는다. 기다리다가.

벤 : 괜찮아?
레즐리 : 괜찮은 것 같아. 응.
벤 : 그럼 내가 좀 해도?
레즐리 : 응, 준비 됐어.
벤 : 레즐리 노프, 나랑 결…
레즐리 : 응!

레즐리가 벤에게 뛰어들며 키스한다.

벤 : …혼 해줄래?
레즐리 : 아, 물론이지.

다시 키스한다.

마이크는 결혼 에피소드에서 이 맹세의 말도 썼다.

톰 : 오늘밤 레즐리 바바라 노프와 벤자민 워커 와이어트의 혼인을 위해 여기 모였습니다. 오늘에 이르기까지 길고 험난한 길을 헤쳐 왔습니다. 드디어 두 사람은 함께하는 삶을 시작하려 합니다. 얼마나 급했는지 결혼식을 3개월이나 당겼네요. 그러니까 빨리 해치워버립시다.
앤 : 그래요, 얼른 해버려요!
톰 : 아마, 제발, 두 사람 모두 혼인 서약을 준비해 왔을 테지요. 벤의 혼인 서약부터 들어볼까요.
벤 : 지난 10년 동안 정부에서 일하면서 50개가 넘는 도시를 돌아다녔습니다. 주민이 8명뿐인 마을에도 살아봤고 농촌 마을이나 대학가에서도 지내봤습니다. 인디에나 구석구석을 돌아다녔죠. 그러다가 여기에 왔습니다. 지난 모든 시간 동안, 그렇게 헤매고 다녔던 이유가 바로 당신을 찾기 위해서였다는 것을 깨달았습니다.

레즐리가 미소 지으며 감정을 추스른다.

레즐리 : 음…. 좋아. 내 서약 초안은 약혼식 다음 날 써놨는데 60장 정도 되더라구. 그런데 지금 안 가져왔어.

사람들이 일제히 안도의 한숨을 내뱉는다.

레즐리 : 잠깐! 사무실에 복사본이 있을지도,

사람들이 움찔거리며 놀란다.

레즐리 : 아니다. 그것도 집에 있다.

사람들이 다시 안도한다.

레즐리 : 그럼 이것만 말할게. 네가 나를 위해 해준 모든 것들, 나를 도와주고 응원해 주고 놀라게 하고 행복하게 해주고…. 어떤 사람에게라도 과분할 정도로 넘치는 사랑을 주었어. 내게 필요한 건 너뿐이야. 정말 사랑합니다, 그리고 정말 좋아합니다.
벤 : 나도 정말 사랑합니다, 그리고 정말 좋아합니다.

내가 얼마나 매니악한 인간과 일하는지 보이는가? 나는 끝내주는 작가, 극적인 감성을 나만큼이나 사랑하는 훌륭한 상사와 함께 어깨를 부딪히며 일해왔다. 악몽이야!

마야 안젤루Maya Angelou[1]는 이렇게 말했다. "사람들은 당신이 말한 것을 잊을 것이다. 사람들은 당신이 한 일도 잊을 것이다. 하지만 당신이 어떤 기분을 느끼게 해주었는지는 기억할 것이다." 마이크 슈어와 내가 창조력이 혼돈으로부터 나온다는 생각을 거부했다는 것이 자랑스럽다. 우리가 작가실과 세트장을 운영한 방식이 나는 좋다. 사람들이 우리 작업 현장에 와서 기분 좋은 시간을 보낸다는 것은 매

---

1 (옮긴이) 작가 겸 배우이자 인권운동가. 토니 모리슨, 오프라 윈프리 등과 함께 미국에서 가장 영향력 있는 흑인 여성 중 한 명으로 꼽힌다. 국내에 번역된 도서로는 『새장에 갇힌 새가 왜 노래하는지 나는 아네』 『야칸소는 깊은 생각에 잠겨있다』 등이 있다.

우 중요했다. 드라마를 만들면서 지킨 철학이 드라마에서도 그대로 반영되었다고 생각했다. 우리는 촬영할 때마다 '즐거운 시도'를 할 만한 충분한 시간을 남겨두었다. 마지막 테이크에는 배우가 이 장면을 생각하면서 반짝 떠오른 아이디어들을 시도해볼 수 있었다. 그중 90퍼센트는 원래 대본보다 길거나 덜 재밌었다. 그래도 배우들은 즐거워했다. 스태프들을 웃게 했고 생생하게 임하도록 했다. 재미가 있었고 생기가 있었고 따뜻했다. 거의 매일 내 손에 주어진 엄청난 대본에는 정말 좋아하는 사람들 앞에 서서 마음껏 사랑한다고 말할 수 있도록 허락되어 있었다. 나는 정말 최고의 작가들, 최고의 감독들, 최고의 프로듀서들과 함께 했다. 발음하려면 혀가 꼬이던 '토킹 헤드'는 그리워하지 않을 테지만 그 외의 모든 것을 그리워할 것이다.[2] 이런 일을 할 수 있다는 것은 마법 같다. 운이 정말 좋다면 일생에 한 번 또는 두 번 정도 있을 일이다. 다행이지, 이렇게 온통 마음을 다 빼앗는 일은 한두 번이면 족하다. 가끔씩 일은 그냥 일이어야 할 때도 있으니까.

 데이비드 레터맨이 우리 드라마를 좋아했고 6년 동안 안정적으로 돈을 벌었다. 삶에서 바라는 건 그 정도면 충분하다. 그나저나 새롭게 또 시작해야지. 꽤 어두운 소재를 다루는 <팔츠 앤 프로크리에이션(방귀와 출산)>이라는 이름의 새 드라마를 HBO에서 만들 생각이다…. 뭐, 별거 아니다.[3]

---

[2] 마이크의 노트: 나는 대본을 쓰고 네가 그걸 암기하려고 애쓰는 모습을 지켜보던 순간이 그리울 거야. 비하인드 컷으로 쓰기에 딱이었지.

[3] 마이크의 노트: 넌 <방귀 특수 부대 델타>에서 자넷 터프먼 형사 역을 연기해서 에미상을 받을 거야.

<팍앤레>에서 만난 친구들

라시다 존스(앤 퍼킨스) : 라시다는 나의 오랜 친구이자 내가 선택한 자매이다. 그녀는 내 삶의 아내이기도 하다. 나는 앤과 레즐리 둘이서 문제를 풀어보려고 고민하는 장면을 좋아한다. 가짜 아파트 세트장에 앉아서 앤과 친구가 되고 다시 진짜 트레일러 대기실에 앉아서 라시다와 친구가 되었다. 앤과 사랑에 빠진 연기는 정말 쉬웠다. 우리 엄마와 나의 미래 딸내미 다음으로 라시다 존스는 내 인생에서 가장 예쁜 사람이기 때문이다. 그녀는 내면도 아름답다. 우리는 실제 인생과 일터에 대해서 깊은 대화를 정말 많이 나누었다. 라시다는 로다테부터, 로뎅에 이어 로데지아에 이르기까지 다양한 주제로 대화를 할 수 있다. 나는 레즐리와 앤이 가졌던 진짜 우정이 정말 자랑스럽다. 라시다와 나에게는 두 여성이 서로를 응원하며 진짜로 친구가 되는 모습을 사람들에게 보여주는 일이 매우 의미 있기 때문이다.

    내가 좋아하는 순간 : 장면과 장면 사이에 라시다와 내가 노래하고 춤추던 순간.

    많은 사람들이 모르는 사실 : 라시다와 나는 음식 미니어처에 집착하는 취미가 있다.

가장 많이 웃었던 순간 : 라시다와 내가(앤과 레즐리가) 닉 오퍼먼(론 스완슨)을 꼼짝 못하게 붙잡고 약을 먹이던 순간. (시즌 2 에피소드 10 'Hunting Trip')

닉 오퍼먼(론 스완슨) : 닉 오퍼먼을 만난 건 1997년 시카고에서였다. 수염을 밝은 오렌지색으로 염색하고 머리는 양쪽으로 솟은 악마 뿔 모양을 하고 있었다. 못 봐줄 정도였다. 그는 잘나가는 극단에서 <시계태엽 오렌지>에 출연하고 있었다. 닉은 진정한 연극인이고 자신의 재능을 자유자재로 다룬다. 이것이 바로 론 스완슨이 텔레비전 역사상 최고의 캐릭터인 이유다. 그에게는 어디에서도 찾아볼 수 없는 평정심이 있다. 항상 놀라울 정도로 프로페셔널하면서도 낄낄거리기까지 한다. 우리는 둘 다 얼마나 우리 일을 좋아하는지 하루에 적어도 다섯 번씩 이야기한다. 닉 오퍼먼은 아내를 아끼고 아무것도 당연하게 생각하지 않는다. 그는 내가 좀비떼 습격에서 도망칠 때 함께 가고 싶은 사람이다. 배도 만들 줄 알고 함께 시간 보내기에도 좋은 사람이니까.

내가 좋아하는 순간 : 론의 사무실에서 닉을 가둬두고 못 나가게 하는 장면.

많은 사람들이 모르는 사실 : 닉은 키우고 있는 푸들 두 마리에 사족을 못 쓴다.

가장 많이 웃었던 순간 : 다른 캐릭터들이 빙판에서 미끄러질 때 론 스완슨이 레즐리를 밀어서 시상대에 올려주던 순간. (시즌 4 에피소드 11 'The Comeback Kid')

아지즈 안사리(톰 해버포드) : 아지즈는 <팍앤레>에 합류하기 전에도 <휴먼 자이언트>라는 자신이 만든 스케치 쇼가 있을 정도로 UCB의 귀재였다. 그는 인간에 대한 예리한 관찰자이며 여러분이 상상하는 것보다 훨씬 다정하고 조용한 사람이다. 톰 해버포드처럼 미식가이자 문화광이기도 하다. 아지즈와 나는 시즌 초반에 함께 포니의 세계관을 구성하며 많은 시간을 보냈다. 먼지 가득한 구덩이 안에 함께 서서 야생 너구리 무리와 함께 첫 번째 텔레비전 광고를 찍었다. 한번은 아지즈가 골프 코스 길이만큼 뛰는 장면을 촬영한 적이 있었는데 거의 땀을 흘리지 않았다. 그는 마라톤 주자의 보폭과 투철한 직업의식을 가지고 있다.

내가 좋아하는 순간 : 우리 아이들이 아지즈를 '터키 샌드위치'라고 부르는 걸 들을 때. 아지즈가 터키 샌드위치를 먹는 모습을 한 번 본 적이 있어서 그런 것 같다. 어쨌든 우리 아이들은 그가 아주 재밌는 사람이라고 생각한다.
많은 사람들이 모르는 사실 : 아지즈는 비즈니스 스쿨을 다녔다.
가장 많이 웃었던 순간 : 아지즈와 내가 밴에서 사진을 찍던 장면. (시즌 2 에피소드 2 'The Stakeout')

오브리 플라자(에이프릴 러드게이트) : 오브리는 나의 악마 같은 아이이자 죽마고우이다. 그녀는 나를 위해 무슨 일이든 할 것이고 나도 마찬가지이다. 그녀는 NBC 안내원이었는데, 스튜디오 투어를 할 때 말을 지어냈다고 한다. <SNL> 인턴으로 들어와서 배경 채색가와 담배를 피웠다. 에이프릴 러드게이트를 연기하면서 단조로울 수 있는 캐릭터를 깊이 있게 해석하는 훌륭한 일을 해냈다. 에이프릴이라는 캐릭터와 오브리라는 사람은 둘 다 마음이 약한 사람이다. 내가 이혼을 겪고 LA로 돌아와야 해서 슬퍼하고 있을 때, 오브리는 에일리언 차림으로 공항에 나와 나를 놀라게 했다. 마음이 정말 넓은 전사이고 좋은 친구이자 충실한 친구이다. 스페인어를 하고 우리 드라마에서 가장 많이 잠을 잔 사람이다.

내가 좋아하는 순간 : 오브리를 안고 충분히 먹었는지 확인하는 순간.
많은 사람들이 모르는 사실 : 오브리의 집에는 주디 갈랜드를 모시는 사당이 있다.
가장 많이 웃었던 순간 : 에이프릴이 자신이 쓰고 있던 발광하는 고추 달린 모자가 훔친 유물을 파묻는 데 유용하다는 사실을 깨달았을 때.
(시즌 5 에피소드 10 'Two Parties')

크리스 프랫(앤디 드와이어) : 크리스의 오디션은 내가 본 오디션 중에 최고였다. 아무도 그를 알지 못하는 상황에 들어와서 끝내주게 해냈다. 그는 내가 처음 보는 방식으로 행동하는 코미디 학자이며 타고난 배우다. 찍는 장면마다 다 다르게 웃기고 완벽하게 예상을 벗어난다. 그의 캐릭터는 원래 처음 에피소드 6화 정도에만 출연할 예정이었지만 지금 생각해보면 말도 안 된다. 작가실에서는 앤디가 얼마나 알고, 알지 못하는지에 대해 긴 회의가 이어졌다. 크리스는 실제로도 여러분이 상상하는 그대로다. 친근하고 열려 있고 매우 강하다. 어려운 시기를 보낼 때 우리는 서로에게 문자를 보냈다. "날씨는 어때?" 그는 사냥과 컨트리 음악을 좋아한다. 그를 보면서 많은 것을 배웠다. 항상 걱정은 접고 즐기라는 메시지를 끊임없이 전해준다.

내가 좋아하는 순간 : 프랫이 몸개그 하는 걸 볼 때. 프랫처럼 넘어지는 사람은 없다. 프랫처럼 프랫 흉내를 내는 사람도 없다.
많은 사람들이 모르는 사실 : 크리스는 진짜로 기타를 칠 줄 알고 마우스랫 노래 가사를 쓰는 데 참여했다.
가장 많이 웃었던 순간 : 앤디가 중요한 지시사항을 들을 때마다 산만해지는 순간들. (시즌 4 에피소드 9 'The Trial of Leslie Knope'에서처럼.)

롭 로우(크리스 트리거) : 내가 롭 로우의 동료에다가 친구까지 되다니 믿기지가 않는다. 그를 만나고 처음 몇 주간 나는 뒤를 따라다니며 그가 출연한 영화에 대해 질문을 쏟아냈다. <아웃사이더>의 샤워룸 장면에서 소다팝이 나오는 장면은 내 사춘기에 중요한 영향을 끼쳤다. 롭은 현명한 조언과 애정을 담아 엔터테인먼트 이야기를 해준다. 그는 눈을 부릅뜬 미친놈으로 크리스 트리거를 연기했고 매 순간 자신의 캐릭터를 사랑했다.
내가 좋아하는 순간 : 크리스 트리거가 5초도 안 되는 시간에 가만히 서 있다가 전력 질주를 해야 했을 때.
많은 사람들이 모르는 사실 : 우리는 롭에게 '롤로'라는 별명을 붙여주었고, 그는 마음에 들어 했다.
가장 많이 웃었던 순간 : 크리스 트리거가 뒷자리에서 '에어 밴조'를 연주했을 때. (시즌 3 에피소드 14 'Road Trip')

레타 설리프(도나 미글) : 레타는 오페라를 할 줄 알고 아무 때나 눈물을 흘릴 수 있는 능력이 있다. 그녀는 어리석은 행동에 대해서는 참지 않는 정말 따뜻한 사람이다. 도나 미글이라는 캐릭터는 레타가 계속 작은 디테일들을 더하면서 성장했다. 나는 도나가 론 스완슨에 대항하여 꿋꿋이 자신의 뜻을 밀고 나가는 유일한 캐릭터라는 것이 참 좋다. 그녀는 레즐리 노프와는 공통점이 하나도 없지만 그와 상관없이 그녀를 참아준다는 점도 좋아한다. 처음 몇 주간 리허설을 할 때 그렉 다니엘이 사무실을 안내해주고 카메라를 소개해 주었다. 그때는 서로 잘 모를 때였는데 레타는 도나의 자리에서 전화를 받는 척하고 있었다. 나는 다가가서 책상 위에 있는 소품을 구경하다가 그녀 뒤에 있는 게시판에 꽂혀 있는 노란 나뭇잎을 발견했다. 어디에서 난 거냐고 물었더니 그녀는 아주 진지한 표정으로 이렇게 답했다. "밖에서요."

 내가 좋아하는 순간 : 레타가 자기가 좋아하는 것과 싫어하는 것에 대해 말할 때.
 많은 사람들이 모르는 사실 : 그녀의 고모는 라이베리아의 대통령이다.
 가장 많이 웃었던 순간 : 자신의 차 벤츠가 총알에 맞았을 때 도나가 울던 순간. (시즌 2 에피소드 10 'Hunting Trip')

짐 오헤어(게리/제리/래리/테리 거기지) : 제리라는 캐릭터는 짐이라는 사람이 엄청난 위너였기에 나올 수 있었던 루저 캐릭터다. 그는 다정하고 웃기고 드라마에서 누구에게나 맞출 수 있는 사람이다. 시카고 출신의 훌륭한 배우이며 우스갯소리로 지나갈 법한 캐릭터를 응원하고 싶고 저항하고 싶은 캐릭터로 만들어냈다. 실생활에서는 우리 모두 그를 좋아하기 때문에 놀리는 것도 괜찮다. 드라마에서는 게리/제리/래리/테리는 크리스티 블링클리와 결혼했고 거대한 성기를 가지고 있다. 우리 부모님이 가장 좋아하는 캐릭터다.

 내가 좋아하는 순간 : 다들 제리를 놀려먹을 때.
 많은 사람들이 모르는 사실 : 짐의 혀는 엄청나게 크다.

가장 많이 웃었던 순간 : 제리가 '방귀 공격'을 받았을 때 너무 실제같이 연기해서 다들 뒤집어졌다. (시즌 5 에피소드 5 'Halloween Surprise')

아담 스콧(벤 와이엇) : 아담은 나의 TV 남편이다. 가짜 집으로 돌아갔을 때 그보다 더 좋은 남편은 없을 것이다. 벤과 레즐리는 많은 일들을 함께 겪어냈고 아담이 내 옆에 있었다는 사실이 너무나 감사하다. 사람들이 우리 드라마에서 러브 스토리에 관심을 가지는 이유는 아담이 뛰어난 배우이기 때문이다. 그는 잘 들어주고 항상 나를 더 낫게 만들어준다. 벤과 레즐리 장면은 흥미진진하면서도 신경이 쓰이는 장면이었다. 우리 모두 둘의 서사가 잘 만들어지기를 간절히 바랐기 때문이다. 아담은 가족을 사랑하고 함께 일하는 사람들을 챙기는 다정한 사람이다. 그는 천천히, 정말로 길고 지루한 이야기를 할 때가 많은데, 누군가 나서서 잡소리 좀 그만하라고 말해야 한다. 아담은 항상 키스 장면에서 숨결이 상큼하고, 매우 건조한 유머 감각을 지녔다.

내가 좋아하는 순간 : 레즐리와 벤이 키스하는 장면들.
많은 사람들이 모르는 사실 : 산타크루스에서 자랐기 때문에 맨발로 운전 하는 게 뭐가 문제냐고 주장한다.
가장 많이 웃었던 순간 : 벤이 신장 결석을 앓는 동안 모르핀에 취해서 정신이 나갔을 때. (시즌 5 에피소드 17 'Partridge')
가장 많이 울었던 순간 : 벤이 한쪽 무릎을 꿇고 레즐리에게 프러포즈 하는 순간.

사실을 잊고 감정을 기억하라

FORGET THE FACT
AND
REMEMBER THE FEELINGS

레즐리 노프가 캐릭터 이름으로 정해지기 전 브레인스토밍 중에 나왔던 후보 이름들

어휴, 다행이지.

Leslie Knope's name?

—by Mike Schur and Greg Daniels

Amy Poehler stars as Leslie Knope, Knopticut, Knoap, Knorbul, Knorrbet, Knorrer, Knoach, Knilch, Knill, Knonentity, Knobody, Knothing, Knottt, Knod, Knopf, Knoorshinty, Knoosince, Knebble, Knuteson, Knutesance, Knoose, Knuishience, Knupple, Sknapdragon, Knoble, Knoad, Knunt, Knerd, Knush, Knerscht, Knurk, Knopticalillusion, Knurch, Knasterson, Knob.

Knievel, Kune, Knack, Knacuck, Knapsick, Knapster, Knasterson. Knorsh, Knee, Kneep, Knunch, Knack.

Pfort, Pfrench, Pfrend, Pface, Pfunnyname, Pfinscheerr, Pfuctard.

Knrench, Knustache.

Knerch, Knurche

Leslie Knbross

Knrose

Knurine

Knude, Knabb, Knacke, Knacp

Knerst Knern Knormal

Leslie Knerm

Leslie Knute

Leslie Knoorstulmmlm

Leslie Broknet Borknust Borkdust Bornkt

Leslie Bornkvetch

Leslie Knooz

Leslie Knoop

Leslie Knornt

Leslie Knaint

Leslie Knabsolutyknot

Leslie Knay

Leslie Knough

Leslie Knotonmywatch

Leslie Knimbellety

Leslie Knazelle Leslie Knbdawson-skreck

Amy Poehler plays Leslie Knuet, Knute, Knurch, Knerk, Knope

Inknert

Borrik

Borknt

Brunt Brulet knope

Leslie Knute-Gnorp

Leslie Gnope

Leslie Gknass

Leslie Gnass Gneiss Gauss Geisel Gnurstowicz Gnurch

Leslie Skreek

Leslie Knsklar

Leslie Sklorm

Leslie Krapf

Krafft

Knrunch

Knphillipsheadscrewdrivert

Kneugenic

Knuckl-jensen

그들이 말하지 않는
업계 이야기

　방송과 영화에 대해 그린 방송과 영화가 참 많다. 대부분의 사람들은 할리우드에서 일한다는 것이 어떤 것인지 잘 안다고 생각한다. 미국 사람들은 윌 스미스가 커다란 트레일러를 가지고 있다는 것도, <심슨 가족>을 녹음할 때 배우들이 같은 방에 있지 않는다는 것도 봐왔다. 보스턴 같은 도시에서 사는 우리 아빠도 매주 <버라이어티> 잡지를 배달시켜 본다. "방송사 우두머리가 잘려나가다" 기사를 읽는 날이면 나에게 전화를 건다. 하지만 정말이지, 내가 엔터테인먼트 산업을 알듯이 이 업계를 아는 사람은 없다. 나는 이 업계를 사랑한다. 할리우드는 정신 나간 업계이고 나에게는 엔터테인먼트 산업의 피가 흐르고 있다. 어떤 사람들은 나를 업계 전문가라고 말한다. 어쨌든 쇼 비즈니스는 나의 일이니 내 말을 잘 따라오는 게 좋을 것이다. 이 업계에 몸담은 후 느낀 감정과 속마음을 정리해봤다. 여러 역할을 해볼 수 있는 특권과 기쁨을 얻었었기에 내 머릿속은 그 많은 지식을 담느라 땀이 줄줄 난다. 내 몸 안에 화려한 모양의 할리우드

이lice가 있을지도 모른다. 어쨌거나 여기 그들이 말하지 않는 이야기가 있다.

배우

배우가 최고다. 잘 되면 가장 많은 수혜를 받는다. 훌륭한 영화에 나오면 사람들은 배우가 다 해낸 줄 착각한다. 인기가 많아지면 당신의 얼굴은 모든 멋지고 좋은 것들의 대명사가 된다. 운동선수들이 고개를 끄덕일 것이다. 사람들은 당신을 인터뷰하고 당신이 '방에 들어올 때 취한 움직임과 태도' 등 사소한 것까지 묘사한다. 배우가 되면 현실 세계를 탈출할 수 있고 배우자가 아닌 사람들과 키스를 할 수 있다. 다른 사람의 껍데기 안에서 살 수 있고 실제 당신의 모습에서 도망칠 수 있다. 가끔씩 그것이 오랜 상처를 치유하기도 하고 자기 자신에 대해 새로운 것을 발견하게 하기도 한다. 물이 올랐을 때의 연기란 진정한 커뮤니케이션의 모습을 갖춘다. 당신의 연기는 삶을 바꾸고 마음을 바꾸고 성 역할을 바꾸고 대지 여신의 심장부 온도까지 변화시킨다. 하지만 아무도 얘기해주지 않는 것도 있다. 배우가 되면 주도할 수 있는 것이 별로 없다. 역할을 따내려면 오디션을 봐야 하고 거절에 꾸준히 시달려야 한다. 실제 현장에서는 사람들이 모니터 뒤에 앉아서 실수라도 하면 자기들끼리 속삭인다. 당신의 매력적이면서도 흥미로운 마스크는 대사를 기억해내려고 애쓸 때는 번들거리지 않아야 하며 대칭이어야 한다. 게다가 연기하는 것은 창피한 일이다. 테드 댄슨[1]이 얘기해 주어서 나도 알았다. 비스티 보이즈[2]

---

1 (옮긴이) 드라마 <세 남자와 아기>에서 잭, <CSI>에서 D.B. 러셀, <더 굿 플레이스>에서 마이클 역할을 연기했던 배우.

2 (옮긴이) '하드코어 랩'의 개척자리 불리는 힙합 그룹. 여기에서 말하는 뮤직 비디오는 30분 분량의 <Fight for you right (Revisited)>로, 일라이저 우드, 세스 로건, 수잔 서랜든, 윌 퍼렐, 올랜도 블룸 등 많은 카메오가 등장한다.

뮤직 비디오를 찍으면서 그와 그의 상냥하고 멋진 아내 메리 스틴버겐과 한 시간 넘게 이야기를 나눌 기회가 있었다. 나머지 날에는 샘 말론1과 얘기를 나누게 되었다는 사실에 마음속으로 십대의 나 자신에게 하이파이브를 보냈다. 옴마니반메훔. (부처의 자비를 나타내는 주문, 외우는 순간 낙원에 입성할지도 모른다.) 모두가 창문을 깨고 들어온 비스티 보이즈를 두려운 척 해야 하는 장면이었다. 한 명, 한 명씩 카메라 앞에서 두려운 표정을 지어야 했다. 테드는 내게 살짝 기대더니 "연기란 참 창피한 거야, 그렇지 않니?" 라고 말했다. 무슨 뜻인지 이해가 갔다. 사람들 앞에 서서 진짜 그런 척 한다는 건 쉬운 일이 아니다. 솔직한 업계 이야기를 들려주고 싶었기에 이 이야기를 꺼내보았다. 그리고 난 배우니까, 배우는 사람들 앞에서 그들이 조용히 짜증을 내뿜고 있어도 얼마든지 시간을 빼앗고 긴 이야기를 늘어놔도 되는 존재니까. 특히 작가 앞에서.

작가

작가야말로 최고다. 작가는 진짜 권력을 가지고 있다. 무엇이든 만들어낼 수 있고 직접 창조한 세계는 영원하며 작가의 손에 달려 있다. 자기가 제일 똑똑한 사람이 된 것 같다. 특히 멍청한 배우들 사이에 있다면 더욱. 사람들은 마치 인기곡의 가사처럼 당신이 쓴 대사를 인용할 것이다. 당신이 죽은 후에도 오래도록 살아갈 이야기와 캐릭터를 창조할 수 있다. 작가는 누가, 언제, 어디서 무슨 말을 할지 결정한다. 하지만 아무도 얘기해주지 않는 부분도 있다. 글쓰기는 보상받

---

1 (옮긴이) 80년대 인기 시트콤 <치어스>에서 테드 댄슨이 연기했던 캐릭터 이름.

지 못할 때도 있다. 사람들은 글쓰기가 무슨 고상한 일이라도 되는 양 취급하지만 사실 대부분 외롭고 고독한 일이다. 글 하나 쓰는 데 무진장 애를 써서 만들어 놔도, 멍청한 배우가 대사를 잘못 말하거나 다 바꿔 버리려고 한다. 작가는 자기 글을 지키기 위해 매일매일 방어전을 펼친다. 특히 대부분의 사람들이 누가 작가인지 신경도 안 쓸 때는 더욱 그렇다. 단 한 사람, 우두머리만 빼고. 감독 말이다.

감독

감독이 모든 것을 지배한다. 감독은 모든 질문에 정답을 말하고 일정을 정한다. 모두에게는 선장이 필요하고 좋은 감독은 어떻게 배를 안정적으로 모는지 안다. 좋은 위치에 있을 때 감독은 친구를 캐스팅할 수도 있고 오디션을 열 수도 있다. 모든 분야가 각기 다른 이유로 감독을 필요로 한다. 헤드폰을 쓰고 커피를 마시며 소품 담당 에디와 더러운 농담을 던진다. 또한 배우들에게는 부모나 코치나 연인이 하듯이 말할 수도 있다. 좋은 감독은 엉망진창인 상황을 헤치우는 방법을 안다. 언제 끝낼지 결정하고 언제 '됐는지' 판단한다. 가끔씩 그들은 배우와 섹스를 한다. 아니면 적어도 조수나. 감독은 어떤 세트장에서든 최고로 강력한 지위다. 하지만 아무도 얘기해주지 않는 부분도 있다. 감독하는 일은 골치 아프다. 동시에 모든 것을 생각해야 한다. 스턴트맨이 잘못되면 당신 잘못이다. 파티가 끝난 후 치우는 것도 감독 몫이다. 다들 떠나고 난 후에도 자리에 앉아 빌어먹을 편집 작업을 해야 한다. 배우들은 연기가 잘 안 되면 감독 탓을 할 것이다. 감독은 캐스팅을 잘못해도 자기 탓을 해야 할 뿐이다. 대부분 감독은 손에 피를 묻히기 위해 고용된 사람이다. 그들의 목줄을 쥔 사람은 바로 제작자다.

제작자

제작자는 마지막 왕이다. 제작이야말로 최고다. 제작은 모든 것에 손을 댈 수 있고 알고 있는 모든 것을 쏟아 부을 수 있다. 제작자는 흙탕물 싸움으로부터 자유롭다. 자신이 소유한 비싼 옷을 입고 세트장을 방문해서 모두에게 저녁을 사기만 하면 된다. 케이크를 자르고 난 후에는 에피소드가 100개가 될 때까지는 다시 가지 않아도 된다. 제작자는 창조하고 지휘하고, 가장 중요하게는, 신문에도 날 수 있다. 제작자가 된다는 것은 당신이 가장 많은 인맥이 있다는 뜻이다. 구를 만큼 굴렀으니 중장이 된 것이나 마찬가지다. 하지만 아무도 얘기해주지 않는 부분도 있다. 제작은 지치는 일이다. 조금이라도 잘 나간다면 많은 프로젝트가 한꺼번에 밀려오고 각각의 프로젝트가 허물어지기 직전까지 간다. 하지만 배우, 작가, 감독의 기분을 풀어주기 위해 전화를 걸어야 한다. 게다가 머저리들에게서 "정말 특별한 무언가를 만들어봐"라는 식의 온갖 잔소리를 들어야 한다. 유일하게 돈을 잃을 사람도 당신뿐이다. 당신은 배우만큼 젊거나 귀엽지 않고 작가는 딱 한 번 만나봤기 때문에 의지할 곳은 감독뿐이다. 그나저나 처음부터 이 어리석은 감독을 원한 건 아니었지만 <개 대통령>으로 대박을 치고 수십억을 벌어들인 감독이라고 제작사가 밀어붙였으니 어쩔 수 없지. 어쨌거나 이 업계는 경이롭고 할리우드는 영원하리라.

시간여행

시간여행에 대한 내 생각은 단순하다. 실제로 존재하며 우리가 조종할 수도 있다. 나는 과학자가 아니다. 비교적 쉬운 '호기심을 채우기 위한 물리학'이라는 대학교 수업도 겨우 수료했다. 기말 시험은 다지선다형 문제였는데 정답 번호는 수업 때 나온 것이었다. 나는 패턴을 읽지 못했고 결국 C를 받았다. 알고 보니 호기심이 충분하지 않았던 것이다.

살면서 우리가 기댈 수 있는 유일한 사실은 모든 것이 변한다는 사실이다. 계절, 부모님, 우리가 원하고 바라던 것. 고등학교 친구와 손을 맞잡고 연락 끊지 말자고 맹세하지만 연락은 끊기고 만다. 차 위에 쌓인 눈을 긁어낼 때는 겨울이 절대 끝나지 않을 것 같지만 결국에는 지나간다. 욕실 거울에 비친 얼굴을 보며 "그만 늙어라, 얼굴아. 명령이다!"라고 말해보지만 절대 듣지 않는다. 변화만이 유일하게 변하지 않는다. 변화와 그에 따르는 고통스러운 불편함을 감내하고 잘 다룰 수 있는 능력은 여러분의 행복과 전체적인 웰빙에 아주 직접적으로 연결되어 있다. 방금 내가 한 거 봤는지? 여러분이 자기계발

서에 쓸 수천 달러를 아껴주었다. 여러분이 땅에 발을 묶지 않고 인생을 서핑할 수 있다면 조금 더 행복해질 것이다. 아무래도 이 책을 『삶을 서핑하라』라고 지어야 겠다. 표지에는 마법사 모자를 쓰고 거대한 물결 위에 올라타고 있는 내 사진을 써야지. 바꾸기엔 너무 늦었을까? 출판사에 연락 좀 해봐야겠다.

그러니 변화는 일어나고 시간은 흐른다. 만약 여러분이 지루하고 따분한 동네가 싫어서 한시라도 빨리 뛰쳐나가 여러분이 얼마나 죽여주는 브레이크 댄서인지 모두에게 보여주고 싶다면 좋은 소식일 것이다. 브레이크 댄스 실력이 정말 뛰어나지만 아무도 브레이크 댄스 따위에 관심이 없다면 나쁜 소식일 테고. 시간은 너무 느리거나 너무 빠르다. 하지만 나는 비밀 하나를 안다. 우리는 시간을 조종할 수 있다. 시간을 멈추거나 늘리거나 반복할 수 있다. 그 순간을 살면서 그리고 주의를 기울이면 과거로 여행하거나 미래로 여행할 수 있다. 여러분이 '다음'과 '이전'을 놓아버리면 여러분은 시간을 종으로 삼을 수 있다.

나는 시간여행이 세 가지 방법으로 가능하다고 믿는다. 사람들과 함께, 장소와 함께, 물건과 함께.

1997년 겨울, UCB는 <하이 타임스>[1] 잡지에서 주최하는 세계적으로 유명한 카나비스 컵[2]의 심사위원으로 초청되었다. 매우 큰 영광이었다. 네덜란드로 떠나기 전에 <하이 타임스>와 몇 시간 동안 인터

---

1 (옮긴이) <하이 타임스>는 60, 70년대 히피 전설의 주역 중 하나인 토머스 K. 포케이드가 1974년 창간한 잡지이다. 지금도 건재한 이 마리화나 전문 월간지는 '마리화나를 재배하는 방법서부터 잎의 건조, 가공, 사용법, 산지별 품질과 가격 동향, 효능 등 학술 정보, 법률 상식, 에세이까지 그야말로 싫을 수 있는 거의 모든 정보'를 수록했으며, <플레이보이>지를 패러디해 잡지 펼침면에 수영복 차림의 여성 모델 대신 그들이 꼽은 최고의 마리화나 사진을 넣곤 했다. (참고: https://goo.gl/YZzgU9)

2 (옮긴이) 대마초 합법시장인 네덜란드의 마리화나 재배 거장들에게 종자와 상품을 출품케 해 최고를 뽑는 연례 대회로 87년부터 11월 추수감사절 주간에 열렸다. 대회는 처음 얼마간 화제성 행사에 그쳤지만, 점차 규모가 커지면서 90년대 중반부터는 세계 유일 세계 최대의 대마초 축제가 됐다. 참가 농민 수도 급증했고, 쿠키 등 마리화나를 재료로 한 온갖 종류의 기호품들이 출시됐다. 대회는 <하이 타임스> 재정은 물론, 마리화나의 품종 개량과 다양화, 품질 개선, 대마초에 대한 시민들의 인식 개선에 큰 도움이 됐다.

뷰를 했는데 끝나고 나서 인터뷰어가 녹음기를 처음부터 켜지 않았다는 걸 알아차렸다. 황홀한 시절이었다.

춥고 축축한 암스테르담에 도착한 우리는 전 세계 구석구석에서 온 대마초를 맛보고, 퍼플 쿠시가 화이트 리노[3]보다 우월한지 아닌지에 대한 길고 긴 끝판왕 논쟁을 할 준비가 되어 있었다. 우리가 도착하자 사람들이 대마초를 자루채로 나눠주기 시작했다. 베개 커버가 대마초로 가득 차 있었다. 집채만 한 사람이라도 한 방에 보내버릴 만한 양이었다. 우리는 리허설을 하는 데에 더 신경이 쓰였다. 맷 베서는 조명 기술자가 따라야 하는 순서를 따로 적어놓았다. 그 순서대로 짚어보고 있는데 UCB가 패티 스미스의 공연을 위한 오프닝을 한다는 소식이 들렸다. 정말이지 훌륭한 조합이었다.

우리의 공연은 좋지 않았다. 약에 절은 관객은 코미디 공연에 적합한 관객이 아니었고 조명 기술자가 우리의 큐시트를 잃어버렸기 때문이다. 그는 말 그대로 조명 부스로 가는 길에 큐시트를 잃어버리고는 우리가 자기소개를 하기 바로 직전 무대로 올라오더니 이렇게 말했

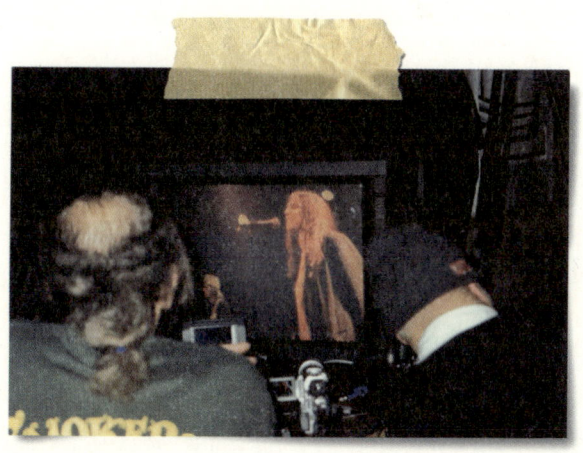

---
3 (옮긴이) 둘 다 대마초 품종을 말한다.

다. "안 좋은 소식인데, 아까 준 종이를 잃어버렸어." 그러더니 대마초가 가득 들은 침낭을 건넸다. 패티 스미스는 굉장했다. 정치에 대해 얘기하고 용사처럼 노래를 불렀다. 정말 너무나 멋지고 매력 넘쳤다. 그녀는 쿵쿵거리며 돌아다니다가 무대에 침을 뱉었다. 침 뱉기는 역겨운 행위지만 패티 스미스가 하면 그것조차 발레 같아 보였다.

재밌는 사실 하나 : 세스 마이어스가 그날 밤 관객석에 있었다. 당시에 암스테르담에 살면서 '붐 시카고'라는 그룹에서 공연을 하고 있었다. 우리가 공식적으로 만나 곧바로 평생 친구가 되기 4년 전이었다. 세스가 거기에 있었던 게 우연이라고 생각하는가? 나는 그렇지 않다고 생각한다. 사람들 덕분에 시간여행을 할 수 있다. 사람들은 여러분의 주변을 맴돌고 옆에 있지만 우주는 완벽한 시기를 기다렸다가 이렇게 속삭인다. "이쪽이야." 거기에는 여러분의 삶에서 적이 되거나 아내가 되거나 상사가 된 누군가가 있다. 지금 고개를 들면 알아차릴 수 있을지도 모른다.

패티의 공연을 보면서 나는 그 순간을 사진 찍듯이 머릿속에 저장했다. 주변을 둘러보고 내 인생에 대해 생각했다. 감사함을 느꼈다. 그 모든 사소한 것들을 알아차렸다. 그것이 바로 시간여행의 열쇠다. 정말로, 진심으로 그 순간에 있어야 움직일 수 있다. 여러분이 원하는 곳으로 가려면 지금 여러분이 있는 곳에 있어야 한다.

2013년으로 넘어가자. LA에 있는 레스토랑에 가고 있는데 화장실에서 패티 스미스가 나오는 모습이 보였다. 얼어붙은 나는 이렇게 말했다. "스미스 씨, 제 이름은 에이미 폴러예요. 90년대에 제가 속한 그룹이 암스테르담에서 스미스 씨가 공연할 때 오프닝을 했었어요." 그녀는 매우 착하고 공손했다. 나를 기억하는 척했으니까. 어쩌면 정말로 기억했을지도 모르고. 상관없다. 그녀는 이렇게 말했다. "아, 앤 드뮐미스터Ann Demeulemeester도 거기 있었죠." 나는 무슨 말인지 알겠다는 시늉을 하며 고개를 끄덕였다. 그리고 집에 와서 위키피디아에서 앤 드뮐미스터를 검색했다. 앤트워프에 사는 매우 아름다운 패션 디자이너로 잭슨 폴락에게 영감을 받았다고 쓰여 있다. 당연히 패티 스미스와 친구겠지.

패티 스미스는 내가 누군지 알아봤다. 그녀와 악수를 했다. 갑자기 나는 과거의 암스테르담으로 건너갔다. 시간이 늘어나서 구부러졌고 나는 시간에 올라탔다. 아무도 진짜가 아니라고 증명하지 못할걸?

장소 덕분에 시간여행을 할 수도 있다. 우리 할아버지 스티브 밀모어는 멋진 사람이었다. 우리는 할아버지를 군카라고 불렀다. 군카는 매사추세츠 워터타운의 소방관이었고 세계 제2차 대전에서 기관총 사수였다고 한다. 할머니 헬렌과 결혼한 후 해외로 5년 동안 나가 있다가 돌아와서는 군복을 다락에 넣고 전쟁에서 있었던 일은 입 밖에 절대 꺼내지 않았다고 한다. 할아버지에게는 우리 엄마를 포함해 세 명의 자식이 있었다. 할아버지는 1982년 7월 4일, 현관문 앞 베란다에서 심장마비로 돌아가셨다. 할아버지의 나이는 겨우 65세였고 나는 열 살이었다. 내 인생에서 중요한 사람의 죽음은 그때가 처음이었다. 할아버지가

죽었을 때 삶이란 불공평하고 불안하며 우리의 것도 아니라는 사실을 처음으로 깨달았다. 할아버지가 그립다.

군카는 월리처사에서 나온 오르간을 즐겨 연주하곤 했다. 손주들을 무릎 위에 앉히고선 빙 크로스비의 <냇 킹 콜>을 연주했다. 크리스마스 때마다 들을 수 있었다. 우리가 수두에 걸렸을 때는 우리를 위한 노래를 만들어주셨다. 할아버지는 자신이 쓴 노래 책을 살펴보다가 음표 위에 숫자를 매긴 다음, 우리가 연주할 수 있도록 거기에 맞는 표시를 한 골판지를 덮어 씌워주셨다. 잠시 동안 나는 내가 천재라서 오르간을 아주 잘 연주할 수 있다고 착각했다. 사실은 마법을 쓰는 할아버지가 있는, 세상에서 가장 운 좋은 여자아이였을 뿐이었다.

오르간 의자에 앉아 있는 것은 중요했다. 지금 생각해보니 오르간 의자는 멋있었다. 성스러움까지 느껴졌다. 오르간 의자는 뭔가 특별한 일이 일어나는 장소였고 중요한 이야기가 오가는 장소이기도 했다. <포레스트 검프>를 보라. 아니면 <후지어스>나. 아니면 브런치 카페의 야외 테이블을 보거나. 야외 의자는 모든 것이 기록되는 자리다. 2003년 할머니가 돌아가신 뒤, 우리 가족은 군카의 오르간을 지하실에 넣었다. 그리고 그 자리에 10년 동안 여행 갈 기회만 기다리며 남아있었다.

지금은 뉴욕에 있는 내 아파트에 있다. 우리 아이들이 항상 연주하고 논다. 내가 앉았던 의자에 앉아 똑같이 가족과 집이라는 따스한 감정을 느낀다. 어느 날 밤 외로움과 스트레스에 지쳐 있는데 오르간이 윙 하는 소리를 냈다. 군카가 내게 말을 건다고 느껴졌다. 의자 위에 앉았더니 기분이 한결 나아졌다. 의자 안에는 할아버지의 손글씨가 적힌 오래된 한 장짜리 악보들이 들어있었다. 내가 일곱 살이었을 때 쓴 노래도 있었다. 그것은 숫자로 된 시라서 나만의 특별한 오르간에서 특별한 방법으로 연주할 수 있었다. 나는 그것을 과거에 써놓고 성스러운 오르간 의자에 넣었다. 적당한 시간에 때맞춰 내가 꺼내 볼 수 있도록. 시간은 그저 시간이다. 시간은 여러분 모두에게 여행을 다닌다.

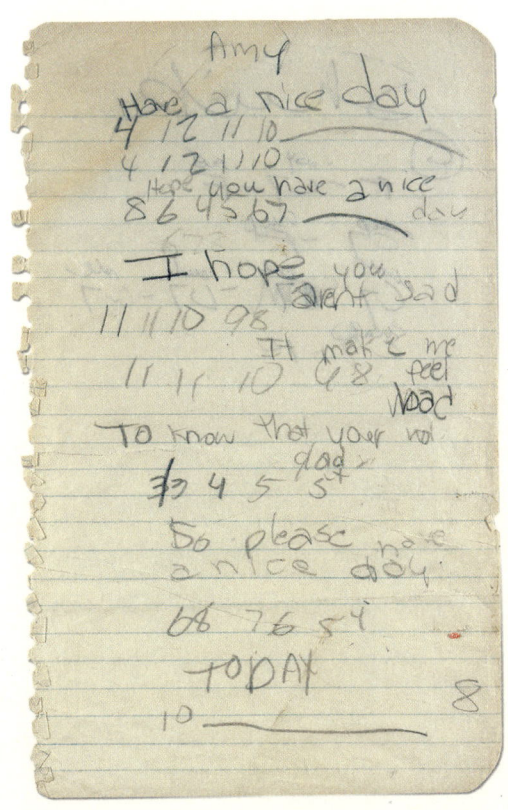

마지막으로 물건들 덕분에 시간여행을 할 수도 있다. 몇 해 전 여름, 무척 울적했던 적이 있다. 애틀랜타에 있는 빈티지 가게에서 쇼핑을 하고 있었다. 옷 쇼핑을 그다지 좋아하진 않는다. 그냥 매일 유니폼을 입었으면 좋겠다고 생각할 정도다. 앞에서 적었듯이 나는 위키피디아에서 찾은 드륄미스터를 우러러봐야 한다. 나는 가게에서 아주 옛날 스타일의 수영복을 발견했다.

그 수영복을 산 다음 집에 와서 살펴보았다. 그 수영복의 전 주인이 누구일지 떠올려보았다. 당시의 내 인생에 그 수영복은 전혀 어울리지 않았다. 수영하러 갈 시간도 없을 정도로 바빴기 때문이다. 아이를 낳은 후 몸이 나와 분리된 느낌이 들었다. 나는 슬펐다. 그 자리에 앉아 수영복을 빤히 쳐다봤다. 내가 견뎌야 할 겨울이 얼마나 길지 생각했다. 나의 뇌는 겨울이 영영 끝나지 않을 것이라고 나를 속였다. 나는 눈을 감고 겨울이 마침내 끝나고 나면 내 인생이 어떤 모습일지 상상했다. 6개월 뒤면 어떤 기분일까? 나는 수영복을 서랍에 넣고 그것을 가지고 떠날 나를 기다렸다. 그리고 6개월 뒤, 나는 멋진 여자들과 팜스프링으로 떠났다. 다들 힘든 시기에 나를 도와준 아름다운 친구들이었다. 우리는 수영을 하러 갔고 나는 가방 속을 뒤적여서 수영복을 찾았다. 그 오래된 수영복을 다른 물건과 함께 챙겼다. 다시 입어보니 내 모습이 아름답게 느껴졌다. 나는 나를 기다려준 수영복에게 감사했다. 라시다, 케이틀린, 오브리와 함께 물에 들어갔는데, 내가 자신을 추스를 수 없을 때 나를 잡아준 이 여성들에게 감사했다. 이 수영복의 전 주인이었던 여성을 떠올리곤 그녀 또한 나를 도와준 여성임을 깨달았다. 그녀에게도 감사했다. 나는 다시 한 번 시간여행을 했다. 이번에는 정말 행복한 미래 속으로. 나는 태양 아래에 서있었다. 태양에게도 감사했다.
　시간여행을 할수록 확실히 배우는 것이 있다. 나는 항상 내가 있어야 할 곳에 있다.

의무적인 마약 이야기
혹은 내가 마약으로부터 배운 교훈

　내가 어린 시절을 보낸 우리 마을은 술꾼들의 도시였다. 우리는 모두 부모님의 주류 캐비닛에 몰래 들어가서 핫 초콜릿에 술을 타오곤 했다. 알코올은 접하기 쉬웠고 권장되기까지 했다. 집집마다 다섯 살짜리 아이가 맥주잔을 들고 있는 웃긴 폴라로이드 사진이 없는 집이 없었다. 우리 부모님도 술꾼까지는 아니었지만 술을 즐겨 마셨다. 내가 열 살이었을 때 소프트볼을 하던 아빠에게 버드와이저를 건네던 기억이 있다. 여름 해질녘 태양이 먼지 가득한 운동장을 내리쬐고 있었고 남자들이 방망이를 거칠게 휘두르며 먼지를 뱉었고 우리들을 어깨에 들쳐 메고 있었다. 수염과 잔뜩 그을은 피부의 행진이었다. 나중에서야 그때 그 남성들이 일찍 결혼하고 아이들까지 있는 삼십대 초반 남성들이었다는 것을 깨달았다. 전성기에 젊은 아빠가 된 남성들이었다. 엄마는 술을 많이 마시진 않았지만 와인을 마시곤 했다. 지금은 67세가 된 엄마는 은퇴하시고 3잔 정도는 마시곤 한다. 나는 우리 집 지하실에 있는 커다란 바 테이블 뒤에 서서 바텐더 놀이를 하는 것이 좋았다. 거대한 레코드 플레이어 콘솔 옆에 가짜 가죽 소파와 반짝이는 꽃무늬 벽지가 있었다. 바닥을 덮은 카펫이 집을 지탱하는 콘크리트 기둥 두 개까지 올라갔다. 나는 여기에서 마이클 잭슨 흉내를 내거나 웨더 걸스의 <It's raining man>을 부르며 춤을 췄다. 그 지하실은 나만의 코파카바나였다. 부모님의 친구들로 가득차면 나는 계단에 앉아 잔 부딪히는 소리와 터져 나오는 웃음소리를 엿듣곤 했다. 나는 나쁜 꿈을 꿨다고 변명을 하면서 여자들의 반짝이는 갈색 립스틱과 남자들이 담배를 엉덩이에 챙겨 넣는 모습을 훔쳐보았다.

그러던 중 안 좋은 국면을 맞이했다. 동네에서 음주 운전 때문에 많은 아이들이 죽었다. 일 년에 적어도 한 명씩 정말 끔찍하게 슬픈 장례식이 열렸다. 고등학교 입구에는 꽃들이 장식되었고 철조망에는 추모의 말(보고 싶다, 케이티)이 적힌 종이컵이 매달렸다. 나는 술 취한 사람의 차에 탄다는 생각만으로 몸서리를 쳤다. 절친한 친구인 케리와 우스꽝스러운 차의 뒷자리에 앉게 된 적이 있었다. 케리는 운전하는 아이에게 반한 상태였고 그 아이는 자기 친구 한 명을 데리고 왔었다. 우리는 리비어 해변으로 가고 있었다. 남자아이는 살짝 취해 있었고 아주 빠르게 차를 몰았다. 나는 그 아이에게 속도 좀 줄이라고 소리를 질렀다. 나는 너무 화가 났다. 머릿속에는 이 생각뿐이었다. "이런 싸구려 차에서 죽다니 말도 안 돼. 이름도 모르는 스프레이로 태닝이나 한 머저리 두 놈이랑!"

나는 내가 술을 마시고 운전했던 순간이 정말 부끄럽다. 음주 운전은 절대적으로 최악이다. 왜냐하면 지하실에서 기타를 치면서 코카인을 흡입하는 것과 달리 누군가를 죽일 수 있는 일이기 때문이다. 나는 내가 음주 운전했던 때를 상상하며 내가 앗아갈 수도 있었던, 내가 스쳐지나간 아름다운 가족들을 상상한다. 제발 음주 운전은 하지 말자. 정말이다. 정말 인생 망하는 길이다. 무슨 일이 있더라도, 취하면 걷도록 하자. 그건 보기가 즐거우니까. 허리케인이 올 때는 다들 안전하게 행동하는 사람을 좋아한다.

우리 마을은 미래의 음주 문제를 지원하는 데 능숙했다. 모임은 작은 맥주통으로 이루어져 있었다. 남자아이들은 '음주용 장갑'을 꼈고 우리는 맥주잔으로 게임을 했다. 이맘때쯤 와인 냉장고가 등장했다. 설탕이 혼합된 알코올음료 덕분에 십대 여자아이들도 쉽게 술을 마실 수 있게 되었다. 어리다는 것은 자신의 한계가 어디까지인지 전혀 감이 없다는 뜻이다. 그러니 우리는 이 밤이 마지막 밤인 것처럼 마셔댔다. 하지만 그 당시에도 나는 드라마 <댈러스Dallas>[1]에 나오는 수 엘렌처럼 사교 파티에 대한 판타지를 가지고 있었다. 나는 와인 잔에 포도 주스를 따르고 우리 집 '비싼' 소파에 앉아 혼잣말을 하곤 했다. 실제 내 나이보다 훨씬 나이 들어 보이려고 노력하는 삶의 시작점이었다. 나는 완벽하게 적당한 권태감을 찾고 있었다. 나는 드라마 <Thirty something>[2]을 보며 베이비시터 일을 했다. 캐릭터들이 갈등을 일으킬 때마다 혀를 끌끌 차면서 말이다. 나는 열여섯 살이었다. 호프와 마이클이 둘째 아이를 가졌다는 것에 뭐 하러 신경을

---

1 (옮긴이) 80년대에 방영되어 굉장한 인기를 끌었던 연속극. 댈러스의 석유 부호 집안의 이야기를 다룬 작품으로, 2012년에는 동명의 제목으로 새 시리즈가 방영되었다.
2 (옮긴이) 1987년부터 1991년까지 방영되었던 드라마로, 필라델피아에 사는 삼십대 부부인 호프와 마이클의 이야기를 그렸다.

썼을까?

　나는 대부분의 약을 해봤지만 정말 심하게 안 좋은 것은 피했다. 필로폰은 내 인생에 등장하지 않았다. 정말 다행이다. 악마 같고 끔찍한 약이다. 하지만 며칠 밤을 새며 지하실 페인트칠을 끝낼 수 있다는 생각에 끌리지 않은 척하진 않겠다. 시카고에서 살던 스물다섯 살 때 빌딩 관리자는 매우 정중하고 세심한 마약 중독자였다. 맷과 나는 그들 위층에 살았는데 그들이 정기적으로 바닥 닦는 소리를 들었다. 청소기도 자주 돌렸지. 어떤 밤에는 가구를 다시 배치하고 바닥을 쓸고 닦기도 했다. 계단에서 쓸었던 먼지를 쓸고 또 쓰는 소리에 깬 적이 꽤 많았다. 그들과 대화하기란 어려웠다. 무슨 말을 하는지 이해하기가 불가능했고 눈을 마주치기도 힘들었다. 하지만 약물 복용을 아파트를 더 낫게 만드는 원천으로 삼는 능력에는 이상한 정이 들고 말았다. 문제는 그들이 우리 집에서 물이 샌다며 우리 집 문을 두드렸을 때 시작됐다. 하루 종일 싱크대를 분리하더니 20달러를 달라고 하고는 특별한 싱크대를 찾겠다며 일주일간 사라졌다. 그러다가 그중 한 명이 죽었다. 결론을 말하자면, 필로폰은 너무 위험해 보였다.

　헤로인은 내 꼬리를 밟지 않은 또 하나의 약이다. 헤로인이 기승을 부리던 1998년에 나는 뉴욕 이스트 빌리지에 살고 있었다. 거리에는 핏불 강아지 새끼에게 총을 쏘는 마약 중독자들로 가득했다. 내가 사는 곳은 톰킨스 스퀘어 공원 건너편이었는데 젠트리피케이션에 속을 썩거나 혹은 그것을 이용해 돈을 벌고 있는 지역이었고, 아파트에는 대부분 뉴욕에 처음 온 혼자 사는 뮤지션과 모델 들이 살고 있었다. 모델들은 대부분 나를 좋아했다. 키가 큰 여성들은 나의 아담함에 끌린다. 나에겐 키가 큰 여성 친구들이 많다. 그들은 내가 항상 그들을 올려다보는 걸 좋아하고 나는 언제든지 숨고 싶을 때 그들의 주머니로 쏙 들어갈 수 있어서 좋다. 한 모델이 있었는데, 이름은 한나라고 하자, 우편함 앞에서 마주쳤는데 내 스니커즈가 예쁘다고 했다. 얼마 지나지 않아 그녀는 자신이 유명한 농구 선수와 바람을 피우고 있다고 고백했고, 같이 경기를 보러 가지 않겠냐고 물었다. 남자의 이름은 말해 주지 않았지만 "다들 잘 아는 그 사람"이라고 말하긴 했다. 우리는 경기장 앞좌석에 앉아 선수들이 준비 운동하는 것을 보았다. 한 선수가 이쪽을 보며 눈짓을 보내더니 고개를 끄덕였다. 한나는 "내가 여자를 데려오면 좋아해."라고 말했다. 그게 무슨 뜻인지 잘 몰랐지만 만약 그 남자의 성기가 내 안에 들어왔다면 난 확실하게 죽었을 것이라는 건 알 수 있었다. 나는 그 커다란 성기를 떠올리지 않을 수가 없었다. 키가 큰 한나를 볼 때마다 그 둘이 섹스하는 장면을 상상했다. 거대하고 창백한 오크 나무가 어둡고 더 큰 오크 나무에 침투 당하는 모습, 그들의 커다란 몸에 맞춰진 특별한 침대 위에서 100cm가 넘는 성기가 둘 사이에서 문질러질 것이다. 그 선수는 밤에 자신의 운전수를 밖에 세워두고 그녀의 집에 들어갈 것이다. 한나는 윗집에 살았기 때문에 그들이 섹스를 하다가 결국 바닥을 부수고 우리 집 천장을 뚫고 떨어져서 우리 모두 거대한 NBA 성기에 의해 죽는 이미지를 상상했다. 이 공포에 시달리다가 새로운 아파트로 이사를 가게 되었다.

내가 헤로인을 하지 않은 이유는 또 하나 있는데, 다들 처음에 토를 했다고 해서다. 나는 토할 것 같은 파티에는 절대 가지 않았다. 토하기와 토하지 않기라는 선택권이 있다면 난 항상 후자를 택한다. 아이러니하게도 나는 일부러 토해내는 걸 잘 한다. 고등학교 때 폭식증이 있던 친구가 하는 걸 보고 시도해 본 적이 있다. 다행히 그 습관이 오래 가진 않았다. 우리 학교는 자신이 뚱뚱하고 못생겼다고 생각하는 아름다운 소녀들로 가득했다. 신경성 거식증에 걸린 여자아이들은 엠앤엠M&M을 반으로 갈라먹고 점심시간에 계단을 오르내리곤 했다. 가끔씩 비쩍 마른 여자아이들의 심장이 굶주린 채 팔딱거렸던 걸 생각하면, 뭐라도 핥아서 삼킬 수 있도록 아이들의 가슴에 손을 얹고 초콜릿 눈물을 짜내고 싶다.

또 뭐가 있지? 항우울제는 한 번도 복용해 본 적이 없다. 첫 아이를 가지고 복용했어야 했을지도 모르겠다. 산후 우울증이 내가 다룰 수 있는 범위를 넘어섰다고 느낄 때가 있었으니까. 그때는 그저 피곤하고 슬플 뿐이라고 생각했다. 담당 의사가 '드레스를 입고 브로드웨이 공연을 보러 가면 어떻겠냐'고 제안했을 때 느낀 맥 빠진 패배감이 기억난다. 이제는 어두운 구덩이에서 기어 나왔지만 당시 우울함과 어깨를 맞대고 문지르는 동안 우울한 것과 '우.울.한. 것'의 예리한 차이를 알아차릴 수 있었다. 불안과 우울은 사촌이다. 몇 번은 정말 아무것도 할 수 없을 정도로 공황 장애를 일으키기도 했다. 공황 장애를 이해하기 쉽게 설명하자면 누군가 내 몸 안에서 책을 잔뜩 쌓아올리는 느낌이라고 말하고 싶다. 책은 계속 쌓여만 가고 나는 숨을 쉴 수가 없다. 명상이 많은 도움이 되었다. 섹스도. 비슷한 정도로 불안한 사람과 전화 통화를 하는 것도 나만 혼자가 아니라는 위안이 되었다. 가끔씩은 "걱정 하지 마, 다 괜찮아질 거야."라는 말보다 "말로 뱉어봐! 이 세상이 다 터져버릴 것 같고 몇 주 동안 잠도 못 잤다고. 내가 작은 보트와 사업을 크게 벌이는 일이 얼마나 두려운지 자세히 말해 볼까?"라는 말이 더 필요했다. 나이를 먹으면서 사회적인 불안은 약화되었다. 사람이 많은 곳이 편하진 않다. 록 공연에 가면 빠져나오지 못할까봐 자주 가지 못한다. 나는 나 자신을 짜내어 소동 속으로 밀어 넣고는 팔짝팔짝 뛰어다니며 사소한 문제들을 일으키곤 했다. 지금은 그저 자리에 앉아서 누군가에게 내가 좋아하는 다섯 가지 노래를 부르게 하고 가벼운 식사를 하면서 동시에 페디큐어를 받는다. 이런 걸 할 수 있는 끝내주는 인디/얼터너티브/힙합/일렉트로니카 뮤직 투어가 있으려나?

이십대 때 나는 코카인을 하려고 한 적이 있다. 곧바로 푹 빠졌지만 결국에는 증오하게 되었다. 잘 모르는 사람들과 어울려서 밤새도록 탁구를 하고 싶다면 끝내주는 약이다. 그 외의 경우에는 전혀 좋지 않다. 만약 누가 코카인을 했는지 궁금하다면 바텐더가 의자를 테이블 위로 올리며 문 닫을 준비를 하는 동안에도 마지막까지 바에 남아 큰 목소리로 아빠와의 껄끄러운 관계에 대해 떠들고 있는 사람들일 것이다. 코카인을 한 다음 날은 참 힘들다. 엑스터시와 마찬가지로. 언젠가 UCB 새해 전야제 파티 때 다들 함께 춤을 추고 물을 마시고 서로 사랑을 했던 멋진 기억이 있다. 다음 날 나는 친구가 하나도 없고 너무나 슬프고 카펫 아래로 가라앉아서 영원히 거기에서만 살고 싶다고 생각했다. 이 '다음 날'이야말로 내가 더 이상 감당하기가 힘든 문제다. 네 살, 여섯 살짜리에게 하루 종일 침대 위에서 <자전거 도둑>을 틀어놓고 포테이토칩을 먹느라 트랜스포터 놀이를 할 수 없다고 어떻게 설명하겠는가?

내 시절에는 그렇게 많은 약을 하지 않았으니 다행이었다. 마약은 정말 심장이 멎을 정도로 놀라운 것이다. 요즘 많은 젊은이들의 손에 그 많은 진정제가 쏟아진다는 것이 참 무섭다. 십대의 몸은 커트 보네거트 밥과 미트볼 반찬으로 채워져야지 멍한 눈빛의 파티 좀비를 만드는 아편으로 채워져서는 안 된다. 하지만 약은 십대만을 위한 건 아니다. 주먹을 쥐지 못하는 혀 꼬인 남편들을 꽉 붙잡고 사는 가늘고 화가 많은 중년 여성들도 많다. 이 모든 게 엉망이다. 그렇지 않나? 하지만 대마초는 그렇게 나빠 보이지 않는다.

대마초에 중독되는 사람도 있다는 사실은 알고 있다. 내 아이들이 피우길 바라지도 않는다. 아이들에게는 약에 대한 내 역사에 대해 거짓말을 할 계획이다. 내 친구 중에 한 명은 사춘기 아들에게 대마초 알레르기가 있다고 거짓말을 했다. 아들에게 대마초를 피우면 벌집처럼 될 거라고 경고했다는 것이다. 이 효과는 얼마 가지 않아 아들의 친구가 그건 지어낸 말 아니냐고 의문을 제기하자 의심이 생긴 아들이 집에 와서 엄마를 추궁한 끝에 들통이 났다. 그 아이의 세상은 뒤집혔다. 엄마에게 오더니 이렇게 말했다. "엄마, 그거 지어낸 말이에요? 어떻게 그럴 수가 있어요?" 그 친구는 이렇게 말했다. "물론이지. 베이컨 샌드위치 만들어 줄까?" 꽤 좋은 방식 아닌가. 내 생각에 우리는 아이들에게 거짓말을 너무 안 한다. 뇌물도 너무 안 준다. 아이가 뇌물을 받을 만큼 나이를 먹을 때가 되면 정말 좋은 시절이다. 여러분의 무기고에 완전히 새로운 도구가 생긴 것과 마찬가지다. 나는 아이들에게 이렇게 말할 계획이다. 술도 좀 마셔봤고 대마초도 좀 해봤지만 전부 '나한테는 안 맞았다'고. 그러고는 사설탐정을 붙여서 걔네 오줌 검사를 시켜야지. 가까운 시일 내에 아이들이 이 책을 읽을 리는 없으니, 뭐. 자기 엄마가 완벽하게 인생을 책임지는 것보다 지루한 게 어디 있겠어? 으아함~ 하품 나온다. 그리고, 내 아이들이 십대가 될 때쯤이면 다들 달 위에서 살 테고 무지하게 신기한 우주 친구들이 생길 것이라 기대하고 있다. 아마 그 친구들은 친절하고 착한 학생일 테고 마약은 촌스럽다고 할 것이다. "완전, 구려, 지구스러워."

처음 대마초 냄새를 맡았을 때 나는 십대였고 브라이언 아담스[1]의 콘서트에 있었다. "음, 우리 아빠 차 냄새 같네." 여러분 중에 누군가는 내가 브라이언 아담스 콘서트에서 뭘 하고 있었는지 궁금해 할지도 모르겠다. 음, 몸을 흔들어대고 형광색 티셔츠를 사는 정도? 아무튼, 집으로 돌아간 나는 아빠의 주머니란 주머니, 서랍이란 서랍은 다 뒤져서 대마초를 찾아냈다. 아빠가 대마초를 피우고 있었다는 사실은 그렇게 충격적이진 않았다. 아빠는 항상 친근하고 행복했으며 우리를 데리러 일찍 도착해서 차 안에 앉아있는 것을 좋아했다. 그리고 항상 한낮에 먼저 아이스크림을 먹으러 가자고 했다. 나는 알코올

---

[1] (옮긴이) 캐나다 출신 가수. 1980년에 데뷔 앨범 <Bryan Adams>를 발표했다. 히트곡으로 <Heaven> <I do it for you> 등이 있다.

중독 부모가 있는 친구가 몇 명 있었는데 그 친구들 집에 놀러갔을 때 봤던 겁에 질린 아이들과 집안에 깔려있던 무서운 분위기가 항상 떠오른다. 나는 우리 아빠가 친구들 앞에서 이상하게 행동할까봐 걱정한 적이 없었다. 아빠는 다정했고 친절했고 소리를 지르지도 않았다. 한번은 내가 엄마 코트를 입겠다며 짜증을 부릴 때 아빠가 손찌검 비슷한 것을 한 적이 있다. 아빠는 화들짝 놀랐고 나는 눈물을 쏟았다. 아빠는 밤새도록 나에게 사과를 했다. 나는 할 수 있는 한 최대로 눈물을 짜냈지만 열다섯 살이었음에도 내가 버릇없는 애새끼였으며 아빠가 엄청난 압박을 받고 있었다는 사실을 알았다.

고등학교와 대학교를 마친 후 아주 가끔씩만 대마초를 피웠다. 그러다가 시카고에 가서 일 년 동안은 중독자로 살았다. 아침에 일어나서 피우고 밥 말리를 들었다. 헤드폰을 쓰고 음반이나 만화책을 샀다. 맥앤치즈를 만들며 <딥 스페이스 나인>을 봤다. 대마초를 피우고 갑자기 창조력이 샘솟는 그런 타입은 아니었다. 그냥 대마초를 피우고 눈썹을 그리느라 한 시간을 보내는 부류였다. 대마초는 감각을 둔하게 만들어서 예민한 아일랜드인 위장과 불안 증세를 약화시켜 주었고 끊임없이 머릿속에서 화제를 바꾸게 해주었다. 나는 약에 취한 상태에서 공연을 하거나 운전을 하거나 글을 쓸 수 없다. 그러니 원래 피우던 것보다 훨씬 적게 피운다. 세븐일레븐에 걸어 들어가서 "가장 이상한 물건 두 개 사오기" 같은 게임을 하던 시절은 갔다.

결론

약은 구리다. 사람들의 삶을 망가뜨린다. 너무 일찍 사람을 죽인다. 꿈과 희망을 파괴하고 가족을 찢어놓는다.

약은 이롭다. 사람들을 절망에 빠지지 않게 한다. 마음의 균형을 맞춰주고 비행기에서 기절하지 않도록 돕는다.

약은 재밌다. 우리의 시야를 넓혀준다. 기억이 좋게 각색되고 빨래 개는 일도 참을 만해진다.

부록: 마약으로부터 얻은 교훈

좋은 점	나쁜 점
1. 모든 사람에게는 사랑이 필요하다.	1. 얼굴이 늙는다.
2. 살아있는 것을 해치지 말자.	2. 우린 모두 혼자다.
3. 자신의 선택에 대해 걱정하지 말자. 어차피 모든 건 재밌을 거다. 어차피 인생은 물놀이용 고무 인형으로 가득 찬 옷장이다.	3. 가끔씩, 벤치가 움직인다.
4. 닐 영은 사람의 마음을 읽을 수 있다.	4. 닐 영은 사람의 마음을 읽을 수 있다.

대칭은 보기 좋지만 섹시하진 않다
아인슈타인도 멋지지만
피카소만이 내가 무슨 말을 하는지 알겠지

SYMMETRY IS PLEASING BUT
NOT AS SEXY
EINSTEIN IS COOL BUT
PICASSO KNOWS WHAT
I'M TALKING ABOUT

나의 아이들

나는 달 중독자다. 달을 볼 때마다 덜 외롭고 덜 두렵다고 느낀다. 나는 아이들에게 달빛은 마법 담요이고 머리 위에 떠 있는 별은 친근한 외계인들이 피운 캠프파이어라고 말한다. 아이폰으로 달 주기를 확인하다가 초승달이거나 보름달이거나 드문 모양일 때 아이들을 데리고 밖으로 나간다. 손전등과 달 모양 과자를 챙겨 나가는 이 외출을 우리는 '달 사냥'이라고 불렀다. 달 모양 과자는 M&M과 매우 흡사하지만 우리 집 아이들은 아직 알아차리지 못했다.

달 사냥 밤에 두 아이들을 목욕시키고 아비노 로션을 발라준 뒤 머리를 빗어주었다. 내 입술에 아쿠아퍼를 바른 뒤 아이들에게 키스하려 했다. 가끔씩 나는 도망가는 아이들을 붙잡아 빨래 바구니를 던지듯이 침대 위로 던진다. 대부분 내가 너무 피곤할 때다. 우리는 잠옷을 입고 밖으로 나섰다. 이렇게 잠옷을 입고 깜깜한 밤에 밖으로 나가면 마치 감옥을 탈옥하는 기분이다. 나는 차 뒷좌석으로 뛰어드는 아이들의 통통한 발과 반짝이는 볼을 바라보았다. 이 아이들은 정말 맛있을 것이다. 진짜로, 우리 아이들을 먹을 수 있었다면 아마 먹었을 것이다. 히에로니무스 보스의 그림 속 짐승처럼 먹으리라, 조금은 친절하게, 음, 좀 더 엄마다운 방식으로. 아이들의 작은 몸을 보면 침이 고인다. 통째로 삼키지 않으려면 안간힘을 써야 할 것이다.

보름달이 뜨는 동안, 나는 차로 탁 트인 벌판까지 가서 침낭에 기어들어 간 다음 밤하늘에 대고 울부짖을 내 계획을 발표했다. 내가 찍어둔 장소로 가면서 아이들은 나에게 순간을 살며 너무 많이 생각하지 말라는 것을 다시 한 번 상기시켜 주었다. 커다란 달을 가리키며 이렇게 소리쳤다. "엄마, 저기 있어요. 달까지 운전할 필요 없어요! 달이 우리에게 오고 있어요!" 우리는 로스앤젤레스에서 얼마 가지 않아 차를 세우고 내 계획을 버렸다. 담요를 펼치고 따뜻한 자동차 덮개 위에 서로 포개어 앉았다. 자동차 덮개는 미끄러워서 맨발로 올라가야 했다. 우리는 소원을 빌었다. 나는 우리 아이들이 친절하고 행복하기를, 내일 아침에 납작한 배로 깨어나기를 빌었다. 아치는 '세상 사람들이 다 로봇이었으면' 하고 빌었다. 에이블은 '레고가 많았으면' 하고 빌었다. 이 아이들이 내 아이들이다. 나의 소년 아치, 나의 아가 에이블.

아치의 눈동자는 블루베리 색이다. 확고한 디자인 감각을 지녔으며 처음으로 재주넘기를 하기까지 몇 주 남지 않았다. 2주차였을 때 아이 아빠와 나는 아기 침대 위에서 <뉴욕 타임스>를 담요처럼 덮고 있는 아이의 사진을 찍었다. 헤드라인은 이것이었다. '오바마, 인종 간의 장벽이 무너진 결정적 승리.' 아치는 달리기를 좋아했고 자신이 루크 스카이워커라고 확고하게 믿었다. 둘 다 똑같은 머리 스타일이라나. 최근에는 이렇게 말했다. "엄마, 웃긴 거 알려줄까? 난 작은 건 무서운데 큰 거는 안 무서워." 아마도 벌레와 코끼리에 대해 말한 것 같지만 매우 깊이 있는 의미를 표현했다고 이해했다. 아이는 주로 똥과 가짜 방귀를 좋아하고 이 두 개만 있으면 웃기는 데 절대 실패하지 않을 거라고 우긴다. 정말로 맞다. 내가 자기를 보고 웃으면 매우 기뻐한다. 아이는 세심하고 고집이 세고 경찰관과 수의사와 아이언맨이 되고 싶어 한다. 언젠가 한번은 나에게 이렇게 물었다. "고추가 없어서 슬퍼요?" 나는 내가 가지고 있는 부위가 있어서 행복하다고 말했다. 그리고 여자들에게는 보지가 있으며 모든 사람이 다르고 각자의 몸은 마치 눈송이같이 다른 것이라고 말했다. 아이는 고객을 끄덕이더니 심각한 표정으로 나를 올려다보며 이렇게 물었다. "하지만 엄마는 고추가 있었는데 없애버렸죠?" 나는 농담을 하고 싶은 유혹에 끌렸지만 아이의 인생을 평생 망치게 할 순 없었다. "그래, 아들. 엄마는 고추가 있었는데 네가 충분히 사랑해주지 않아서 없어졌어." 엄마와 아들 사이의 유대감은 강력한 것이다. 나는 모든 남자아이들에게는 엄마의 사랑이 필요하고 모든 여자아이들에게는 아빠의 관심이 필요하다고 강력하게 믿는다. 아치는 내게 고추가 있었고 사용을 했었는지 알아내는 것이 중요했다. 알겠다. 그에게는 고추가 중요한 것이다. 어쨌거나 내년에는 대학에 들어갈 테니. 농담이다. 아치는 여섯 살이다. 얼마 전에는 나와 결혼하고 싶다고 하기에 알았다고 했다. 어쩔 수가 없었다. 언제라도 나는 결혼하겠다고 말할 것이다.

에이블의 눈은 소나무 숲 같은 색을 띠고 있다. 에이블은 자기 자신을 빨간 원숭이라고 부른다. 에이블이 태어나기 전 만났던 심령술사는 내가 곧 '또 다른 큰 남자아이를 낳을 것이며 그 아이는 자신이 에이블이라고 불리길 원한다'고 했다. 우리는 동의했다. 에이블이 태어날 때는 라디오에서 로드 스튜어트Rod Stewart의 <Young Turks>가 흘러나왔다. "Young hearts be free tonight / Time is on your side(오늘밤 젊은 영혼들은 자유로워 / 시간은 그들의 편이야)" 에이블의 얼굴에는 초콜릿 칩 같은 주근깨가 있고 머리 빛깔은 구리 동전 같다. 에이블은 춤추고 노래하는 걸 좋아하고 최근에는 '나는 천재야'라는 제목의 노래까지 만들었다. 포옹쟁이이기도 하다. 내가 자기 목에 머리를 처박고 냄새를 맡아도 신경 쓰지 않는다. 쿠키 냄새가 난다. 얼마 전에는 이렇게 말했다. "여자애들이 예쁜 옷을 입으면 정말 조아~" 에이블은 저음으로 웃고 다스 베이더가 웃기다고 생각한다. 눈물을 펑펑 흘리며 울고 자면서 땀을 흘린다. 비행기에서 친구를 만들었다. 네 살이다. 아침에 일어나서 제일 먼저 하는 일은 아치를 보러 가는 일이다. 자기 형을 격렬하게 사랑한다. 아치는 에이블을 지켜주고 고문한다. 에이블은 우리 집에서 가장 지혜롭고 나이든 구성원 같다. 말을 시작할 때마다 내게 행복하냐고 묻는다. 꿈은 까만 머리에 눈이 하나인 자신과 다른 작은 남자아이가 되는 것이다. 우리의 아름다운 티베트인 유모, 다와는 에이블이 아주 여러 번 환생했다고 믿는다.

    에이블을 임신했을 때 아치와 나는 함께 낮잠을 자곤 했다. 낸터킷에서 보내던 그 여름, 매일 오후 바람이 살랑대는 침대 위에서 바싹 붙어 잠에 들었다. 한 아이는 바깥에, 한 아이는 안쪽에 안고 있었다. 그 낮잠 시간은 내 삶에서 가장 행복했던 순간 중 하나다. 우리 두 아이와 평화롭고 조용한 삶을 사는 것을 상상해보았다. 존 어빙[1]의

---

[1] (옮긴이) 스토리텔링의 대가로 불리는 미국의 작가. 국내에 번역된 도서로는 『네번째 손』 『사이더 하우스』 『가아프가 본 세상』이 있다.

소설처럼 아이들이 고분고분 침대로 들어가면 머리에 키스해주는 상상을 했다. 난 참 순진했다. 이제는 모든 것이 시끄럽다. 아이들은 시도 때도 없이 무엇이든 건드려야 한다. 레슬링 하고 부딪히고 잡아당긴다. 마치 새끼 사자처럼 논다. 둘 중 하나가 깨물 때까지 온 바닥을 굴러다닌다. 소파에서 뛰어내리고 롤러스케이트를 타고 부산하게 돌아다닌다. 막대기를 휘두르고 사람들에게 "먹으면 위로 가서 똥으로 나온다"라고 말하고 다닌다. 공룡과 슈퍼히어로를 좋아하고 둘 흉내를 낸다. 몸으로, 눈으로, 감각으로 느끼는 모든 것은 가라데 킥으로 표현된다.

나는 우리 아이들을 너무나 사랑한 나머지 심장이 터질 것 같아 두렵다. 이 사랑이 내 심장을 쪼개서 반으로 갈라놓지 않을까 궁금하다. 정말 두렵다. 이 사랑은.

두 아이가 동시에 똥을 싸며 머리에 속옷을 뒤집어쓰고 있는 사진을 가지고 있다는 걸 밝혀야겠다. 아치는 화장실 변기 위에, 에이블은 유아용 변기 위에 앉아 있다. 서로 얼굴을 마주 보며 미친 사람처럼 웃고 있다. 나중에 애들이 커서 밖에서 포옹을 안 하려고 할 때 협박용으로 쓸 계획이다.

자신의 아이가 생기면, 아이들이 자신의 한계를 전부 부수고 열게 되기를 바라게 된다. 우리의 정신은 산소로 넘쳐흐른다. 우리의 심장은 활짝 열린 창문이 있는 방이 된다. 우리는 매일 활짝 웃는다. 미래에 대해 생각하고 지구온난화 기사를 읽는다. 자기 자신 말고 다른 이를 돌본다는 것이 얼마나 멋진 일인지 깨닫는다. 그리고 마침내, 이 열린 마음과 새로운 눈으로 세상을 조금 더 넓게 보기 시작한다. 아주 작고 사소한 것부터 보이기 시작할 수도 있다. 그러다가 운이 좋다면 자신의 삶이 얼마나 많은 혜택을 받고 있는지 깨닫고 약간의 죄책감이 들어 메스꺼움을 느낄 때 그것을 덜 느낄 수 있는 방향으로 따라갈 수 있도록 친절하게 자신이 걸어간 길로 인도해주는 사람을 만날 수도 있다. 운이 좋게도 나는 제인을 만났다.

<글래머Glamour> 잡지사가 주최한 화려한 파티에서 제인 아론슨Jane Aronson 박사를 만났고 곧바로 사랑에 빠졌다. 우리는 둘 다 <글래머>에서 뽑은 올해의 여성상을 받았다. 이런 종류의 상을 받게 되면 굉장히 기분이 좋다. 살짝 부끄럽기도 하다. 전체주의 정권에 맞서 싸운 여성들에게 둘러싸여서 방귀를 연달아 뀌는 여자들이 나오는 코미디에 대해 얘기하기란 쉽지 않다. 파티에 가기 전에 나는 구글에서 제인 박사에 대해 검색해보았다. 그녀가 전세계의 고아들의 삶을 더 낫게 만들기 위해 한 일들을 찾을 수 있었다. 나는 행사 테이블에 앉아서 이 세상 사람이 아닌 듯 아름다운 여성들의 얼굴을 바라보다가 문득 저녁 행사 프로그램이 적힌 소개지를 펼쳐 보았다. 제인 박사가 전 세계 11개국이 넘는 나라에 있는 고아원 아이들의 의료, 사회, 교육 문제를 해결하기 위해 세계고아재단을 설립했다고 적혀 있었다. 제인이 연설을 하기 전까지만 해도 그저 흐릿한 상에 불과했던 그녀의 일이 연설을 들으면서 진짜로 다가왔다. 그녀는 열린 태도로 솔직하게 전 세계의 모든 아이들이 삶의 기본적인 것들을 누릴 수 있어야 한다고 말했다. 식량, 의복, 안전, 주거, 그리고 사랑까지. 제인 박사는 자신으로 인해 삶이 바뀐 고아들을 생각하며 무대에 서게 되었다. 그녀가 울자 나도 울었고 우리 모두 울었다. 그 후 빌 클린턴이 마

야 안젤루를 소개했고 내 머릿속에는 이런 의문이 떠올랐다. "내가 대체 여기서 뭘 하고 있는 거지?"

행사가 끝난 후 유명한 사람들로 가득한 시끄러운 파티가 열렸다. 얼간이같이 들릴지도 모르겠지만 유명한 사람들이 있는 파티에 꽤 많이 가 보았어도 그렇게 대단하다고 느낀 적은 별로 없다. 유명한 사람들은 절대 여러분의 친구만큼 흥미롭지 않다. 유명한 사람들이 있는 파티는 보통 매우 붐빈다. 이런 자리에 오면 내가 너무 평범하다는 생각이 들거나 너무 차려입은 걸까? 혹은 너무 안 차려입은 걸까? 하고 긴장이 된다. 사람 많은 곳을 좋아하지 않는다. 내 작은 몸집이 짓밟힐까봐 공포에 빠진다. 내가 좋아하는 밤 외출은 우리 집 뒷마당에서 좋은 친구들 앞에서 내 진짜 모습으로 편안하게 애정을 드러내며 나댈 수 있는 저녁 파티다.

제인은 나대는 성미도 있었고, 나와 비슷하게 그런 자리를 불편해했다. 결국 자연스럽게 우리 둘이 대화를 나누게 되었다. 잠시 내가 나대는 여성을 정말 좋아한다는 점을 언급해야겠다. 어떤 사람들은 이 단어를 싫어한다. 나도 어떤 시선에서는 그것이 여성을 묘사하는 형편없는 단어로 여겨진다는 사실을 알고 있다. 하지만 나에게 나대는 여성이란 끝까지 탐구하고 기념하는 사람이다. 나대는 여성은 세상에 관심을 가지고 행동하는 타고난 리더이다. 그리고 내가 나댄다고 해도 나보다 똑똑하거나 재밌는 사람들의 이야기를 듣는 것은 정말 좋아한다. 제인은 다음 행사 때 나에게 사회를 부탁했다. 자신이 세계를 돌아다닌 경험을 연설한다고 했다. 나는 꼭 하고 싶다고 대답했고 그녀는 이렇게 답했다. "좋아요, 그럼. 그렇게 하죠." 다음 해에 나는 그녀의 행사에서 사회를 보았고 우리는 친구가 되었다. 그리고 약속한 대로 1년 뒤 제인은 나를 데리고 아이티로 떠났다.

  2012년 말, 남편과 별거 중이던 나는 골든 글로브 시상식의 사회를 처음으로 맡았다. 나는 내가 불쌍한 동시에 대단한 인물이라고 믿었다. 나는 멜랑콜리하지만 따뜻한 새해를 맞이했다. 멋진 친구들인 존, 젠, 메러디스, 톰, 레이첼, 마르코와 함께였다. 우리는 마스크를 쓰고 관람하는 기발하고 뛰어난 공연인 <슬립 노 모어>를 보러 갔다. 시계가 자정을 치면서 시작된 아름다운 안무에 놀랐고 나탈리 포트만을 닮은 젊은 댄서에게 홀렸다. 그녀가 내 어깨를 만질 때는 아주 잠깐 여자와 섹스를 해야 하나 고민했다. 나는 정신이 없었다. 내 삶은 열려 있는 여행 가방이었고 내 옷들은 길거리에 흩어져 있었다. 그날 밤 마스크를 써서 정말 다행이었다. 내가 누구인지 나도 잘 알 수 없었기 때문이다. 내 일에서 멋진 업적을 달성했고 개인적인 삶은 기한이 다했다. 나는 불안한 나르시시즘의 끔찍한 나선에 갇혀 있었다. 유일하게 장면을 전환할 수 있을 제인과의 아이티행이 초조하면서 흥분되었다. 관계가 끝나면 처음에는 익숙했던 생활 방식이 어색해지기 마련이다. 열리지도 않는 문을 긁어대는 고양이가 되고 싶은 사람은 없다. 그래서 2013년 새해가 밝자, 나는 아이티로 향하는 비행기에 올라탔다.

  제인 박사와 그녀의 대학 동료 노아 곤잘레스와 몇몇 사람이 동행하는 길이었다. 누군가 이번이 제3세계 국가에 처음 방문하는 것이냐고 질문을 던진다면 열네 살짜리 그레이스라는 소녀와 내가 손을 들 것이다. 나는 메모를 해두었다. 비행기에서 제인 박사는 아이티에 대해, 그리고 그곳에서 해온 일에 대해 대략적인 이야기를 해주었다. 아이티는 젊은이로 가득한 나라였다. 인구의 65퍼센트가 이십대 이하이고 아이티 사람들은 대부분 고혈압과 천식 등의 질병으로 죽는다. 아이티에는 700개가 넘는 고아원이 있고 430,000명의 고아가 있다. 게다가 지진까지 있다.

고쳐야 할 것이 너무나 많은 듯이 느껴졌다. 너무 충격적이라 감정이 요동쳤다. 나는 좌석에 앉아 음악을 들었다.

나는 내가 이 여행을 일종의 나를 찾는 여행으로 여기고 있는 것은 아닌지 의문이 들었다. 하지만 이내 상관없다고 생각했다. 자원봉사가 봉사자의 기분을 좋게 해준다는 사실만으로는 부족했다. 시간과 돈을 생각하면 비영리활동은 피부 개선과 엉덩이 탄력을 보장해줘야 한다. 안 될 것은 뭔가? 세상에는 엄청나게 많은 사람이 있지만 직접 실행하는 사람은 너무나 적다. 내가 돕겠다고 결정한 동기가 무엇인지 누가 궁금해하겠어?

우리는 북적거리는 포르토프랭스 공항에 도착했다. 그곳에 도착하니 나는 너무 하얬고 매우 피곤했다. 마치 영화에 나오는, 삶을 바꿔보려고 여행을 온 이혼녀가 된 기분이었다. 소설 속 클리셰처럼 행동하고 있는 건 아닐까. 머릿속이 자아탐닉 같은 쓰레기로 가득 찬 것 같아서 화가 났다. 우리는 젊고 잘생긴 아이티인 운전사를 만났다. 그와 섹스를 해볼까 생각했지만 계산을 해보니 거절당하면 남아 있는 동안 너무 어색할 것 같았다. 그러다가 그가 마음을 바꿔서 늦은 밤 내 방 문을 두드리는 상상을 했다. 그러다가 몸은 아이티에 있지만 생각이 딴 데 가 있다는 것을 깨달았다. 운전사가 살짝 몸을 기대더니 미소 지으며 말했다. "아이티에 오신 것을 환영합니다. 좋아할 수도 있고 싫어할 수도 있겠지만 절대로 잊지는 못할 거예요." 그가 절실하게 원한다면 섹스를 해야겠다고 마음먹었다.

아이티에 대한 첫 인상은 완전한 혼란이었다. 포르토프랭스의 길거리는 먼지와 쓰레기와 아이들로 가득했다. 눈길 가는 곳이 너무 많았다. 모든 사람이 바쁘게 무언가를 옮기고 있었다. 한 남자는 햄버거가 올라가 있는 쟁반을 머리 위에 이고 있었다. 여자들은 빨래를 나르고 있었고 어린아이들은 물동이를 옮기고 있었다. 길은 휘어 있었고 이런저런 잔해가 쌓여 있었다. 마치 누군가 아이티를 집어 들고 뒤집은 후 마구 흔들어놓은 듯했다. 붕 뜬 기분이 들었다. 어떤 기분일지 이해가 갔다. 아, 오해하지 말자. 나는 자신의 이혼을 아이티 사람들의 문제와 비교하는 미친 백인 여자는 아니다. 내 말은, 내가 처음 아이티에 가서 느낀 감정이 완전한 혼란스러움이었고 내 뇌 속 상황과 유사했다는 뜻이다. 우리는 잘생긴 어린아이들이 더러운 자전거로 놀고 있는 곳을 지나쳤다. 나는 시네이드 오코너의 노래 <Black Boys on Mopeds>를 떠올렸다. 그러다가 시네이드 오코너가 교황의 그림을 갈기갈기 찢는 장면을 떠올렸다. 그러다가 유명한 사람들에 관한 유머를 쓰는 것에 대해 생각했다. 그러다가 아이티 운전사에게 골든 글로브에서 내 짝꿍이 되어줄 수 있냐고 물어야 할까 고민했다. 그러다가 다시 현실로 돌아와 내가 어디에 있는지 상기했다.

아이티에서는 분명 패션이 중요해 보였다. 많은 사람들이 솜씨 있게 다린 밝은 색 셔츠를 입고 있었다. 택시와 옥외 게시판은 아름다웠다. 아이티는 컬러를 쓰는 데 거침이 없었다. 질감도 마찬가지였다.

그리고 농담도. 젊은이들은 매섭고 지루해 보였다. 순수한 에너지로 가득해 보였다. 그곳에는 진정한 미학이 있었고 명백한 암울함도 함께 있었다. 내 말은, 현실적으로 보자. 아이들은 노예였다. 사고파는 노동력이었다. 나는 아치와 에이블만 한 남자아이들이 커다란 물동이를 지고 가는 것을 보았다. 몇 분만 지켜보아도 어떤 아이가 부모가 없는지 알 수 있었다. 나는 조그만 아이들에게 말을 걸어보려 했지만 어른들이 내 곁으로 걸어왔다. 나는 위안거리를 찾고 있었다. 너무나 불편했다. 왜, 쇼핑몰에서 아이를 잃어버리면 심장이 요동치고 귀가 피로 가득 차는 듯한 그런 끔찍한 기분 있지 않은가. 그런 기분이었다. 아이티 거리에 있는 아이들은 길을 잃은 듯했고 아무도 그들을 찾고 있지 않았다. 나는 제인의 눈치를 보았지만 그녀는 우리 앞에 놓인 계획에만 신경을 쏟고 있었다.

우리는 WWO의 장난감 도서관을 방문했다. 발달단계에 따라 분류된 기부받은 인형으로 가득한 방이 많았다. 모든 장난감이 아름답게 보관되고 진열되어 있었다. 방에서는 식초 냄새가 났다. 우리는 둥글게 둘러앉아 <반짝반짝 작은 별>을 불렀다. 귀여운 작은 소녀를 안고 있다가 본능적으로 그녀의 엄마를 찾았는데 그 순간 그녀에게 엄마가 없다는 사실을 깨달았다.

우리는 켄스코프로 자동차를 몰았다. 산악 지대라 아이티에서 녹지가 많은 지역이었다. 그곳에 가니 아이티의 돈 많고 부자 친구인 도미니카 공화국이 생각났다. 이렇게 가까운데 어떻게 이렇게 멀리 떨어져 있을 수가 있을까? 산비탈을 걸어 올라가면서 나이 먹었음을 느꼈다. 나는 내 보조 작가에게 골든 글로브에서 쓸 멘트를 보냈다. "가짜 이빨에게 예스" 우리는 젊은 아이티인들이 WWO 자원봉사자로 있는 탁 트인 평야에 도착했다. 다들 똑같은 셔츠를 입고 즉흥극으로 보이는 활동에 아이들을 이끌고 있었다. 노래를 부르고 춤을 추며 아이들 한 명씩 웃기는 행동을 하도록 북돋고 있었다. 몇몇 남자아이들은 축구를 하고 있었는데 제인은 긴 소매를 허리에 묶고 끼어들었다. 신체 활동에서 빠져나갈 방법이 없다는 걸 깨달은 나는 작은 엠프에 다가가서 디제잉을 시작했다. 아이들은 처음에는 비웃었지만 곧 내가 세계 정상급 춤꾼이라는 걸 알아차렸다. 얼마나 열심히 췄는지 10분 만에 녹초가 되었다. 어떤 아이들은 벽돌에 페인트칠을 하고 있었다. 벽돌을 어딘가에 쓰나 보다 했지만 아무도 말해주지 않았다. 아이들 대부분은 지금 이 순간에 충실했다. 미래를 생각하는 것은 사치였다. 아이들은 페인트 붓을 돌려가며 썼다. 나누는 것에 대해 울지도 않았다. 밀거나 지루하다고 말하는 사람도 없었다. 모두가 기다리는 데 익숙했다.

나는 제니카와 수제니라는 이름의 여자아이들을 만났다. 내가 그 이름들을 입 밖에 냈을 때 마치 입안에 보석을 머금은 듯한 기분이 들었다. 한 여자아이가 자신의 별명이 '섹시'라고 말했다. 열두 살도 안 되어 보였던 터라 나는 누가 아이에게 그런 이름을 주었을지 걱정이 되었다. 이상한 모래 폭풍이 몰아치고 먼지가 마법을 부린 듯 소용돌이쳤다. 우리는 잠시 그 광경을 보느라 멈추었다. 나는 머릿속으로 또 다른 그림을 그리다가 미래로 시간여행을 갔다. 우리 아이들이 십대가 되어 축구를 하고 춤을 추고 나누는 모습을 보았다.

케네코프에서 우리는 저녁을 먹고 WWO 관리자들로부터 이야기를 들었다. 멜리사는 크리올어를 완벽하게 구사하는 부드러운 어조의 금발 여성이었는데, 평화봉사단과 함께 서아프리카 지역에서 일하고 있었다. 그녀의 유쾌한 연인, 웬디는 미시간 주 출신으로 우간다와 케냐를 경유해 왔다고 했다.

웬디는 내가 '세계 억양'이라고 이름 붙인 말투를 썼다. 아이티에 지진이 일어났을 때 두 사람이 만난 이야기를 들었다. 여진이 진행 중일 때 둘은 사랑에 빠졌다. 매우 로맨틱하게 들렸다. 나는 앤더슨 쿠퍼[1]도 지진 중에 사랑에 빠졌을까 궁금해졌다. 그러다가, 그 주에만 백 번째로, 레즈비언이었으면 좋겠다고 바라게 되었다. 멜리사와 웬디는 자신의 '고아원'에 기부금을 모금하던 한 여성에 대해 얘기해 주었다. 그 여자는 수녀처럼 입고 다녔지만 진짜 수녀는 아니었고 운영하던 고아원은 마치 감옥 같았다. 멜리사가 끊임없이 친분을 쌓은 덕에 겨우 안으로 들어가 볼 수 있었다고 한다. 아이들은 영양실조로 다 죽어가고 있었다. 어떤 아이들은 쥐에게 물렸고 여자아이들은 매춘으로 팔려나가고 있었다. WWO는 장난감과 청소년 자원봉사자들을 데려왔다. 봉사자들은 노래를 불러주면서 아이들의 상태를 헤아렸다. 적어도 65명의 아이들이 그 끔찍한 곳에 감금되어 있었다. 멜리사와 웬디는 그 끔찍한 상황에 대해 들어줄 만한 기관이란 기관에는 모두 도움을 요청했다. 결국 경찰과 유니세프가 개입하게 되었다. 그 여자는 부두교를 들먹이며 협박을 했다고 한다. 아이티에서는 매우 진지한 협박이다. 웬디와 멜리사는 다급하게 아이들을 위한 장소를 찾으려 했고 아이들을 그곳에서 꺼내는 날, WWO 직원들은 아

---

1 (옮긴이) 미국의 기자이자 방송인. 재난이 터지면 가장 먼저 달려가서 상황보도를 하는 언론인으로 유명해졌으며 아이티 지진 취재도 다녀온 적이 있다. 2012년에 자신이 동성애자임을 커밍아웃했다.

이 한 명, 한 명이 모두 어른들의 무릎에 안길 수 있도록 줄을 서 있었다고 한다. 그 악마 같은 여자는 감옥에 갔다. 한 달 후, 그곳에서 구조된 샤슈라는 이름의 아이는 배가 볼록하고 말이 서툴던 소년에서 노래 부르기를 좋아하는 통통한 소년이 되었다.

인간은 너무나 악하고 너무나 선하다.

아주 조그만 사랑이 멀리까지 간다.

나에게 아이티에서 가장 힘들었던 날은 몇몇 고아원을 방문했을 때였다. 어떤 곳은 최선을 다해 고아원을 운영하고 있었다. 하지만 나머지는 아직 부족한 것이 너무 많았다. 제인의 대학 동료 노아와 나는 새장처럼 생긴 침대에서 사는 아기들을 보았다. 우즐리라는 이름의 한 소년은 노아의 품으로 폴짝 뛰어들더니 떨어질 생각을 하지 않았다. 아직 애착 관계에 대한 갈망이 남아 있었고, 주변에 남자는 특히 더 드물기 때문이었다. 우즐리는 가시덤불에 걸린 듯 노아에게 붙어 있었다. 우리는 떠나야 한다는 사실 때문에 점점 불안에 휩싸였다. 노아는 우즐리를 아이들이 가득한 방에 데려다주었지만 떨어진 우즐리는 화를 내기 시작했다. 결국에는 방구석으로 가서 울음을 터뜨렸다. 내가 본 것 중 가장 쓸쓸한 장면이었다. 선생님이 우즐리에게 다가갔지만 아이를 위로하기엔 충분하지 않았다.

아이들에겐 더 많은 지지대가 필요했다. 키스와 포옹과 옷과 부모. 아이들에겐 모든 것이 부족했다. 아이들이 필요로 하는 것들의 방대함이 강렬하게 다가왔다. 거리로 나와 제인과 이야기를 나누다가 울음이 터지고 말았다. 제인은 격정적이고 열정적이었다. 그녀는 앞으로 해야 할 일과 지금까지 아이들의 삶을 바꾸었던 작은 변화에 대해 이야기했다. 나는 다시 한 번 삶의 방향을 돌리는 그녀의 능력에 감명받았다. 제인은 큰 물결을 타는 사람이었다. 그녀는 대부분의 사람이 저지르는 실수를 하지 않았다. 눈을 감아버리거나 파도가 사라지길 바라고만 있거나 우리를 지나쳐서 다른 사람을 덮치기를 바라는 일 말이다. 그녀는 머리부터 뛰어들었다. 그날 밤, 내가 좋아하는 작가인, 차분함과 은밀한 유머를 갖춘 페마 초드론의 책을 읽었다. "보장된 것은 이 세상에 없습니다. 기쁨과 슬픔을 깊이 바라보세요. 웃음과 울음을, 소망과 두려움을, 모든 생명과 죽음을. 진정으로 치유할 수 있는 것은 감사와 애정입니다." 페마 덕분에 통렌tonglen 수행법을 수련하게 되었다. 숨을 들이마시며 고통을 마시고 내뱉을 때는 사랑만을 내보내는 호흡 명상이다. 그건 마치 내가 지난 1년 간 해온 것과 정반대의 것 같았다. 나는 내 심장 바닥의 아주 작은 분자 하나, 하나가 조금씩 기분이 나아지는 것을 느꼈다. 창 밖에서 개들이 교미하는 소리가 들려오자 지금 아이티인 운전사를 찾아봐야 할지 고민했다. 나는 티나에게 맨디 파틴킨 퍼포먼스[1]에 대해 메일을 보냈다.

마지막 날 밤, 우리는 지진 이후에 새롭게 짓기 시작한 몬타나 호텔로 갔다. 소유주 중 한 명인 게르테가 자신과 자신의 여동생 나딘이 어떻게 살아남았는지 말해주었다. 나중에 나는 <워싱턴 포스트>에서 그녀의 여동생이 며칠 동안을 갇혀 있다가 비글 한 마리가 그녀의 냄새를 맡아 찾아냈다는 기사를 읽었다. 구조대원들은 그녀의 아들을 데리고 왔는데, 이렇게 외쳤다고 한다. "저 아래에 우리 엄마가 있

---

[1] (옮긴이) 맨디 파틴킨은 드라마 <크리미널 마인드>의 제이슨 기디언 역, <홈랜드>의 솔 베렌슨 역을 연기한 배우인데, 토니어워드 남우주연상을 수상한 경력이 있는 뛰어난 뮤지컬 배우이기도 하다. 2013년 에이미 폴러와 티나 페이가 처음으로 맡은 골든 글로브 오프닝 모놀로그에서 <레 미제라블>에서 노래 부르는 장면이 나올 때마다 맨디 파틴킨의 얼굴을 보면 잘 불렀는지 못 불렀는지 표정을 숨기지 못할 것이라며 농담을 하는 부분이 있다.

는 것 같아요!" 며칠 뒤 그녀는 빠져 나올 수 있었다. 같은 기사에서 게르테는 나딘이 몇 년 전에 아이티에서 납치되어 15일 동안 감금된 적이 있다고 밝혔다. "여기에서 살아간다는 것이 무슨 의미인지 알 수 없을 겁니다."

게르테는 여행에 대해서도 이야기했다. 자메이카에서의 삶에 대해서도 이야기했다. 그녀의 남편과 헤어스타일에 대해서 농담을 했다. 그녀는 지진 이상의 존재였다. 한 사람의 비극이 그 사람의 모든 인생을 구성할 순 없다. 우리가 이야기를 할 때마다 우리의 이야기는 뇌 속에 깊은 홈을 남긴다. 하지만 우리는 하나의 이야기가 아니다. 우리는 우리의 이야기를 바꿀 수 있다. 자기 자신의 이야기를 스스로 쓸 수 있다. 멜리사와 웬디와 제인과 나는 골든 글로브에서 쓸 만한 농담을 하며 서로에게 가짜 상을 주었다. 나는 멜리사에게 '최고 책임자'라는 상을 주었다. 그녀는 나에게 '가장 유명하고 가장 평범한 사람' 상을 주었다. 그때도 지금도 이 상은 나에게 큰 의미가 있다.

깊은 밤, 우리는 동물에 대해 이야기를 나눴다. 웬디는 그녀의 딸이 우르르 몰려오는 코끼리 떼를 마주치고도 살아난 이야기를 해주었다. 그녀의 딸이 오른쪽으로 가는 대신 왼쪽으로 피해서라고 하는데, 아주 단순한 사실을 알고 있었기 때문이었다. 코끼리는 자기가 들어온 곳으로 나간다. 이 사실이 내가 읽었던 어떤 구절을 떠오르게 했다. 이혼은 결혼과 비슷할 것이다. 우리는 모두 코끼리가 가장 멋진 동물 1위라고 말했고, 나는 내가 알고 있는 코끼리에 대한 지식을 늘어놨다. 코끼리는 아주 오랫동안 임신을 하며 고양이처럼 가르릉 소리를 내며 의사소통을 한다. 코끼리는 울고 웃고 슬퍼하며 무리 중 하나가 멀리 떠날 때 하는 작별 의식도 있다.

다시 우리 아이들 곁으로 돌아온 후에 코끼리의 인사법에 대해 떠올렸다. 나는 아이들에게 언젠가 우리가 어떻게 코끼리를 올라타게 될지 얘기했다. 그러자 아이들은 서로 올라타더니 나중에는 서로 사람과 코끼리 역할을 바꿔가며 놀았다. 아이들을 목욕시키고 몸에 로션을 발라주었다. 그러면서 내 삶이, 그리고 우리 아이들의 삶이 얼마나 운이 좋은지 깨달았다. 나는 침대에 누워 시간과 고통, 이 커다랗고 아름다운 달 아래에서 살고 있을 다양하고 수많은 사람들을 떠올렸다.

가끔씩 날 싫어하는 사람이
너무 적은 건 아닌가 걱정이 된다

SOMETIMES I WORRY THAT
NOT ENOUGH PEOPLE HATE ME

로봇이 우리를 다 죽일 거야
결론

    1997년 나는 절대로 핸드폰을 쓰지 않겠다고 자랑스럽게 선언했다. 뉴욕의 한 길모퉁이에 어리고 가난하고 시간이 넘쳐나는 내가 있었다. 우리 무리는 모여 서서 담배를 피우고 있었다. 그때는 담배가 나의 핸드폰이었고 거기 모인 작은 소셜 네트워크가 내 하루를 채워주었다. 갑자기 우리는 루 리드1가 이쪽으로 걸어오는 걸 보았다. 그는 가죽 재킷을 입은 성난 시장처럼 성큼성큼 우리에게 걸어왔다. 루 리드를 볼 수 있다는 건 봄을 알리는 첫 개똥지빠귀를 보는 것과 마찬가지였다. 뉴욕에서의 삶이 드디어 시작된다는 뜻이었다. 그는 우리를 지나쳤고 우리는 숨을 내쉬었다. 친구 중 한 명이 핸드폰을 꺼내더니 <내셔널 인콰이어러>2에 전화를 거는 척했다. 조개처럼 열고 닫는 폴더 폰 종류였는데 작은 포켓 크기로 여성용 면도기나 화장용 콤팩트 같이 생겼었다. 나는 그것을 들고 무게를 재보았다.

---

1 (옮긴이) 1960년대 뉴욕에서 활동하던 벨벳 언더그라운드의 리더였으며 일반 대중보다 평론가와 음악인에게 높은 평가를 받는 뮤지션. 오랜 기간 마약을 해온 것으로 유명하며 2013년 간이식 수술 후 회복하지 못하고 숨졌다.
2 (옮긴이) 주로 할리우드 가십을 다루는 잡지. 타이거 우즈 혼외정사 스캔들 등 유명인의 스캔들을 폭로하는 잡지로 유명하다.

"싫다. 이런 건 정말 필요가 없어. 핸드폰은 나랑은 안 맞아. 그걸로 뭘 해? 하루 종일 이걸 들고 다닌다고?"

학창 시절 우리 집은 고급 가전을 사용하는 중산층이었다. 우리 집에는 끝내주는 자동응답기계가 있었다. 토스터 오븐만큼 컸는데 가장 큰 카세트 테이프가 들어갔다. 집에 오면 나는 자동응답기 불이 깜빡이는 것을 확인하고 아무도 없는 집에 누군가 전화를 했다는 사실에 흥분하곤 했다. 커다란 버튼으로 테이프를 되감아서 <세븐틴> 잡지 구독을 갱신할 거냐고 묻는 이상한 목소리를 반복해서 듣곤 했다. 그 자동응답기는 정말 커다란 사건이었다. 우리는 누가 자동응답 메시지를 녹음할지 싸우곤 했다. 각자 자기가 심한 보스턴 사투리 밑에 유머와 진지함을 적절히 섞어낼 수 있다고 믿었다. 자동응답기는 나의 개인 비서였다. 학교가 끝나면 집으로 달려와 상황에 맞게 응답 메시지를 바꾸곤 했다. "케리, 나 쇼핑몰에 갈 건데. 브리검 식당에서 봐. 먼저 도착하면 설탕 콘 초콜릿 칩 아이스크림 좀 주문해 줘." 가끔씩 약속 장소에 갔는데 친구가 나타나지 않을 때가 있었다. 그럴 때는 직접 그 친구 집으로 찾아가거나 집 번호로 전화를 거는 방법 말고는 당장 연락할 길이 없었다.

MTV가 등장하는 데는 한참이 걸렸다. 이 믿을 수 없을 정도로 멋진 문명 앞에서 하루 종일 시간을 보내며 이렇게 생각했다. "드디어, 나를 위한 채널이 등장했군!" 열 살 때 나는 성인이 되었을 때의 삶을 미리 집중 훈련 받은 셈이다. MTV 덕분에 펑크 음악과 게이에 대해 알게 되었다. 마이클 잭슨을 만났고 그의 재능이 나를 반으로 쪼개 놓았다. 나는 지하실에서 <Off the Wall>을 틀어놓고 하루 종일 춤을 췄다. 거기, 젊은이들은 마이클 잭슨이 얼마나 신적인 존재인지 모를 것이야. 아무도 그가 이상하다고 생각하지 않았고 그를 보고 웃지 않았다. 우리는 매 시간마다 전부 TV 앞에 앉아 <Thriller> 뮤직 비디오를 보았다. 우리는 모두 입을 쩍 벌리고 모타운 레코드 25주년 기념 공연에서 마이클 잭슨이 최초로 문워크 춤을 추는 모습을 지켜보았다. 그가 발랄한 우주인처럼 뒤로 미끄러지는 장면에서 나는 소리를 꽥 질렀다. 그때는 되감기나 다시보기가 없었다. 다음 날 올라오는 동영상도 없었고 트위터나 페이스북 포스팅도 없었다. 우리는 서로 서로 전화를 걸어 전화선을 복도 바닥에 늘려 가며 엎드려서 마이클 잭슨의 동작이나 조지 마이클의 얼굴 털이나 <Purple Rain>에서 프린스가 아폴로니아를 뒤에서 쓰다듬는 장면에 대해 수다를 떨었다. 그런 순간들은 왔다가 금방 사라졌다. 만약 놓치게 되면 더럽게 운이 없는 사람이 되었다. 그래서 우리 부모님이 매시 M*A*S*H[1] 파티에 가서 마지막 에피소드를 실제로 본 것이다. 그때는 다음 날 구글 행아웃에 매시 출연진들이 등장하는 일은 없었다. 그러니 우리 가족이 소파에 포개 앉아 미국 하키 팀이 악당 러시아에 맞서 금메달을 따는 장면을 본 것이다. 우리는 모두 엄마처럼 눈물을 흘리며 선수들의 이름을 하나, 하나 가리켰다. (보스턴에 사는 사람들은 모두 보스턴에 사는 사람을 가리키는 걸 좋아한다. 캐나다 사람들이랑 똑같다.) 알 마이클즈가 기적을 믿느냐고 우리에게 물었을 때 우리는 모두 "USA!"라고

---

1 (옮긴이) 리처드 후커의 소설 『MASH: A Novel About Three Army Doctors』를 원작으로 한 영화. 한국전쟁 당시 경기도 의정부에 위치한 이동 외과 야전 병원(Mobile Army Surgical Hospital)을 배경으로 인간성의 허구, 군내부의 부조리 등을 날카롭게 꼬집은 풍자와 해학이 넘치는 블랙코미디. 한국전쟁을 무대로 하고 있지만 사실은 당시 베트남전쟁을 풍자하고 있다. 이후 TV 시리즈로도 제작되어 1972년부터 1983년까지 인기리에 방영되었으며 최종회는 시청률이 40%에 육박했다고 한다.

외치고 "예~~~이!"라고 소리 질렀다. 모든 것이 실시간으로 일어났고 모두 함께 그것을 지켜봤다. 되감기는 없었다.

　같은 해에 HBO가 우리 집에 찾아왔다. 우리 집 형편으로는 유료 시청을 할 수 없었지만 빌 폴러는 TV에 관해서라면 짠돌이가 아니었다. 나는 TV 키드였다. 얼마나 봐도 되는지에 대한 한계가 없었다. 밥도 TV 앞에서 먹었다. (우리 부모님은 이 대목에서 움찔할 텐데, 우리 가족은 거실에서 밥을 먹거나 부엌 TV를 켜놓고 밥을 먹은 적이 한두 번은 넘는다.) 우리 집에 돈이 많았다면 아마 집 곳곳마다 TV를 놨을 것이다. 부모님은 일을 하고 집 대출금을 갚느라 너무 바쁜 탓에 내가 보는 방송에 별로 신경을 쓰지 않았다. 나는 HBO에서 아주 무서운 것이나 매우 성인스러운 것을 보았고, 그것들은 아직 만들어지던 중인 내 뇌에 쏙쏙 스며들었다. 70년대와 80년대 영화는 어린이 악마에 집착했다(<오멘> <엑소시스트>). 그리고 복수극에도(<왼편 마지막 집> <데스 위시>). 그 영화들에는 몇 년 동안 내 뇌리에 박히고 잠재의식을 홀릴 만한 무섭고 섹시한 장면이 가득했다. 그중에서도 HBO는 성인용 콘텐츠를 주로 다뤘기에 이혼, 음모, 배신에 관한 영화가 많았다. HBO의 영화를 보면서 어른들이 어떤 식으로 소통하는지 익혔다고 할 수 있다. 어떤 것이 날 웃게 만드는지도 익혔다. 찾을 수 있는 코미디는 모조리 찾아서 봤다. <애니 홀Annie Hall> <캐디쉑Caddyshack> <후레치Fletch> <에어플레인>! 나는 TV 옆에 앉아 파란색 줄노트에 <바보 네이빈The Jerk>의 대사를 받아 적었다. 나는 코미디에 관해 생각했다. 작가가 되는 것에 대해서도 생각했다. 기술은 내 삶 속으로 천천히 아주 쉽게 훌쩍 다가와 있었다. 미래는 거의 현재였다.

대학 생활 내내 나는 핸드폰이나 이메일 없이 지냈다. 과제는 브라더 워드프로세서로 타이핑했는데, 거기에는 한 번에 다섯 문장을 볼 수 있는 화면이 있었고 잘 고장이 나서 모든 게 날아갈 위험이 있었다. 기숙사에서 과제를 쓴 다음 복도에서 출력을 했다. 방에서 하기엔 소음이 너무 커서 '작은 주먹: E. E. 커밍스 시인의 초기 작품의 손 사용법'을 출력하느라 룸메이트를 괴롭히고 싶지 않았다. 시카고로 이사를 왔을 때 종이 지도를 접어서 가지고 다니며 길을 찾았다. 인터넷도, 이메일도, 문자도, 페이스타임도, GPS도, 트위터도, 페이스북도, 인스타그램도 없었다. 80년대 말에도 소수의 사람들만이 거대한 핸드폰을 가지고 있었다. 혹은 영화에서나 보거나. 이메일의 존재를 알게 된 나는 아메리카 온라인이라는 회사가 어떤지 알아보려 했지만 영화 <위험한 게임WarGames>을 보니 컴퓨터가 핵전쟁을 일으킬 수도 있다는 생각에 조금 더 기다려보기로 했다. 대신에 편지를 쓰고 눈을 맞추고 직접 대면하는 방식을 택했다. 여전히 주소록을 지니고 다녔다.

지금은? 지금은 담배 한 갑이 있던 주머니를 핸드폰이 차지했다. 나는 핸드폰에 집착하는 핸드폰 중독이며, 내 핸드폰이 나를 죽이려 한다고 생각하고 있다. 정말이다. 그나저나 내가 '내 핸드폰'이라고 한 것은 내 핸드폰과 내 아이패드와 내 노트북과 내가 가진 모든 컴퓨터 장비를 가리킨다. 전기와 마취제가 있어서 얼마나 다행인지 모른다. 하지만 이 인터넷이란 것은 별로 좋은 생각 같지 않다. 미안, 친구들. 지금까지 인터넷의 유일한 좋은 점은 할아버지와 최근에 한 영상 통화, 온라인 데이트, 온라인 출석 체크 등 테크놀로지 르네상스에서 나온 것뿐이다. 나머지는 재앙이다. 로봇이 우릴 다 죽일 것이다. 여기에 증거가 있다.

1. 핸드폰은 이 책이 끝나기를 원하지 않는다. 혹은 아무것도 하질 않는다.

  이 챕터의 첫 문단을 쓴 후 누가 메일이나 문자를 보냈는지 내 핸드폰을 확인했다. 그러다가 구글에서 '폴더 폰'을 검색했고 루 리드가 언제 죽었는지 검색했다. (고인의 명복을 빕니다.) 결국에는 사랑스러운 로리 앤더슨의 영상까지 찾아보게 되었고 차이 티를 배울 수 있는 동네 카페를 알아보게 되었다. 그러다가 위키피디아에 가서 '중국 약'을 클릭했다. 그러다가 예전에 만났던 치료사가 생각나서 마사지를 떠올리게 되었고 또 머리를 해야겠다는 생각이 났고 결국 담당 미용사에게 문자를 보냈다. 그녀는 최근에 다녀온 여행 사진을 보냈고 나는 그 사진에 필터를 씌우고 웃긴 자막을 달아서 다시 보내주었다.

  이걸 다 해낸 기억이 벌써 흐릿하다. 정말로, 핸드폰이 내가 죽길 바라는 것이 분명하다. 핸드폰은 내 옆에 누워서 정기적으로 징징 거리길 좋아한다. 그래야 내가 밥 먹을 시간이나 마감일을 까먹을 테니까.

2. 핸드폰은 내가 친구를 사귀는 것을 바라지 않는다.

  나는 소셜 미디어를 하지 않는다. 그냥 내 스타일이 아니다. 소셜 미디어에는 어느 정도의 자기폭로와 자기홍보 기능이 있기에 나는 그것을 멀리한다. (자기 삶에 대해 책을 쓰는 여자인 주제에 하는 말.) 하지만 절대라는 말은 절대 쓰지 말라는 말이 있다. 혹시 모르지, 1년 뒤에는 웃기면서 동시에 겸손하고 진정성 있고 뜻하지 않게 섹시하기까지 한 새로운 소셜 미디어가 나타날지도. 거기에다 끝내주는 필터 옵션도 있고 깊이 있는 메시지까지 가능할지도 모르지. 그런 게 만들어진다면 '소울스필'이라는 이름이 되지 않을까. 어쨌든 그런 소셜 미디어가 만들어질 때까지 나는 가까운 친구들과 단체 문자나 즐겨야 겠다. 나는 내 삶에서 중요한 그룹마다 네다섯 명씩 모아서 단체 채팅방을 만든다. 예전에는 채팅방이란 것이 있었다. 기억하는 사람? 내가 만약 이 책에 확실하게 밝힌 것이 있다면 내 친구가 되는 기본 요소는 바로 나의 강요된 웃음을 편안하게 받아들이는 것이다. 나 같은 핸드폰 중독자가 소셜 미디어를 하지 않는다고 말하는 것은 마치 헤로인 중독자가 필로폰은 절대 건드리지도 않는다고 말하는 것과 비슷하다는 것을 깨달았다. 어쨌든 나는 내가 잘하는 일에 집중하고 싶고 더 큰 온라인 존재감을 가지는 행위는 나를 위험에 빠뜨릴 것이다. 특히나 문자를 받을 사람을 헷갈려서 잘못 보내왔던 나의 역사를 보면….

한번은 예전 어시스턴트와 크리스마스 선물을 포장한 적이 있다. 그녀는 내가 해고하려고 벼르고 있던 젊고 사랑스러운 여자였다. 그녀를 에스메랄다라고 부르자. (실제 이름은 아니다.) 나는 남편에게 이렇게 문자를 보냈다. "지금 말고, 오늘 말고. 그래도 에스메랄다를 자르긴 잘라야 할 것 같아." 문자를 보낸 후 다시 선물을 포장하면서 다음 스케줄에 대해 얘기를 나누었다. 그날 저녁, 에스메랄다로부터 전화가 왔다. 아까 그 문자가 남편이 아니라 그녀에게 갔던 것이다.

나는 우리가 같이 있는 와중에 문자를 보냈고 그녀는 내가 크리스마스 캐롤을 흥얼거리는 동안 바로 그 앞에서 그 문자를 본 것이다. 그녀가 얘기 좀 하자고 했고, 그녀가 옳았다. 나는 그녀를 해고했다. 그리고 내 핸드폰을 방구석으로 던지고 침대 밑에 숨겨 버렸다.

또 한 번은, 연애가 잘 안 풀리던 친구와 얘기를 나누고 있었다. 머저리 같이 구는 남자 때문에 갈팡질팡 하던 중이었는데, 결국 완전히 정리하기로 했다고 말했다. 그녀가 잠시 방을 나간 후 나는 또 다른 친구에게 이렇게 문자를 보냈다. "아이고야, 드디어 헤어졌대. 그 남잔 완전 재수탱이야." 내 친구는 방으로 다시 돌아오더니 왜 그런 이상한 문자를 보냈냐고 물었다. 친구는 내가 다른 사람에게 자기 이야기를 하기까지 5분도 안 걸렸다며 화를 냈다. 나는 사과했다. 그리고 핸드폰을 쓰레기통에 던지고 내 차에 치여 죽어야겠다 생각했다.

저런 식의 경험이 단 두 번뿐이었다고 말하고 싶지만 몇 번이고 계속해서 일어났던 일이다. 잘못 보낸 이메일, 잘못 보낸 문자, 잘못 보낸 사진과 메시지. 결국 저런 사건이 연속되자 쓰레기 같은 습관을 고치게 되었다. 이제는 규칙에 따라 전 세계가 봐도 아무렇지 않겠다 싶은 것만 문자로 보낸다. 자제력 있게 펜과 혀와 엄지를 놀리려고 한다. 끊임없이 애써야 한다. 내 핸드폰은, 할 수만 있다면, 마사지를 받는 내 엉덩이에 눌려서 친구인 척하는 적군들에게 전화를 걸도록 할 것이다.

3. 핸드폰은 외모 때문에 내가 기분 나빠하길 바란다.

내가 어렸을 때는 '파티'라고 부르던 것을 열곤 했다. 젊은 사람들이 함께 모여서 대화하고 춤도 추면서 즐겁게 어울리는 행사지. 이런 '파티'에서는 '카메라'라고 하는 물건으로 사진을 찍곤 한다. 그리고 일주일 뒤, 도심의 아주 작은 막사에 사는 낯선 남자에게서 사진을 건네받는다. 파티가 흐릿한 기억이 될 무렵 무신경하게 과거의 내 모습이 들이닥친다. 나는 인화된 사진을 건네받고 마음에 들지 않는 사진들을 던져 버린다. 나 말고는 아무도 봐서는 안 돼! 내가 공유하기 전까지는 아무도 사진에 대해 말할 수 없어. 사진들이 좋은 시간을 기억하게 해준다지만 나에게는 그 경험에서 멀어지게 할 뿐이다.

이제 핸드폰은 대학 입학 담당자가 지원자 중에 브라만 입고 포즈를 취한 사진을 찍은 적이 있는지 확인하도록 한다.

핸드폰은 지속적으로 다른 사람들이 나에 대해 어떻게 생각하는지 확인하도록 만든다. 나에 대한 글을 읽어보도록 낚는다. 처음에는 모든 게 꽤 괜찮아 보였다. 핸드폰은 내 프로그램과 작품에 대해 인터넷에 있는 좋은 반응들을 보여주었다. 하지만 좋은 것만 본 후 꺼지질 않는다. 내 손 위에서, 계속 켜진 채로, 나는 더 검색한다. 그러다가 몇몇 사람들이 내가 '그냥 노잼임.'이라고 쓴 글 사이에 '얼굴이 무섭게 생겼어.'라고 쓴 글이 보인다. 주말에 내 핸드폰에는 그다지 많은 이메일이 오지 않고, 대신 가십거리와 끔찍한 뉴스가 있는 곳으로 나를 안내한다. 그러면 또….

4. 핸드폰은 내가 봐서는 안 될 것을 보게 한다.

어떤 책을 읽었는데 수명을 짧게 만드는 세 가지는 흡연, 인공감미료, 폭력적인 이미지라고 했다. 나는 정말 그렇다고 믿는다. 폭력적인

이미지는 새롭지 않지만 즉시성은 그 어느 때보다 빨라졌다. 끔찍했던 보스턴 테러 사건 때 나는 워터타운에 있는 우리 가족에게 연락을 했고 부상자들을 위해 기도했다. 뉴스 웹사이트에도 들어갔는데 한 남자의 다리가 폭발로 사라진 사진도 보았다. 나는 준비가 되어 있지 않았다. 누가 그렇겠는가? 그 남자도 분명 준비가 되지 않았을 것이다. 다리를 잃은 고통이 있을 테고, 세상에 알려져 영원히 남을 사진 때문에 또 다른 고통 속에 있을 것이다. 물론 이런 종류의 사진은 오랜 시간 동안 우리 주변에 있어왔다. 나는 HBO에서 R등급 영화를 봤다. 전쟁 사진가들은 끔찍한 장면을 기록하고 잡지나 단행본으로 출판한다. 하지만 예전에는 닉 유트가 찍은 심한 화상을 입고 도망치는 베트남 소녀의 사진을 보려면 도서관이나 개인 소장 북컬렉션을 찾아가야 했었다. 그곳에는 설명 글이 함께 적혀 있었다. 보는 사람이 그 사진의 전후 맥락을 알 수 있었다. 그 사진은 비슷한 이야기를 지닌 이미지 사이에 둘러싸여 있었다. 하지만 이제 우리는 은행에서 기다리는 동안 맥락과 동 떨어져 핸드폰 화면속에 뜨는 그로테스크함을 구경할 수 있을 뿐이다.

포르노는 온갖 곳에 있다. 나는 포르노를 즐겨 본다. 혼자 즐거운 저녁 시간을 보내기에 매우 좋은 안주이다. 좋은 와인과 짝을 맞추는 것도 매우 중요하다. 포르노 선호도를 밝히지 않기 위해 내가 고급 언어를 쓰고 있다고 여러분이 오해하지 않기 바란다. 나는 가급적이면 얼굴로 끝나지 않는 쓰리썸 시나리오가 나오는 정석 포르노를 선호한다. 여자를 좋아하는 듯이 보이는 남자를 좋아하고 포르노 게임에서 자신이 위를 차지하려고 행동하는 여자를 좋아한다. 기본

적으로 내 코미디 취향과 비슷하다. 직업 정신이 투철하고 전문적인 것. 하지만 나는 마흔세 살 먹은 여성이니, 포르노가 전달하는 감정과 특유의 이미지를 감당할 수 있다. 친구의 일곱 살짜리 아이가 구글에 '벌거벗은'이라는 단어를 쳤다고 한 적이 있다. 그 아이가 처음으로 본 이미지는 여성이 아스파라거스를 질과 똥구멍에 넣은 사진이었다. 그건 정말 아니다. 그 아이가 이제 어떻게 야채를 먹겠는가?

달라이 라마는 할리우드가 "눈에 매우 나쁘고 시간 낭비"라고 했다. 나도 이해한다. 내 핸드폰이 보여주는 것 대부분은 내 눈에 안 좋다. 내 눈은 휴식이 필요하다. 정신적으로도 말 그대로도. 내 눈은 핸드폰을 보느라 상처 입었다. 뭐 당연한 일이다. 핸드폰은 내가 죽길 바라니까.

5. 핸드폰은 우리 아이들보다 자신을 더 사랑하길 바란다.

작년 여름 수영장 가장자리에서 놀고 있는 둘째 에이블 옆에 앉아 있었다. 에이블이 미끄러져서 물에 빠졌다. 나는 바로 뛰어들어 아이를 꺼냈다. 우리 둘 다 겁에 질렸지만 다행히 모두 무사했다. 핸드폰은 뒷주머니에 있었는데 처음 든 생각은 내가 핸드폰보다 아이를 선택했다는 환희였다. 두 번째 든 생각은 핸드폰이 침수되었다는 낭패감이었다. 젖은 핸드폰으로는 구글 검색을 할 수가 없어서 재빨리 분리해서 헤어드라이어로 말리기 시작했다. 노트북으로 인터넷에 접속해보니 물에 빠진 핸드폰은 쌀통에 넣으라는 팁이 많았다. 방금 막 아이를 물에서 건져내고는 땀을 흘리는 채로 부엌으로 가 지퍼백에 쌀을 쏟아 부었다. 나는 핸드폰 없이 하루를 보내게 되었다. 이메일이

나 문자를 확인할 수 있는 전자기기가 두 개나 있었지만. 나는 쌀이 물기를 빨아들여주기를 기대하며 서성거렸다. (잘 안됐다.) 아무래도 핸드폰 없이 외출을 해야 할 것 같다는 예감이 들었다. 나는 만약을 위해 아이패드를 챙겼다. 나는 저녁 식사 내내 있지도 않은 유령 핸드폰을 찾아 손을 뻗었다. 완전 미친 사람 같았다. 핸드폰이 무슨 짓을 하는지 보이지 않는가?

6. 사람들이 운전 중에 문자를 보내다가 죽는다.

걸으면서 이메일을 확인하다가 차에 치여 죽는다. 문자를 보내다가 쇼핑몰 분수에 빠진 사람의 CCTV 영상이 인터넷에 떠돌면서 창피해 죽는 사람도 있다. 이 정도면 무슨 뜻인지 알겠지.

7. 핸드폰이 나를 놔주질 않는다.

예전에는 핸드폰을 잃어버리는 것이 정말 모든 연락처를 잃는다는 것을 의미했다. 연락처를 새로 작성해야 했다. 이메일로 사람들에게 연락처를 다시 보내달라고 해야 했다. 모든 것을 저장하거나 백업해놓지 않았다. 덕분에 다시 새로 정리할 수 있는 기회가 주어졌다. 나는 몇 년마다 한 번씩 삶을 체로 걸러서 정리해야 한다고 강하게 믿는다. 유콘에 금을 캐러 갔던 광부들처럼. 그러면 금덩어리만 남는다. 나머지는 자연스레 걸러질 흙과 같다. 연락처를 잃어버리는 것은 불필요한 관계를 거름망에 거를 기회다.

이제는 모든 것이 클라우드에 백업이 되니 핸드폰을 택시에 두고 내려도 찾을 수가 있다. 이제 멀지 않아 핸드폰이 '우리를' 찾아내지 않을까?

핸드폰은 어떻게든 자기네가 우리를 죽이려 하는 게 아니라고 설득해냈다. 오히려 우리를 보호하는 것이라고 믿게 했다. 핸드폰이나 이메일 연락처가 없으면 이상한 사람이 된다. 부모가 되면 언제든지 지속적으로 연락이 가능해야 한다고 생각한다. 아이들에게 각자 핸드폰을 주어야 한다고 권장 받기도 한다. 아이들의 핸드폰을 검사해야 한다고도 한다. 아이들이 기술을 받아들이는 속도를 따라잡으면서 음란물 유포나 트롤링에 대해 대화를 해야 한다. 뛰어난 공돌이들이 사진을 보낸 후 몇 초 안에 사라지게 하는 앱을 개발하는 동안 말이다.

하다 하다 내 핸드폰은 이 책에도 그 추잡하고 기술적인 손을 댔다. 이 책은 전자책으로도 발행될 예정이다. 사람들은 더 이상 책을 사지 않고 전자책을 산다. 아니면 둘 다 사려나? 어쨌든 이 책이 전자책으로도 판매한다는 사실이 매우 중요하다. 그 사실에 매우 좋아해야 하겠지. 소파에 파묻혀 과자 가루가 묻은 손으로 책장을 넘기던 시절은 갔다. 기차에 앉아 맞은편에 앉은 귀여운 남자에게 인상을 남기기 위해 헨리 제임스 책을 읽던 시절도 갔다. 책장 사이에 꽃이 끼어있는 책과 낙서가 적힌 책과 호텔 영수증이 발견되던 책도 없다. 이 책을 펼쳤을 때 뭔가가 떨어지면 어떨까 하는 아이디어를 냈었는데 담당 편집자가 안 된다고 했다. (실은 안 된다고 하진 않았고 내가 제시간에 책을 다 못 끝낸 것뿐이다.)

자, 정리해 볼까?

내 핸드폰이 날 죽이려 한다. 핸드폰은 배터리로 충전되는 사각형 물건으로, 실망과 가능성을 지니고 있다. 기술적인 공감 젖꼭지이기도 하다. 나는 외로움을 덜 느끼려고 핸드폰을 곁에 두지만 진짜 혼자 있다는 기분을 느끼고 싶을 때는 그렇지 않다. 핸드폰으로 인해 느낄 수 있는 것들, 연결되어 있다, 사랑받지 못한다, 못생겼다, 소중하다, 슬프다, 죄가 없다….

그래서 어떻게 하자는 거냐고?

음, 먼저 달라이 라마로 돌아가자. "나는 테크놀로지가 인간의 능력을 진정으로 끌어올렸다고 생각한다. 하지만 테크놀로지는 측은지심을 느끼지 못한다."

이야, 정말 좋은 말이다. 역시 '큰(달라이) 라마'라고 불리는 이유가 있다.

달라이 라마는 이런 말도 했다. "우리는 테크놀로지의 주인이다. 우리가 테크놀로지의 노예가 되는 상황은 좋지 않다."

그러니 우리는 노예가 되지 않도록 노력해야 한다. 안주하려는 습성과 무신경함에 맞서는 방법을 찾아야 한다. 어떻게 해야 할까? 영화에서 착한 주인공들이 로봇과 맞서 싸울 때 어떻게 하더라?

1. 파괴하려고 노력한다.

이런 일은 결코 일어나지 않을 것이다. 테크놀로지는 너무 빨리 움직이고 인터넷은 전 세계에 깔려있다. 게다가 온라인에 있는 나쁜 사진이나 글을 읽지 말라고 하는 것은 아이들에게 쿠키를 먹지 말라고 하는 것과 똑같다. 그런 이유로, 인터넷에서 자기 이름을 찾아보지 않는다고 말하는 배우들은 불결한 거짓말쟁이라는 것을 밝혀둔다.

2. 그들의 판에서 이겨주자.

이 이론은 내 친구 메러디스 워커, 에이미 마일즈와 함께 만든 웹사이트인 'Smart Girls at the Party'에 자극제가 되었다. 우리는 젊은 사람들이 온라인에서 매일 맞닥뜨리는 쓰레기 폭격에 맞서 싸울 수 있는 브랜드가 되길 바라며 만들었다. 사실 매우 단순한 쇼에서 아이디어를 얻어 시작되었다. 소녀들이 마음에서 우러나서 참여한 댄스파티 같은 찰리 로즈 스타일의 인터뷰 쇼다. 우리는 호기심 많고, 유명하진 않지만 일상에서 자신만의 싸움을 해내고 있는 용사들을 기념하고 축하하고 싶었다. 초반에는 몇 가지만 생각했다. 우리가 어릴 때 보고 싶어 했던 콘텐츠를 만들고 싶었다. 우리의 에피소드를 댄스파티로 마무리하고 싶었다. 인생에서 자발적 댄스파티는 매우 중요하다. 나도 <팍앤레>를 찍을 때 매일 저녁 춤을 추었다. 춤은 훌륭한 평형장치다. 사람들을 머리 밖으로 꺼내어 몸에 집중하게 한다. 부끄러워하지 않고 자유롭게 춤을 출 수 있는 사람은 세계를 지배할 수 있다고 생각한다. 'Smart Girls'는 성장하고 변화하고 있다. 메러디스와 나는 캠프를 열어 더 많은 콘텐츠를 만들고 더, 더 많은 청년들과 연결되고 싶다. 우리의 바람은 유명세에 집착하는 쓰레기만을 주목하는 수많은 끔찍한 웹사이트를 참지 못하는 사람들을 위한 무언가를 제공하는 것이다.

3. 우리는 사람을 믿는다. 기계가 아니라.

짧은 일화 하나로 이 책을 마치고자 한다.

그나저나, 『예스 플리즈』를 끝까지 읽어줘서 고맙다. 여러분이 얼마나 바쁜지 안다.

글을 쓰면서 테크놀로지와의 한정된 관계 때문에 힘들었다. 주변에서 새 노트북을 사라는 말에 시달렸는데, 이제는 나의 작은 맥북에어와 거친 검은색 노트북 커버와 그 위에 붙인 UCB 스티커를 정말 좋아하게 되었다. 이 노트북은 나와 함께 1년 반이 넘게 미국 전역을 돌아다녔다. 책을 쓰는 척하기에는 노트북을 들고다니는 것이 최고다. 최근에는 샌프란시스코로 <팍앤레> 마지막 시즌을 찍기 위해 비행기를 탔다.

삶은 끝과 시작의 반복이다. 페마 초드론은 우리가 끊임없이 "둥지 밖으로 내쳐진다"고 말했다.

힘들겠지만 그게 인생이다. 덕분에 아름답기도 하다. 내 경우에는 대부분 아름다웠다. 내가 운이 참 좋지.

샌프란시스코에 도착하자 슬픔과 기쁨의 드문 조합이 느껴졌다. 아, 이런 감정을 가리키는 이름이 있어야 하는데. '친밀감' 정도쯤 될까? 어쨌거나 촬영을 하면서 멋진 시간을 보냈고 함께 시간을 보내면서 가족처럼 친하게 된 배우들과도 만났다. 이틀 뒤, 나는 책을 좀 써볼까 하고 가방을 열어서 노트북을 꺼내려고 했다. 노트북은 어디에도 없었다.

심장이 철렁했다. 누군가 훔쳐갔나 했다. 그러다가 보안 검색대를 통과할 때 노트북을 다른 바구니에 담았다는 기억이 퍼뜩 들었다.

그날 아침 너무 피곤한 상태로 샌프란시스코에 도착했다. 비행을 계속 하다 보니 많이 지쳐있었다. 나는 엑스레이 기계 줄을 서지 않고 빠져나왔다. 안전을 확신할 수 없는 엑스레이 기계를 지나가기에 너무 피곤한 상태였기 때문이다. 내 말은, 핸드폰이 날 죽이려는 그냥 암살자라면 보안검색대에 있는 그 미친 엑스레이 기계는 특급 암살자다. 나는 몸수색을 요청했다. 나쁘지 않았다. 친절한 여성이 다가와서 내 몸을 확인하며 말을 걸었다. 별로 신경 쓰이지 않았다. 인간적인 대화였다. 담당자는 내가 나온 영화 <베이비 마마>를 재밌게 봤다고 말했다. 나는 내 갈 길을 갔다. 48시간 전, 평소와 아주 조금 달랐던 변화 때문에 노트북을 LAX 보안검색대에 두고 온 것이다.

나의 첫 번째 행동은 우는 것이었다. 왜냐면, 자, 노트북에는 내가 쓴 글이 가득 들어있었고 백업을 제대로 해놓지 않았다. 40장, 50장 정도 썼으려나. 테크놀로지는 종종 내가 클럽에서 입장을 거부당한 사람처럼 느껴지게 한다. 그래서 나는 무시하는 척하지만 결국에는 내가 상처받는다. 그럼 나는 너무 피곤해서 울다가 이 책에 대해 걱정하다가 잠시 좋은 엄마가 되었다가 카메라 앞에서는 웃는 얼굴을 지었다. 그러다가 다시 울었다. 이것은 제1세계 문제였고 나는 울 자격이 없다는 것을 알았기 때문이다. 그러다가 나는 TSA 분실물 보관소에 전화를 걸었다.

나는 사람과 대화했다. 남자였다. 내 정보를 받아 적었고 친절히 내 얘기를 들어주었다. 기계가 아니었다. 잠시 기다리라고 하더니 사라졌다. 다시 돌아와서 내가 설명한 노트북은 발견하지 못했다고 했다. 나는 다시 울기 시작했다. 그는 나를 위로했다. "울지 말아요, 에이미. 긍정적으로 생각해요." 나는 감사의 인사를 했다. 그는 내 이메일 주소를 적어갔고 나는 내 노트북이 영영 사라졌다고 생각했다. 이렇게 하는 동안 수백 번도 넘게 머릿속으로 편집자에게 이메일을 보내서 계약금을 돌려주고 책을 쓰지 않겠다고 해야 할지 고민했다. 평소와 다른 점이 있다면 이번엔 가짜 핑계가 아니라 진짜 이유가 있다는 점이었다.

　이틀 뒤, 나는 이 메일을 받았다.

> To : 에이미 폴러
> From : 샤리타 필즈
> 날짜 : 2014년 3월 5일 8:51:04 AM PST
> 제목 : 노트북이 회수되었습니다 (LAX TSA 분실물 보관 센터)
>
> 안녕하세요. 폴러 씨.
> 귀하의 노트북이 LAX TSA에 보관되어 있다는 사실을 알려드립니다. TSA 추적 번호는 14389이고 보고 번호는 192입니다. (TSA LAX 분실물 보관 센터는 이 이메일을 보낸 날로부터 30일 동안만 분실물을 보관합니다.)
>
> 1. 사무실로 방문하여 추적 번호와 사진이 있는 신분증을 제시하고 직접 물건을 찾아갈 수 있습니다. 양도 서류를 작성한 후에 분실물을 돌려 드릴 겁니다.
>
> 2. 대리인에게 위임하려면 첨부한 양식을 작성해 주십시오. 괄호 안을 양식에 맞게 작성하면 됩니다. "(본인 이름)은 (대리인)에게 (분실물)을 수거할 권리를 위임한다."
>
> 3. 택배로 배송받기를 원한다면 양식을 작성하고 FedEx 혹은 UPS 계정 번호를 열한 번째 줄에 적어 주십시오. (반품 안내서에 적혀 있음.) TSA 추적 번호는 열다섯 번째 줄에 적어주십시오. 서류가 접수된 후 발송되기까지 영업일 기준 5일에서 7일이 소요됩니다.

누구에게나 천사가 필요하다. 『예스 플리즈』에게는 그 천사가 샤리타 필즈였다. 나는 LAX의 분실물 보관센터로 곧장 달려가서 내 노트북을 복구했다. 책을 쓰고 있었는데 거의 잃어버린 것으로 낙담하고 있었다고 샤리타에게 말했다. 나는 내 책에 그녀에 대한 감사의 글을 쓰고 책이 나오면 보내주겠다고 말했다. 그녀는 정중했고 직업 정신이 투철했다. 게다가 사진도 찍어주었다. 귀여운 샤리타의 모습을 좀 보자.

그녀는 국가 보안국에서 일하고 있다. 그러니 그녀가 사람들을 잘 안다는 걸 알겠지. 우리가 살아남는 유일한 방법은 친절해지는 것이다. 이 세계를 어떻게든 살아갈 수 있는 이유는 우리가 타인으로부터 받는 도움 덕분이다. 누구도 혼자 할 수 없다. 기계들이 얼마나 뛰어난지와는 상관없다. 예스 플리즈. 고마워요. 샤리타.

감사의 글

첫 번째 감사 인사는 우리 훌륭한 부모님, 빌 폴러와 아일린 폴러에게 드립니다. 『예스 플리즈』에 보태주신 이야기와 사랑과 응원에 감사드려요. 집 앞에서 롤러스케이트를 탈 때마다 박수를 쳐주셨지요. 이 책이 나온 건 모두 두 분 탓이랍니다.

캐리 손턴과 케이트 캐시디, 나의 거친 편집자들에게 감사합니다. 두 분의 긍정적인 지원과 멋진 아이디어가 이 책의 형태를 만들었어요. 맨날 이메일로 절대 못 끝낼 것 같다고 해서 미안해요. 평소에는 안 그런답니다.

내가 해낼 수 있다고 믿어주고 해내도록 도와준 에린 멀론, 데이브 버키, 샤론 잭슨에게 감사합니다.

윌 아넷과 우리의 멋진 아들 아치와 에이블에게 오랫동안 많은 사랑과 지지를 보내주어 고맙다는 말 전합니다.

마이클 슈어와 세스 마이어스에게, 바쁜 와중에도 나를 위해 이 책에 글을 보태주어서 고맙습니다. 두 사람이 얼마나 바쁜지 잘 알고 있어요.

닉 크롤에게, 모든 합당한 방식으로 용기를 주어서 고맙습니다.

내 생애 첫 친구였던 나의 동생, 그렉 폴러와 그의 가족에게 감사합니다. 루이스 케이, 제프 울맨, 워렌 던, 케이트 아렌드, 샤르나 할펀, 델 클로즈, 켈리 레오나드, 라시다 존스, 오브리 플라자, 케리 다우니, 에이미 마일스, 레이첼 드래치, 루이 C.K., 에밀리 스피베이, 크리스틴 하거티, 안드레아 토마스, 수잔 홀, 알렉스 시드티스, 캐시 달튼, 론 마이클스, 마이크 슈메이커, 케말 해리스, 칼라 웰치, 차드 스트라한, 로버트 몰튼, 켈리 캄벨, 제프 클램핏, 메리 엘렌 매튜, 라이젤 에스티포나, 애나 테들러, 크리스톤 만, 티나 페이, 레즐리 아핀에게, 함께 작품을 해주어서 고맙습니다. 특히 메러디스 워커는 항상 내 옆에서 보스턴 출신인 우리가 해냈다는 사실을 상기시켜줍니다.

제인 아론슨, 웬디 보바드, 멜리사 월록, 세계고아재단의 모두에게 감사드립니다. 머시 카바렐로, 다와 초든, 재키 존슨에게, 우리 아이들을 잘 돌봐주어서 정말 고마워요.

아나스타샤 소모자, 스파이크 존즈, 마리안느 레오네, 크리스 쿠퍼에게 본인들의 이야기를 실을 수 있도록 허락해 주었습니다. 고맙습니다.

<팍스 앤 레크리에이션>의 작가들, 배우들, 스태프들에게 감사합니다. 특히 모건 새켓에게 감사합니다.

UCB 극단 사람들에게 감사합니다. 이안 로버트, 맷 왈시, 맷 베서. 특히 베서는 예전에 만들었던 전단지와 과거의 기억을 공유해 주었습니다.

마지막으로, 고마워요, 돌리 파튼. 그냥요.

옮긴이의 글

시트콤 <팍스 앤 레크리에이션>의 캐릭터들은 하나같이 나사가 풀린 듯이 행동합니다. 아마 현실에서 그런 사람들과 같이 일해야 한다면 질색을 하며 매일 뒷담화를 깠을지도 모르지요. 어딜 가나 사회생활을 할 때는 무난하게 행동하는 것이 좋다고들 합니다. 하지만 세상에 정말로 '무난한 사람'이라는 게 존재하긴 할까요? 저는 가끔 사람마다 자라온 환경, 개인적 경험, 도덕적 잣대, 성적 가치관, 간직한 트라우마가 모두 다른데, '무난한 사람'이라는 환상에 나를 우겨넣고 눈치 게임을 하며 진짜 속내를 드러내지 않고 살아온 것 같다는 생각이 듭니다. 상대방을 나와 똑같이 생각하게 만든다고 해서 세상이 좋아지는 것 같지는 않은데 말이죠.

가끔 밖에서의 나와 안에서의 내 모습 사이에 큰 괴리가 느껴질 때, 온라인에서 특정 집단이나 개인을 향해 억눌린 피해의식과 증오를 내뿜는 내 모습을 발견할 때는 내 진짜 생각과 감정을 안 보이는 척 꾹꾹 숨겨 두었기에 나타나는 부작용이 아닐까 하는 생각이 듭니다. 그래서 개성 만점 캐릭터들이 뒤죽박죽 어울리는 <팍앤레> 같은 시트콤 속 세상이 저의 이상향이라는 생각이 들곤 합니다. 각자 생긴 대로 살고 서로를 바꾸려고 간섭하지 않되 부딪히며 조금씩 더불어 사는 방향으로 나아가니까요. 특히 정부를 믿지 않고 그저 자리나 보전하며 사냥과 육식을 즐기는 낙으로 사는 론 스완슨과 자신이 원하는 가치를 실현하기 위해 권력을 쟁취하는 삶을 사는 페미니스트 레즐리 노프의 관계가 참 좋았습니다. 성별부터 가치관까지 둘 사이에 공통점이라곤 하나도 없지만, 서로의 다름을 인정하고 서로의 행복을 빌어주는 친구이자 동료라는, 어쩌면 사회 갈등의 해결책을 제시하는 것으로까지 보이는 신선한 관계성이었다고 생각합니다.

조금 거칠게 요약하면 '한 여성 공무원이 공원을 만들겠다고 나대는' 드라마를, 대체 어떻게 만들 수 있었는지, 만든 사람들과 만들기까지의 과정이 정말 궁금했는데, 책을 읽으면서 궁금증을 어느 정도 해소할 수 있었습니다.

'즉흥연기'라는 키워드를 빼놓고는 에이미의 삶을 제대로 이해할 수 없을 듯합니다. 처음 'Improv'라는 단어를 접했을 때는 그저 <무한도전>에서 '상황극'이라고 부르는 애드리브와 비슷한 것인 줄 알았는데, 국내 유일의 임프라브 코치인 헬렌 님을 만나 이야기를 들어보니, 서양에서 즉흥극은 역사도 있고 대중성도 있는 문화 예술 장르였습니다. 특히 미국 시카고 중심의 즉흥극은 <SNL>의 발전과 궤를 같이할 정도로 미국 코미디 스타들의 등용문이자, 스탠딩 코미디와 함께 미국인들의 일상과 매우 가까운 코미디 문화입니다. 에이미 폴러가 트레이닝을 받았던 세컨드 시티와 iO는 국내 대형 연예기획사처럼 자체 트레이닝 시스템과 공연장을 가지고 있고 대부분의 공연이 항상 매진된다고 합니다.

각주로도 짧게 설명했지만, 즉흥극에는 숏폼과 롱폼이 있습니다. 숏폼은 5분~10분 내외의 게임 형식이 많고, 순발력이나 마임 등을 트레이닝할 때나 팀워크를 위한 워크숍에서 활용됩니다. 무대 위에서 공연되는 것은 주로 40분에서 1시간 정도의 롱폼 즉흥극을 가리킵니다. 소품은 의자만 주어지고, 연기자들은 관객으로부터 딱 하나의 '제시어'를 받아 즉흥적으로 공연을 시작합니다. 그래서 즉흥극의 기본 규칙은 "예스, 앤드"입니다. 함께 무대에 선 동료의 말이 무엇이든지 일단 받아들이고 바로 다음 연기를 이어가야 하죠. 다시 생각할 틈이 없으므로 그 순간에 집중해서 자신이 지닌 가장 날것의 생각을 내보여야 합니다. 즉흥극은 실패를 위한 것이며 바로 거기에서 독창적인 재미가 나온다고 합니다. 완벽해보이는 것보다는 어리석음을 자처할 때 진가가 나오는 셈이죠.

즉흥극의 또 한 가지 특징은 특출난 사람 위주로 진행되는 것이 아니라 모든 참여자의 앙상블이 중요하다는 점입니다. <SNL>이 기득권에 대한 거침없는 풍자로 유명해졌듯이 모태가 된 세컨드 시티도 꽤 진보적인 성향을 띠었었는데요, 그런데도 회사가 설립된 후 30년 동안 공연에 등장한 배역들은 대부분 이성애자 백인 남성이었습니다. 20년 전, 이에 문제를 느낀 세컨드 시티는 다양성을 위해 라틴 아메리카 극단과 아시아계 미국인들로 구성된 극단과 LGBT 연기자 모임을 초빙하는 워크숍을 열기도 하고, 젊은 유색인 배우를 위한 장학금도 조성했습니다. 다양성을 추구한다고 말하는 건 쉽지만 실제로 실행하는 데는 꽤 많은 노력이 필요했겠죠. 당연히 반대도 있었습니다. 지금 잘하고 있는데 뭐하러 그래야 하냐, 소위 말하는 기계적 평등을 하면 뛰어난 연기자를 적게 뽑게 되는 것 아니냐 등등.

"사회경제적 배경이나 연령, 성적 취향, 성별, 인종을 고려해서 앙상블을 구성하면 백인 남성 이성애자로만 구성된 앙상블보다 문화 전반에 훨씬 강력하고 중요한 기여를 하는 집단 역학이 생겨날 것이라고 생각하는 건 지나친 비약일까?
우리가 20여 년 전에 이런 포용력 있는 조직이 되겠다고 적극적으로 선택하지 않았다면, 우리가 결코 하지 못했을 이야기가 얼마나 많았을까. 우리 앙상블에 유색인종 배우가 없었다면 미국에서 최초의 흑인 대통령이 선출되었을 때 그걸 효과적으로 비꼬지도 못했을 것이다. 이민 문제가 모든 뉴스 매체를 점령했을 때도 무대에 라틴계 배우가 있었기에 그 문제를 다각도로 분석할 수 있었다. 좀 더 최근에 동성 결혼 문제가 온갖 매체를 달굴 때는 우리 출연진 가운데 LGBT 그룹의 일원인 사람들이 그 뜨거운 쟁점을 가지고 주목할 만한 즉흥극을 여러 편 만들었다."

-『예스, 앤드』(켈리 레너드, 톰 요튼 지음, 박선령 옮김, 위너스북)에서 인용

이 부분을 읽으며 에이미 폴러를 둘러싼 환경이 조금씩 이해가 되기 시작했습니다. 물론 에이미가 여성으로서 코미디 업계에서 살아남기가 쉽지 않았다는 것은 명백합니다. 여전히 미국 연예계에는 성차별이 존재하고 '여자는 안 웃긴다'라는 농담이 진리처럼 퍼져있으니까요.

아마 모든 사람이 자신과 다른 정체성을 가진 무리에 홀로 들어섰던 경험이 한 번쯤은 있을 겁니다. 전부 여자 직원인 회사에 혼자 남자일 때, 반대로 전부 남자 직원인 회사에서 혼자 여자일 때, 기혼자 모임에 홀로 간 비혼주의자가 되었을 때, 젊은 여성들이 모여있는 공간에 홀로 들어선 중년 남성이 되었을 때라든지…. 자신의 의견을 소리 높여 얘기하기 어려운 분위기에 압도되

어 본 적이 있다면 사회 전체적으로 '중요한 곳'마다 배제되기 일수인 정체성을 지니고 무언가에 도전하기가 참 어렵다는 사실을 깨달을 수 있습니다.

적어도 에이미 주변에는 적더라도 다양성의 가치를 중요하게 생각하는 사람들과 시스템이 있었습니다. 물론 에이미에게 타고 난 끼가 있었기에 뛰어난 코미디언의 자리에까지 오른 것이겠지만 아무리 뛰어난 재능이 있다 해도 이러한 환경이 받쳐주지 않는다면 제대로 꽃피우기가 하늘의 별 따기 만큼 힘들겠지요. 뛰어난 기량을 보여주는 사람을 신격화하는 것보다는 뛰어난 재능을 보일 수 있었던 환경을 살펴봐야 한다고 생각합니다. 환경이 좋았다고 해서 그 사람의 재능을 깎아내리는 것이 아닙니다. 대단한 것은 대단한 것입니다. 다만 뒷받침되었던 환경을 분석해서 사회 곳곳에 적용하면 대단한 사람이 많이 나올 가능성도 커지겠죠.

지금 와서 되돌아보면 제가 정말 좋아하는 시트콤 <프렌즈>도 주요 캐릭터는 백인이고 다양성면에서 아쉬운 점이 많습니다. 요즘 나오는 <센스8>이나 <오렌지 이즈 더 뉴 블랙> 같은 드라마를 보면 이런 제작이 가능한 환경을 만들기 위해 얼마나 많은 사람이 꾸준한 노력을 기울여왔을지를 헤아려보게 됩니다. 바라건대, 이 책과 코믹 릴리프 시리즈가 그런 환경을 만드는 데, 벽돌 한 장 정도라도 거들 수 있었으면 합니다.

즉흥연기라는 키워드를 따라가다 보니 혹시 인생 2회차가 아닐까 했던 에이미의 내공이 오랜 즉흥연기로 다져진 것이라는 생각이 들었습니다. 정신없는 미국 엔터테인먼트 세계에서 에이미 폴러와 티나 페이, 세스 마이어스 등이 보여주는 동료에 대한 인간적인 신뢰의 비밀도 풀리는 느낌이 들더군요.

헬렌 님과 만나 즉흥극에 대해 알고 난 후, 국내 유일의 한국어 즉흥극 팀인 Imfog의 오픈데이에 참여했습니다. 직접 연기를 하진 않고 간단한 워크숍에만 참여하는 것임에도 꽤 용기가 필요한 일이었습니다. 저로 말할 것 같으면 언뜻 보면 '무난한' 인간 같지만, 사람들이랑 한 시간 넘게 부대끼느니 열흘 넘게 집안에 혼자 처박혀 있는 것이 편한 인간입니다. 웃기고 싶다는 욕망은 강하지만 실패할까 봐, 망신을 당할까 봐 밖에서는 눈치만 잔뜩 보며 일부러 자신을 고립시키고 "난 이게 편해!"라고 말하는 양면적인 인간이기도 하죠. 그래도 이 책을 읽으며 에이미를 성장하게 했던 즉흥연기의 매력에 무척 끌렸고 어떤 규칙을 밑바탕으로 하는지 이해하게 되자 한번 참여해보고 싶다는 마음이 생겼습니다. 누구보다 소심한 인간이지만 그 소심함보다 더 큰 욕망이 생기면 조용한 사람에게도 커다란 열정이 숨어있다는 걸 확인할 수 있지요.

눈치 보기의 달인인 저는 있는 듯 없는 듯 행동하기를 좋아합니다. 초반에는 연기자들이 관객석으로 제시어를 달라고 요청할 때 '내가 뭔가를 재미없게 바꾸면 어쩌지?' '이상한 단어를 말해서 다들 당황하면 어쩌지?'하고 생각했습니다. 공연 중반쯤 즉흥극의 원칙을 생각하고는 머릿속에 떠오르는 단어를 생각 없이 내뱉었습니다. 제가 말한 제시어로 극이 진행되었고 또 여러 가지 잡생각이 따라왔습니다. '별로 재미없지 않을까, 잘못 말한 건 아닐까, 다른 사람이 하는 게 나았을까?' 하지만 그곳에 있었던 연기자들의 '예스, 앤드' 태도 덕분에 그런 생각이 점점 희석되는 것을 느꼈습니다.

다 같이 바보 같아 보이는 것, 다 같이 벌거벗는 것이 제 마음의 빗장을 열었던 것 같습니다. 물론 마음을 여는 데는 더 많은 시간과 노력이 필요하겠지만, 에이미가 발견했던 자신의 부족처럼 우리에게도 마음 놓고 발언하고 실수할 수 있는 안전한 공간이 필요하다는 생각을 했습니다. 아직 국내에서 즉흥극은 아는 사람이 별로 없는 문화지만 자기표현을 돕는 수단으로서, 코미디의 다양성을 확장하는 매개체로써 자리 잡기를 바랍니다. 저도 그 틈에 껴서 조금 더 자유롭게 하고 싶은 말을 하고, 조금 더 있는 그대로의 제 모습에 가까워지고 싶습니다.

책 한 권으로, 즉흥극 한 번으로 나를 바꿀 수 있다는 것은 거짓말이겠죠. 우리를 속박하는 덫이 생각보다 일상 곳곳에 뿌려져 있기 때문이죠. 저는 그 우울함과 불안한 감정을 누군가를 미워하는 데 표출하거나 관계를 차단하고 자신 혼자만의 공간으로 파고드는 것으로 해결했던 것 같습니다. 아무에게도 도움이 안 되는 그런 함정에 빠지지 않기 위해서는 정말 부단한 노력이 필요하다는 생각이 듭니다. 저는 에이미를 통해 간접 체험한 '남을 웃길 때 획득하게 되는 힘의 쾌감' '규정된 나 자신을 벗어나는 말과 행동을 할 때 얻는 자유' '내 방식대로 웃고 웃길 권리'를 포기하지 않고 살겠다, 그렇게 마음먹었습니다.

국내 독자에게는 생소한 인물이나 문화가 많아서 각주를 달았는데, 에이미가 언급하는 인물 중에는 일부 독자에게는 신선한 자극이나 영감이 되어줄 인물도 있다는 생각이 들었습니다. 생소한 인물이 여성이었을 때 '여성'이라는 수식어를 붙여야 하는지 고민에 빠졌습니다. 이름에서 성별을 유추할 수 없는 경우 어쩐지 사회적으로 형성된 인식에 따라 저도 모르게 남성으로 생각하게 되는 편견이 있었습니다. 편견을 없애기 위해 '여성'이나 '여류'라는 표현을 쓰지 않으면 어떨까 생각했습니다. 하지만 예를 들어 '에드나 세인트 빈센트 밀레이' 같은 경우 '자유연애를 신봉한'이라는 표현은, '시대와 불화한 작가의 여성이라는 정체성'이라는 맥락이 중요하다고 생각했기에 무작정 여성 작가라고 표기하지 않는 것은 또 다른 중요한 것을 놓치는 것은 아닐까 하는 고민이었습니다. 촌스럽지 않은 책을 만들기란 되지 않기란 참 힘든 일입니다.

번역이 막힐 때나 어떤 맥락인지 알 수 없었을 때 사막의 오아시스처럼 국내 팬분들이 정리한 자료를 발견할 수 있었습니다. 특히 골든 글로브 시상식 모놀로그처럼 미국 엔터테인먼트 세계의 배경을 알아야 이해할 수 있는 콘텐츠를 친절하게 배경설명까지 달아서 한글 자막을 달아주신 minorprob 님께 감사드립니다. 책 곳곳에 있는 QR 코드를 타고 유튜브 영상을 보시면 "예스 플리즈 보고 온 1인"이라는 댓글에 매우 많은 사람이 '좋아요'를 누른 것이 보입니다. 여러분도 이 책을 보고 그 '좋아요' 행렬에 동참해보시길 권해봅니다.

혼자 번역하고 편집하기가 지칠 때쯤 도움의 손길을 내밀어 주신 리뷰어 세분이 없었다면 여러분은 형편없는 품질의 책을 보고 있었을지도 모릅니다. 특히 와조 님께서는 제가 잘 모르는 SNL 시절의 에이미에 대해 잘 알고 계셔서 사실관계를 올바로 잡고 맥락을 자연스럽게 옮길 수 있도록 큰 도움을 주셨습니다. 책을 만드는 데 힘을 더해주신 세 분에게 다시 한 번 감사드립니다.

책을 읽으면서 에이미 폴러의 진솔한 태도에 눈시울이 뜨거워지기도 했고 가슴이 두근거리기도 했고 미친 듯이 웃음이 터지기도 했습니다. 특히 '미안, 미안, 미안'에서 선뜻 용서의 손길을 내밀어준 아나스타샤와 자신의 아집을 꺾고 진심으로 사과를 전하고 자신의 치부를 많은 사람들 앞에 공개한 에이미의 용기에 큰 감동을 받았습니다. 특히나 에이미는 페미니스트로 매우 유명하기 때문에 더욱 '나는 그런 사람이 아니다'라는 프레임이 갇힐 수 있었을 거라고 생각합니다. 한 사람의 가장 어두운 면으로 그 사람 전체를 딱지 붙이고 판단하지 않기, 내가 아무리 올바르다고 생각할지라도 나의 말이 누군가를 상처입힐 수 있다는 사실을 기억하기, 에이미의 솔직한 고백으로부터 얻은 교훈입니다. 무난한 사람보다는 에이미 같은 사람이 되고 싶습니다.

『예스 플리즈』는 저의 감정을 건드리고 생각을 요동치게 하고 행동까지 변화시킨 책이었습니다. 동시대를 사는 멋진 사람의 책을 직접 번역하며 그 인생을 깊이 있게 들여다볼 수 있어서 정말 영광이었습니다.

로봇이 인간을 다 죽여버릴지도 모르지만 그런 시대에도 우리가 취할 수 있는 태도는 최대한 '인간적으로' 사는 길뿐인 것 같습니다. 컴퓨터가 아닌 우리는 0과 1 어느 한쪽만을 반드시 선택하지 않아도 됩니다. 양념 반 후라이드 반, 짬짜면을 컴퓨터가 생각해낼 수 있을까요? 양면적인 우리의 상상력이 단순히 발명품에서 그치지 않고 서로의 생각을 이해하고 공존하기 위해 뻗어 나간다면 좀 더 '인간답게' 살 수 있지 않을까요? 흠…. 어쨌든 농담만큼은 사람이 하는 게 훨씬 재밌긴 합니다.

예스 플리즈 : NO!보다 강한 말

지은이 에이미 폴러
옮긴이 김민희
일러스트 및 손글씨 최지예 @gogokoala
표지 디자인 간재리와민트리
리뷰에 도움 주신 분 박수현, 와조, 임소연
종이 영은페이퍼 (팀장 장성우)
인쇄 CH P&C (대표 한충희)
물류 탐북
1판 1쇄 펴낸날 2017년 8월 19일   0719
펴낸곳 책덕
출판등록 2013년 6월 27일(제2013-000196호)
주소 서울시 마포구 월드컵북로7길 73 102호
블로그 bookduck.blog
페이스북 facebook.com/bookduck
이메일 dearlovelychum@gmail.com
ISBN 979-11-954320-4-2

이 도서의 국립중앙도서관 출판예정도서목록(CIP)은 서지정보유통지원시스템 홈페이지(http://seoji.nl.go.kr)와 국가자료공동목록시스템(http://www.nl.go.kr/kolisnet/kolis/kolis.php)에서 이용하실 수 있습니다. (CIP 제어번호 : CIP2017016568)

이 책에 쓰인 종이 표지 몽블랑 210g・내지 그린라이트 100g

이 책에 쓰인 폰트 본명조・본고딕・미생체・Yoon 형오・한나는열한살・이순신돋움
tvN즐거운이야기・SpoqaHanSans・나눔바른고딕・아리따부리

＊폰트를 자유롭게 사용할 수 있도록 공유해주신 폰트 제작자 여러분에게 감사드립니다.
＊이 책은 텀블벅 크라우드 펀딩을 통해 제작되었습니다. 후원자 여러분에게 감사드립니다.

에이미 폴러의 스마트 걸스

스마트 걸스 사이트 https://amysmartgirls.com
스마트 걸스 유튜브 https://www.youtube.com/user/smartgirls

에이미 폴러와 메러디스 워커가 함께 설립한 이 단체는 "Change the World by Being Yourself"라는 캐치 프레이즈를 내걸고, 모든 사람이 '이상하고 멋진 자기 자신weird and wonderful selves'의 모습을 찾을 수 있도록 돕기 위해 설립된 단체입니다. 2012년 첫 콘텐츠로 루비라는 이름의 7살 소녀가 페미니즘이 무엇인지 설명해주는 인터뷰 영상을 올렸습니다. 스마트걸스에는 '애스크 에이미Ask Amy', 코미디언 카메론 에스포지토와 레아 부처의 'She Said' 채널(참고로 둘은 레즈비언 커플입니다), 과학과 IT 분야의 여성들에 관한 STEM 채널 등의 콘텐츠 등이 올라와 있습니다.

사이트에서는 세계 각국에서 자신만의 도전을 하는 여성들의 이야기를 엿볼 수 있습니다. 피부색도 나이도 제각각이지만 사회적 한계에 부딪혔을 때의 고민과 다양한 꿈에 공감하다 보면 국경을 넘어 마음이 연결되는 기분을 느낄 수 있습니다.

오퍼먼 우드샵(<팍앤레>의 론, 오퍼먼이 맞습니다)의 여성 목수들, 로봇을 만드는 여성 공학자, 스케이트를 타는 소녀들, 생리대와 탐폰을 무료로 제공하도록 학교에 진정서를 쓴 여학생, 최연소 시장에 당선된 (그리고 재선까지 한) 여성의 이야기 등 다양한 색으로 빛나는 이야기들이 우리에게 영감을 줍니다.

즉흥연기를 직접 해보고 싶다면

헬렌의 즉흥연기 http://cafe.naver.com/improv
Korea Imprv Society http://www.koreaimprov.com

이 책을 만들 때 미국 즉흥연기 문화에 대해 이야기를 들려주신 장정화 Hellena Jang 님은 국내 유일의 임프라브 (미국 시카고 스타일) 코치입니다. 한국어 즉흥극팀인 Imfrog와 영어 즉흥극팀인 SCI [SoeulCity Improv]에서 주간 리허설과 월간 공연을 이끌고 있습니다. 장정화 님은 IT 기업에서 일하던 중에 즉흥극을 접하고는 완전히 매료되어 인생의 방향을 전환했다고 합니다.

미국 시카고 iO에서 Improv Summer Intesive 코스와 캐나다 키스 존스톤의 Improv 과정을 수료하였고 세컨드 시티, Annoyance, Comedy Sports, Under the Gun 등 유명한 즉흥극 극단에서 트레이닝을 받으며 공연을 하고 돌아와서 한국어로 공연하는 팀까지 만들었습니다.

서울 용산구 청파동에 위치한 즉흥극 극단인 Korea Improv Theater에서 초급, 중급, 고급 임프라브 클래스를 운영하고 있습니다. 매월 누구나 워크샵에 참여하고 공연을 관람할 수 있는 오픈데이도 열고 있습니다.

책덕의 코믹 릴리프 시리즈

코믹 릴리프는 '진지한 이야기에 긴장을 완화하기 위해 삽입하는 해학적인 장면이나 등장인물'을 뜻하는 연극 용어입니다. 다양한 배경을 지닌, 웃긴 여성들의 책을 코믹 릴리프라는 이름을 붙여 시리즈로 출간하고 있습니다.

코믹 릴리프 01 『미란다처럼: 눈치 보지 말고 말달리기』 미란다 하트 지음
코믹 릴리프 02 『예스 플리즈 : No보다 강한 말』 에이미 폴러 지음
코믹 릴리프 03 『Is Everybody Hanging Out Without Me?』 민디 캘링 지음 (근간)
코믹 릴리프 04 『Bossypants』 티나 페이 지음 (2018년 출간 예정)

비주류의 정체성에서 웃음을 유발하는 것, 남을 웃기는 능력은 살아가는 데 커다란 무기가 된다고 생각합니다. 그래서 여성이라는 정체성을 간직한 채로 남을 웃기는 여성들에게 배우고 싶은 것이 많습니다. 하지만 저자들에게는 여성이라는 공통점 외에는 다른 점이 많습니다. 국적, 피부색, 성장환경, 가치관, 결혼에 대한 생각, 개그 코드. 서로 다르게 빛나는 저자들의 목소리가 또 서로 다르게 빛나고 싶은 사람들에게 가닿기를 바랍니다.

> "새로운 지도를 꺼냅시다.
> 우리가 사용해왔던 오래된 지도 말고
> 우리가 가야 할 곳이 그려진 새롭고 빳빳한 지도 말입니다.
> 새로운 여행이 우리를 어디로 데려가는지 두고봅시다."
>
> - <팍스 앤 레크리에이션> 시즌 4 에피소드 22

책덕 블로그에서 책과 관련된 동영상 목록과
오탈자 페이지를 확인할 수 있습니다.